Michael Eickhoff
Wilhelm Pagels
Willy Reschl

Der unvergessene Krieg

Hitler-Deutschland gegen die Sowjetunion 1941-1945

vgs

CIP-Kurztitelaufnahme der Deutschen Bibliothek

Eickhoff, Michael:
Der unvergessene Krieg / Hitler – Deutschland gegen
d. Sowjetunion 1941–1945 / Michael Eickhoff ;
Wilhelm Pagels ; Willy Reschl. — Köln :
Verlagsgesellschaft Schulfernsehen, 1981.
ISBN 3-8025-2143-9

NE: Pagels, Wilhelm:; Reschl, Willy:

Bildquellen:
Bildarchiv Preußischer Kulturbesitz, Berlin (59, 71, 136); Heinrich Böll, Köln (179 links);
DPA (95); Lamuv Verlag, Bornheim Merten (179 rechts, 186); W. Schwäche, Berlin (39, 43, 44);
Stalling Verlag, Oldenburg und München (52, 72, 88, 90, 97, 114, 123, 140, 149, 175, 178);
Süddeutscher Verlag, München (30, 37, 50, 66, 83, 101, 106, 107, 108, 131, 145, 160, 164, 166, 171);
Ullstein, Berlin (51).

Umschlagentwurf: H.W.&F., Köln, unter Verwendung eines
Fotos von Süddeutscher Verlag, München
Zeichnungen: Jürgen Pieplow, Wedel
Satz: Fotosatz Böhm, Köln
Reproduktionen: Regrafo GmbH, Kempen
Druck: Beltz, Hemsbach
ISBN 3-8025-2143-9

Inhalt

Vorwort

Es gibt wenig Kriege, die derart im Meinungsstreit stehen wie der Krieg, den Deutsche gegen die Sowjetunion führten. Welches sind die Gründe? Einer mag sein, daß es gegen *den Russen* und mehr noch gegen *die Bolschewiken* ein weitverbreitetes negatives Vorurteil gibt. Dieses Vorurteil geht vielleicht gar nicht so sehr auf die Tatsache zurück, daß die Sowjetunion seit 1917 ein von Kommunisten beherrschter und geprägter Staat ist, sondern auf eine Haltung in den westlichen Ländern gegenüber dem »Osten«, die von Überheblichkeit und Herablassung gekennzeichnet ist. Die krasseste Ausprägung fand diese Haltung im Schlagwort vom *Untermenschen,* mit dem Hitler und seine Anhänger die Kriegsbereitschaft gegen die Sowjetunion bewußt schürten, und das schließlich dafür herhielt, die Grausamkeiten des Krieges gegen dieses Land zu legitimieren. Im Krieg zum Beispiel gegen Frankreich und England hat dieser Gesichtspunkt nie eine Rolle gespielt; das war gewissermaßen ein Krieg gegen seinesgleichen. In der Beurteilung des Krieges gegen Frankreich und England hat es deshalb auch niemals diese Vermischung von Fakten mit Emotionen gegen ein Untermenschentum gegeben. Das mag mit ein Grund dafür sein, daß man sich mit diesen westlichen Ländern relativ schnell wieder versöhnte.

Ganz anders verlief die Entwicklung gegenüber der Sowjetunion. In der Zeit des Kalten Krieges nach 1945/46 überwogen in der Beurteilung dieses Landes gewiß ideologische Gesichtspunkte. Die Gegnerschaft richtete sich jetzt nicht mehr gegen die Untermenschen, sondern gegen die Kommunisten. Aber war beides nicht manchmal nur die unterschiedliche Bezeichnung derselben Sache?

Die Vorbereitungen für die deutsche Fassung der Fernsehserie *Der unvergessene Krieg* und für dieses Buch wurden von diesem Meinungsstreit aus unterschiedlichen Standpunkten zum Krieg gegen die Sowjetunion ständig begleitet – einiges davon läßt sich im Einleitungskapitel nachlesen. Die Vorstellung, der Streit ließe sich schlichten, indem auf Fakten und Erkenntnisse der Wissenschaft verwiesen wird, ist leider eine unerfüllbare Wunschvorstellung. Beim Thema »Krieg gegen Rußland« überwiegen auch heute noch oft die Emotionen die Einsichten.

Nicht zuletzt diese Erfahrung hat uns bestärkt, dieses Buch zu machen – und es in dieser Form zu machen: Als einen Materialienband, in dem sich sachlich-tabellarische Mitteilung, Darstellung purer Fakten und subjektive Einschätzung mischen. Wir haben uns bemüht, keinen Standpunkt dominieren zu lassen; aber wir haben uns ganz entschieden gegen einen Standpunkt gewehrt, der diesen Überfall Deutscher in die Sowjetunion entschuldigt oder auch nur beschönigt.

Kein Land hat im Zweiten Weltkrieg derart viele Tote, derart viel Zerstörung und derart viel Brutalität hinnehmen müssen wie die Sowjetunion. Das darauf oft zu hörende Argument: »Ja, aber die Russen in Ostpreußen ...« läßt eins außer acht, worauf Heinrich Böll in seinem Gespräch mit Lew Kopelew in diesem Buch hinweist: »Man sieht die zeitliche Reihenfolge nicht«. Bevor die Sowjets nach Ostpreußen kamen, haben sie sich durch das eigene erbärmlich zugerichtete Land vorkämpfen müssen, durch 70.000 zerstörte Städte und Dörfer, vorbei an Millionen Toten – durch ein Land im Zustand der »verbrannten Erde«, den die Fernsehserie *Der unvergessene Krieg* eindringlicher als jedes Buch zeigen kann.

Hier geht es nicht darum, Rechnungen gegeneinander aufzumachen, die Zerstörungen auf beiden Seiten zu vergleichen, die Toten in den KZs gegen die Toten der von Stalin befohlenen »Säuberungen« in den dreißiger Jahren aufzurechnen, die Kolonisierungs- und Ausrottungspläne Hitlers gegen die Aufteilung Mitteleuropas nach 1945. Hier geht es auch nicht um eine neue Verklärung des »Mütterchen Rußland«. Hier geht es vielmehr darum, zunächst einmal wieder betroffen zu machen und für eine Diskussion, die durch diese Betroffenheit – wie wir hoffen – in Gang gesetzt wird, Grundlagen zu liefern.

Bei der intensiven Beschäftigung mit den Filmen, beim Zusammentragen der Materialien zu diesem Buch, in den Gesprächen mit den beteiligten Personen – von der Cutterin der Filme bis zu den Autoren – stellte sich diese Betroffenheit von Tag zu Tag stärker werdend ein. Das hat uns gegen die Einseitigkeiten in den Filmen nicht blind gemacht. Im Gegenteil: Diese Einseitigkeiten haben zum Weiterfragen, Weitersuchen nach Belegen für die wahren Zusammenhänge gezwungen. Und diese wahren Zusammenhänge waren oft noch schlimmer.

Es gibt in der Gegenwart eine neue Sensibilisierung gegen den Krieg – nicht nur den gegen die Sowjetunion. Für die heute 40jährigen ist sie mit eigenen Erinnerungen an Krieg schon nicht mehr verbunden. Für viele reduziert sich deshalb der reale Krieg auf ein paar Kapitel im Geschichtsbuch. Die Filmserie *Der unvergessene Krieg* und dieses Buch können vielleicht erreichen, daß Krieg in seiner Brutalität und umfassenden Unmenschlichkeit wieder als realer Krieg begriffen, gefürchtet – und verdammt wird.

Heinz Gollhardt

Teil 1

Entstehung und Wirkung einer gelobten, verrissenen – und notwendigen Fernsehserie

Von Michael Eickhoff

Noch vor wenigen Wochen habe er Folgen der Serie auf dem Bildschirm in Hongkong wiedergesehen, berichtete mir der Publizist Harrison E. Salisbury Ende Mai 1981 in New York. Er war am Zustandekommen dieser Serie beteiligt – vor fünf Jahren. Inzwischen ist sie nach Angaben der amerikanischen Produzenten von 47 Ländern – außerhalb des Ostblocks – übernommen worden. In den USA hieß sie *The Unknown War, Der unbekannte Krieg.* Ältere Amerikaner erinnern sich an Pearl Harbor, an Monte Cassino, an die Brücke von Remagen. Aber nur wenige von ihnen, geschweige denn ihre Enkel, wissen, daß der Einfall Hitler-Deutschlands in die Sowjetunion vor 40 Jahren die kriegerischen Auseinandersetzungen zwischen den damaligen Welt-Rivalen entscheidend beeinflußte.

Die Fernsehserie, die 1978 in den USA lief, entstand als amerikanisch-sowjetische Koproduktion. Ein amerikanischer Produzent — Isaac Kleinerman — kannte den international renommierten sowjetischen Dokumentaristen Roman Karmen, der sich schon als Kriegskameramann einen Namen gemacht hatte. Karmen war ein Freund Ernest Hemingways aus der Zeit des Spanischen Bürgerkrieges. Kleinerman und Karmen hatten die Idee, eine gemeinsame Filmserie über den deutsch-sowjetischen Krieg 1941—1945 mit Aufnahmen aus sowjetischen Archiven zu produzieren, die man im Westen noch nie gesehen hatte.

In dieser Aufmachung wurde die Fernsehserie *The Unknown War* in Amerika angekündigt. Den Hintergrund bildet der Original-Aufmacher der *New York Times* vom Kriegsbeginn 1941. Die Fernsehankündigung in der Mitte: »Der Krieg an der russischen Front liefert noch einmal Schlagzeilen . . . Diesmal explodiert er auf dem Bildschirm.«

Salisbury, der als Kriegskorrespondent für die Nachrichtenagentur *UPI* das spätere Vorrücken der Roten Armee miterlebt hatte, sollte die Drehbuchentwürfe schreiben. Er hatte nach dem Krieg als Korrespondent der *New York Times* in Moskau gearbeitet und sich mit seinen kritischen Artikeln dort keineswegs beliebt gemacht. Er war zunächst skeptisch. Die Sowjets würden weder ihn – dachte er – noch die Filmpläne akzeptieren. Auf dem Höhepunkt der Entspannungsbemühungen akzeptierten sie jedoch zu seiner Überraschung beide. Und noch mehr: Die auf 20 Folgen konzipierte Serie sollte in beiden Staaten in gleicher Fassung gesendet und vom gleichen »Gastgeber« moderiert werden. Für diesen »Host«, wie er im US-Fernsehen heißt, entwarfen beide – Russen wie Amerikaner – je eine Vorschlagsliste. Auf der amerikanischen standen große Namen aus dem amerikanischen Show-Business: Orson Welles, Henry Fonda – und Burt Lancaster. Auf Lancaster konnten sich schließlich beide Seiten als den »neutralsten und akzeptabelsten« Vorschlag einigen. Lancaster war, außer in einigen Gastrollen als Entertainer im Pazifik, trotz *Verdammt in alle Ewigkeit* nie Frontsoldat gewesen. Doch er konnte dem Projekt – es sollte ja, anders als *Holocaust,* aus Dokumentarfilmen ohne Spielhandlung bestehen – jene Hollywood-Autorität der Aussage verleihen, die offenbar nach Ansicht der Produzenten Glaubhaftigkeit garantiert.

Erfolg und Kritik in den USA

Die Serie wurde 1978 in den USA über 16 kommerzielle Sender ausgestrahlt; in New York zum Beispiel über den beliebten Channel 9, der in der Publikumsgunst der fernsehverwöhnten Metropole auf Platz 4 liegt. Pressereaktionen waren – nach meinen Informationen – überwiegend positiv; Einschaltquoten konnte ich nicht ermitteln, lediglich erfahren, sie seien für dieses Genre »beeindruckend« hoch gewesen, sogar »auffallend« in New York und Los Angeles.

Zufrieden waren auch die Sponsoren, die Geldgeber, mit deren Werbespots drüben Fernsehsendungen finanziert werden: In diesem Fall die eher als Symbole des kapitalistischen Systems geltenden Firmen AMERICAN EXPRESS COMPANY und die New Yorker CHASE MANHATTAN BANK.

Weniger einverstanden waren Minderheitengruppen, hauptsächlich Exilpolen, -Ukrainer und -Balten, die sich in den Filmen in ihrer geschichtlichen Rolle unzureichend dargestellt oder ganz übergangen fühlten. Begleitsendungen im Fernsehen, wie Diskussionen, in denen sie sich hätten artikulieren können, wurden kaum veranstaltet. Wo sie stattfanden, wie in Boston, wurden sie mir als wenig ergiebig geschildert. Kritisch äußerten sich nur wenige (siehe Kapitel *Die Alliierten),* die die Serie als sowjetische Propaganda bezeichneten.

Ich befrage den Filmproduzenten Kleinerman. Sie, die Amerikaner, haben sich damals die künstlerische Oberleitung ausbedungen und: »keine Propaganda«. Ob er dazu heute noch stehen könne?

Nein, so ganz wohl nicht. Wir, der – inzwischen verstorbene – Roman Karmen und ich, haben uns bei der Filmbearbeitung im Schneideraum in New York stundenlang über einzelne Abschnitte des Textes gestritten. Alles mußte von den Russen genehmigt werden, die manchmal absurde Einwände hatten. Sie bestanden, bevor sie schließlich nachgaben, darauf, Hitler habe sich vergiftet und nicht erschossen; denn das eine sei eine feige, das andere eine mehr männliche Todesart, wie sie meinten. Wir hatten die Belege für unsere Version, aber erst nach langen Telefongesprächen mit Moskau wurden sie schließlich akzeptiert.

Wir waren nach wochenlanger Arbeit in diesem Stil manchmal völlig erschöpft. Aber wir wollten damals auf beiden Seiten etwas, das heute schon fast antiquiert klingt: Wir wollten mit der Serie der Entspannung dienen.

Die Sowjets hielten sich auch nicht an die vertraglichen Absprachen, identische Filmfassungen auszustrahlen. Kleinerman: »Stalin erscheint bei ihnen schließlich in erheblich verkürzteren Ausschnitten als bei uns.« Das hat mit der veränderten Position Stalins in der sowjetischen Geschichtsschreibung zu tun. Außerdem haben die Sowjets den amerikanischenTitel *The Unknown War* durch einen eigenen ersetzt: *Der Große Vaterländische Krieg.* Ein unbekannter Krieg ist dieser Krieg für sie ganz sicher nicht. Eher, wie für viele in der Bundesrepublik und in der DDR, ein unvergessener.

Wie die Filmserie in der *Sowjetunion* von den Zuschauern aufgenommen wurde, darüber berichtet Klaus Bednarz, Moskau-Korrespondent der ARD, in einem Gespräch mit WDR-Fernsehdirektor Heinz Werner Hübner:

Der »unvergessene Krieg« in der Sowjetunion

Bednarz: Für die Menschen in der Sowjetunion ist — im Gegensatz zu weiten Teilen in der Bevölkerung der Bundesrepublik – der Zweite Weltkrieg kein vergessener, kein verdrängter, unbekannter Krieg, sondern ein unvergessener Krieg. Man muß sich vergegenwärtigen, um was es für die Sowjetunion damals ging, welches die erklärten Kriegsziele Hitlers waren: Die staatliche Vernichtung der Sowjetunion, die Unterdrükkung, Versklavung, Unterjochung des russischen Volkes und der anderen Sowjet-Völker, die Beherrschung eines Raumes, der bis weit hinter Moskau reichen sollte, das heißt, das »de facto«-Ende der Sowjetunion, das Ende auch des historisch gewachsenen Rußlands. Für die sowjetische Bevölkerung ging es damals buchstäblich ums Überleben, ums physische Überleben der Einwohner, aber auch ums Überleben als Nation, als Staat . . .

Hübner: Sie sagten, das Schlüsselerlebnis der Geschichte. Ist es – ich möchte nicht falsch verstanden werden – mehr ein Propaganda-Instrument, daß man immer wieder an diesen Krieg erinnert, daß man ihn mit großen Aufmärschen, mit Gedenktagen im Bewußtsein hält, oder kommt man wirklich einem Bedürfnis der sowjetischen Bevölkerung, auch der jüngeren, entgegen?

Bednarz: Ich glaube, sowohl als auch. Als ich vor 15 Jahren das erste Mal in der Sowjetunion war, ist mir immer wieder ganz spontan und naiv die Frage gestellt worden: Wird es wieder Krieg geben? Ich habe diese Frage zunächst nicht verstanden, ich habe sie für eine Provokation gehalten, ich konnte mit ihr nichts anfangen, bis ich begriffen hatte, daß die meisten Menschen hier diese Frage immer noch als die für sie wichtigste ansehen. Das 41er-Syndrom – der Überfall Hitlers – kam ja nicht nur für die sowjetische

Führung, sondern auch für das sowjetische Volk gleichsam aus leider nicht heiterem Himmel. Dieses Syndrom ist bis heute in der sowjetischen Gesellschaft ganz tief verhaftet ...

Hübner: Sie waren schon Korrespondent in Moskau, als diese sowjetisch-amerikanische Film-Produktion im sowjetischen Fernsehen lief. Wie war das offizielle Echo in der Presse? Ist da auch der amerikanische Anteil dieser Produktion zur Sprache gekommen? Warum war es überhaupt eine sowjetisch-amerikanische Produktion, und wie ist das Echo in der Bevölkerung gewesen?

Bednarz: Ich habe die verschiedenen Teile der Serie auf verschiedene Arten gesehen. Einen Teil mit sowjetischen Freunden am Fernsehschirm, einen Teil in den Vorführungen in den regulären Kinos, darunter auch Vorführungen für ein ausgesuchtes Publikum aus Kriegsteilnehmern. Für mich war das nachdrücklichste Erlebnis doch die Vorführung der Serie vor den Kriegsteilnehmern. Obwohl natürlich allen, die im Krieg dabeiwaren, diese Bilder bekannt waren, habe ich im Saal sehr viele Menschen weinen sehen – Männer und Frauen. Und ein anderes Moment, das mich erschreckt hat, war, daß spontaner Beifall eigentlich immer nur dann aufkam, wenn im Film Stalin auftauchte und sprach. Ich erkläre es mir daraus, daß für die Kriegsgeneration Stalin der Mann ist, der gegen Hitler gewonnen, der das Land, die Nation vor dem Untergang gerettet hat. Das scheint bis heute die überwiegende Meinung der sowjetischen Kriegsteilnehmer zu sein. In der jüngeren Generation waren die Meinungen ein wenig anders. Bei ihr gibt es nicht das unmittelbare Erleben, sondern nur die Kenntnis aus der Literatur und Erzählungen, den sehr beredten Erzählungen der Älteren, der Väter-Generation. Ich habe allerdings das Gefühl, daß die junge sowjetische Generation langsam an den Punkt kommt, wo sie sagt, laßt uns mit euren Veteranen-Geschichten in Ruhe. Wir wissen, daß der Krieg etwas ganz Schlimmes war. In der sowjetischen Jugend herrscht heute, wenn man sie auf Krieg und Frieden anspricht, ein sehr großer Ernst. Aber es ist – nicht zuletzt durch die 30jährige propagandistische Behandlung dieser Ereignisse – ein Punkt erreicht, an dem viele Jugendliche sagen: Euer Andenken in Ehren. Wenn junge Ehepaare heiraten und aus dem Standesamt kommen, dann führt ihr erster Weg grundsätzlich zum Grabmal des unbekannten Soldaten, wo sie Blumen niederlegen. Nicht etwa, weil ihnen das irgend jemand vorschreibt, sondern weil sie spontan eine Geste machen wollen. Aber sie sagen trotzdem, laßt uns damit in Ruhe, wir wissen das alles, man kann des Guten auch zuviel tun.

Zur Frage nach der amerikanischen Beteiligung an dieser Filmserie: Ich glaube, es ist der Sowjetunion ganz wichtig, die Geschichte dieses Krieges weltweit zu dokumentieren. Ich treffe in der Sowjetunion immer wieder auf Menschen, die das Wort von Marguerite Duras aus dem Film „Hiroshima Mon Amour« zitieren: »Wir müssen uns erinnern, sonst wird sich alles wiederholen.« Die sowjetisch-amerikanische Koproduktion ist wohl nicht so sehr wegen der alten sogenannten Waffenbrüderschaft mit den Amerikanern zustandegekommen, sondern sie war sicher auch das Ergebnis einer ganz kühlen propagandistischen Berechnung: Daß in dem Moment, wo dieses Film-Unternehmen mit amerikanischer Beteiligung gestartet wurde, nicht nur die Glaubwürdigkeit der Sowjetunion weltweit propagandistisch besser auszuwerten ist, sondern zugleich größere Chancen zur Verbreitung des ganzen Epos auch in der westlichen Welt bestehen.

»Mit überschwenglichem Jubel« – die Serie in der DDR

Geradezu mit überschwenglichem Jubel wurde, wenn man den offiziellen Verlautbarungen folgt, ihre Ausstrahlung in der DDR begrüßt. Sie erhielt, nach umgehender Sendung des russischen Originals im 2. Programm des DDR-Fernsehens, eine deutsche Fassung und einen neuen Titel: *Der Entscheidende Krieg.* Ein K. Jeutner schreibt im *Filmspiegel* der DDR (Nr. 13/1979, S. 22):

Fast alles an diesem Film ist einzigartig: Seine Länge – 20 mal 50 Minuten; sein Thema – der Sieg des Sowjetvolkes über den Hitlerfaschismus, seine wichtigsten Autoren – die 252 sowjetischen Frontkameraleute, von denen jeder fünfte gefallen ist; und schließlich auch die Art seines Entstehens – die bisher größte und umfangreichste Zusammenarbeit der bedeutendsten sowjetischen und amerikanischen Dokumentaristen.

Ein Satz, der nur aus Höhepunkten besteht, und keinen Punkt finden kann. Der Autor verschweigt die Schwierigkeiten nicht, die es bei der Produktion gegeben hat. Aber sie sind für ihn nebensächlich. Er sieht die Botschaft der Filme, und er sieht sie so:

»Der unvergessene Roman Karmen, der, selbst Teilnehmer des Krieges vom ersten Tage an, neben der künstlerischen Gesamtleitung Autor des ersten und des letzten Filmes der Serie war, nannte diese seine letzte Arbeit »die Krönung meines Lebens«. Denn »je weiter die Jahre des Großen Vaterländischen Krieges in die Vergangenheit rücken, um so stärker wird der Einfluß unseres Sieges auf die Geschicke der heutigen Menschheit«.

Die Presse der DDR begleitete die Sendung jeder Folge – ausgestrahlt wurden alle 20 Episoden um 20 Uhr im 1. Fernsehprogramm der DDR – mit ähnlichem Enthusiasmus. Reichlich abgedruckte Leserbriefe waren unterschiedslos zustimmend. Fritz Pleitgen – Korrespondent im ARD-Studio DDR – war selbst einer derjenigen, der seinen Sender in Köln auf die Bedeutung des Fernseh-Zyklus hinwies. Sein Kommentar zur Aufnahme der Serie in der DDR:

Ein unvergleichliches Bildschirmereignis, ein Jahrhundertwerk des Weltfilmschaffens. Das SED-Organ Neues Deutschland *sparte nicht mit Superlativen, als es im August 1979 die 20teilige Filmserie* Die entscheidende Front *würdigte. Das bewegende Filmepos habe Millionen DDR-Bürger 10 Wochen lang in seinen Bann geschlagen. Die Dokumentation hätte überzeugend nachgewiesen, daß die Sowjetunion den entscheidenden Anteil an der Niederwerfung Hitler-Deutschlands habe, erklärte Ost-Berlin und klopfte sich selbst auf die Schulter: »Der große Erfolg der Serie ist nicht zuletzt darauf zurückzuführen, daß sie auf Bürger mit einem hohen politischen Bildungsstand gestoßen ist.«*

Die derart Gelobten mochten indes den offiziellen Enthusiasmus nicht teilen. Die DDR-Bürger haben zunächst mit Faszination die ersten Folgen verfolgt. Aber sehr bald stellten sich Ermüdungserscheinungen ein. Die Serie war entschieden zu lang, um bis zur letzten der insgesamt 1.000-Minuten-Dokumentation das Publikum in Atem zu halten.

Im übrigen sind das Thema Krieg und die Heldentaten der Sowjetarmee den DDR-Bürgern nicht unvertraut. Sie werden damit Woche für Woche über ihre beiden Fernseh-Programme in Film und Dokumentation versorgt.

Wie hoch die Sehbeteiligung während der Ausstrahlung der Serie über den Großen Vaterländischen Krieg war, ließ sich nicht erfahren. Das DDR-Fernsehen hält damit hinter dem Berg, weil der größte Teil der Zuschauer gewohnheitsgemäß ARD und ZDF einschalten. Vermutlich hat auch die 20teilige Serie nicht viel an dieser Praxis geändert. Attraktiv war sie allerdings insofern für die DDR-Bürger, weil dieses Mal auch Amerikaner beteiligt waren, und der sehr populäre Schauspieler Burt Lancaster als Moderator auftrat.

In ihren Berichten und Rezensionen zu der Serie entdeckte die Ost-Berliner Presse noch einen Nebenkriegsschauplatz: Während man in der DDR aus der Geschichte die richtigen Lehren gezogen habe, hieß es in den Kommentaren, herrsche in der Bundesrepublik Deutschland weiterhin der faschistische Ungeist. Als Beweis für die Unbelehrbarkeit der Westdeutschen wurde angeführt, daß sich ARD und ZDF fadenscheinig, aber standhaft weigerten, die Filmserie zu übernehmen.

Das ZDF entschloß sich in der Tat gegen eine Übernahme der Serie. Angegebene Gründe: Die Tendenz und die Überlänge des Werkes. Das *Neue Deutschland* jedenfalls notierte sofort, die Filmfolge werde »als für Bundesbürger ungeeignet bezeichnet«.

Der Westdeutsche Rundfunk in Köln, in der ARD zuständig für die Studios in Moskau, Warschau und Ostberlin und an diesen Plätzen durch eigene Korrespondenten vertreten, erwog im Sommer 1979 ebenfalls einen Ankauf. Leitende WDR-Redakteure wie Theo M. Loch und Heinz Werner Hübner, selbst einmal Teilnehmer dieses Krieges und beide seit Jahren in der Fernseh-Aufhellung von Zeitgeschichte engagiert, erhielten bei Intendant und Aufsichtsgremien des Senders grünes Licht für einen Ankauf über die Münchener Filmfirma Beta-Taurus. Auch für die Ausgabe von rund 1,1 Millionen Mark an Lizenzkosten – auf die Sendeminute umgerechnet und mit anderen Sendevorhaben verglichen keine frappierende Summe. Doch sie war Wasser auf die Mühlen derer, die sich aus anderen Gründen gegen eine bundesdeutsche Ausstrahlung der Sendung wandten und formierten.

Widerstand der Konservativen

Die Gegner übersahen – geflissentlich oder bewußt –, daß der WDR nicht die Filmfassung des DDR-Fernsehens übernehmen, sondern auf der Basis der amerikanischen Version der Serie eine eigene Fassung erstellen wollte. Kaum anders ist eine halbseitige Attacke der Tageszeitung *DIE WELT* vom 30. August 1979 zu erklären, deren Schlagzeile fast zu einer Art Motto für die nachfolgende Kritik aus dem konservativen Lager wurde: *»The Unknown War« – 20 Stunden Geschichtsverfälschung.* Verfälschungen machte der Autor Dieter Borkowski unter anderen in der Frage der Urheberschaft des Mordes an polnischen Offizieren in Katyn sowie bei den Zahlenangaben der bei der Kapitulation in Berlin in Gefangenschaft geratenen deutschen Soldaten aus. Viele der kritischen Anmerkungen dieses Artikels treffen den wahren Sachverhalt. Fatal jedoch ist der Gesamteindruck, der – und das läßt der Autor nur in einem Nebensatz erkennen – ausschließlich auf der Ansicht der DDR-Fassung beruht:

Unbestreitbar hat der Stab um Roman Karmen aus Millionen Metern Filmaufnahmen von Frontberichterstattern eine Fülle erregender Aufnahmen ausgesucht, die jeden objektiven Zuschauer zum Zorn gegen die Verbrechen der deutschen Okkupanten herausfordern. Gemindert wird diese Reaktion des Film- und Fernsehpublikums durch die qualvolle Überlänge des Werkes, durch eine unerträgliche teils forsche, teils süßliche Filmmusik und Textsynchronisation der Adlershofer Fassung *(hervorgehoben v. Verf.), deren Vorbild in den unsäglichen Goebbels'schen Dokumentarfilmen gelegen haben muß.*

Daß die *WELT* von der Absicht einer eigenen WDR-Fassung gewußt haben muß, enthüllt sich auch nur für den sehr aufmerksamen Leser in einem Beitrag von Hermann A. Griesser auf derselben Seite, in dem der Kölner Anstalt die Rechnung aufgemacht wird:

Die Serie kostet den WDR eine Million Mark, plus 1.400 Mark Programmkosten pro Sendeminute (einschließlich Synchronisation und Bearbeitung), das sind insgesamt 2,4 Millionen Mark.

Der Westdeutsche Rundfunk ließ am 17. September 1979 durch seine Pressestelle eine erste Richtigstellung und Absichtserklärung verbreiten:

In Presseveröffentlichungen, aber auch in Zuschriften, ist dem WDR vorgeworfen worden, mit dem Erwerb der 20teiligen amerikanisch-sowjetischen Dokumentarserie The Unknown War *die Absicht zu haben, sich die überwiegend sowjetische Interpretation der Geschehnisse im Zweiten Weltkrieg kritiklos zu eigen zu machen. Diese Absicht besteht nicht, wie WDR-Programmdirektor Heinz Werner Hübner erklärt:*

Zunächst ist darauf hinzuweisen, daß der WDR den amerikanischen Text der Filmserie über den Zweiten Weltkrieg aus der Perspektive der Sowjetunion ins Deutsche übertragen und daß nicht der in der DDR verbreitete Kommentar übernommen wird. Die Teile, die die historischen Geschehnisse erkennbar falsch darstellen oder bewerten, werden vom WDR der historischen Wahrheit gemäß zurechtgerückt werden. Es ist ohnehin beabsichtigt, zu jeder Folge, die gesendet wird, ein sogenanntes »Historisches Stichwort« zu erarbeiten. In diesem Stichwort wird wiederum entsprechend der historischen Wahrheit das Geschehen erläutert und von Fall zu Fall die deutsche Auffassung zu den Geschehnissen dargelegt werden. Dazu gehört auch, die militärischen Aktionen und Absichten, wie sie sich zu jener Zeit aus deutscher Sicht abzeichneten, darzustellen.

Die Produktion der »Historischen Stichworte« wird Aufgabe einer im WDR noch zu bildenden Redaktion sein, die Historiker und militärische Experten zur Mitarbeit verpflichten wird.

Noch im Herbst 1979 wurde im WDR eine Projektgruppe für die Bearbeitung der Serie und der sie flankierenden Sendungen gebildet. Sie bestand zunächst aus dem Zeitgeschichte-Redakteur Jürgen Rühle – selbst Kriegsteilnehmer und Spätheimkehrer – und mir. Am 11. März 1980 gab Rühle über die Pressestelle des WDR die Konzeption dieser Redaktion bekannt:

Ausgeschieden werden Folgen, deren dokumentarischer Wert gering oder deren Thematik für unsere Zuschauer nicht so interessant ist: z. B. der sowjetische Feldzug gegen Japan und die Schlußsendung mit einer Zusammenfassung der Siegesfeiern. Folgen, für deren Ausstrahlung sich der WDR entscheidet, werden nicht gekürzt, um die Authentizität zu erhalten. Den Originaldokumentationen wird jeweils als »Historisches Stichwort« ein zehnminütiges Gespräch mit Augenzeugen oder Experten folgen. Dort können historische Fehler richtiggestellt werden: Beispielsweise die Behauptung, in Katyn seien polnische Offiziere von Deutschen – und nicht von Sowjets – erschossen worden. Dort kann aber auch der Eindruck vertieft werden: So berichtet ein russischer Augenzeuge über seine Erlebnisse im belagerten Leningrad.

Vor dem Start der Serie soll in einem Beitrag Hitlers Strategie im Osten – »Unternehmen Barbarossa« – erläutert werden; Autor ist Willy Reschl.

Nach der Ausstrahlung folgt eine Sendung mit Augenzeugenberichten über das Jahr 1945 aus deutscher Sicht, in der Paul Karalus (Endlösung/Holocaust) *die Erlebnisse Deutscher am Kriegsende – Vertreibung, Verfolgung, Hunger –, aber auch die Befreiung politischer Gefangener schildern wird. Geplant ist außerdem als Abschluß eine Art »Feedback-Hearing«, bei dem vor allem junge Zuschauer Experten im Studio befragen.*

Jürgen Rühle erläutert: »Wir strahlen die Serie aus, weil es unersetzliche Dokumente gegen den Krieg sind, die nicht nur die Russen, sondern auch uns Deutsche bewegen.«

Trotz dieser Klarstellung hielt die Polemik gegen die Ausstrahlung der Serie an. Während des Jahres 1980, in dem die westdeutsche Fassung der Serie entstand und die Konzeption der Begleitsendungen in allen Einzelheiten erarbeitet wurde, kam sie überwiegend aus den Reihen von Traditions- bzw. Soldatenverbänden, die in Schreiben an die Leitung des WDR ihr Veto einlegten. Es meldeten sich zu Wort:

Der *Ring Deutscher Soldatenverbände e. V., Bonn* mit der Bitte um Einsicht in das zur Sendung anstehende Filmmaterial und der Möglichkeit, auch von seiner Seite Kenner des Rußland-Krieges zu nennen, die bei »der Aufbereitung der Kommentare« mitwirken könnten. Der Präsident des Verbandes, Generalmajor a. D. Niemack, schrieb dem WDR:

Eine positive Entscheidung auf diese Bitte könnten wir als eine Geste der Fairneß gegenüber dem deutschen Soldaten werten, der ohne eigenes Verschulden, ohne eigene politische Verantwortung in einem von ihm nicht gewollten Krieg nur zu oft zum Mitverantwortlichen gestempelt wurde, obwohl er treu seine Pflicht erfüllte und täglich sein Leben für Heimat und Vaterland aufs Spiel setzte.

Nach der Besichtigung von drei Filmen in der WDR-Fassung – nach eigener Wahl – nahm Niemack sein Angebot zurück. In einem Brief an Jürgen Rühle vom 29.8.1980 schrieb er u. a.:

Nach der Vorführung der von uns ausgewählten Filmstreifen kann ich es jedoch nicht mehr verantworten, das Ihnen als möglich zum Ausdruck gebrachte Angebot, einige unserer Auffassung nach geeignete Kommentatoren namhaft zu machen, aufrechtzuerhalten . . .

Dieser Film kann bei Menschen, die die ganze Härte des Krieges in Rußland nicht persönlich miterlebt haben, nur zu einem völlig falschen Bild führen und damit letztlich Wehrwillen und Verteidigungsbereitschaft auf das äußerste gefährden.

Die Verteidigungsbereitschaft und der Wille, sich gegen jede Einschränkung der Freiheit oder Gefährdung des Friedens zur Wehr zu setzen, sind aber nach Auffassung aller im Bundestag vertretenen Parteien unabdingbare Voraussetzung für unsere Sicherheit und jede Form der Entspannungspolitik. Aus diesen Erwägungen heraus stelle ich für den Ring Deutscher Soldatenverbände erneut die Forderung, von einer Ausstrahlung . . . Abstand zu nehmen.

Der *Deutsche Bundeswehr-Verband e. V., Bonn* (nach eigenen Angaben eine Million Mitglieder) ließ seine Vertreter an der Vorführung am 12. August 1980 ebenfalls teilnehmen. Er meldete »Bedenken« gegen die Ausstrahlung an, die er aber nicht als Versuch gewertet haben wollte, die Pressefreiheit in irgendeiner Weise einschränken zu wollen.

Der Verbandsvorsitzende Volland in einem Schreiben an Programmdirektor Hübner vom 30.9.1980:

Diese Pressefreiheit kann sich aber unseres Erachtens nur auf eine sachlich faire Berichterstattung erstrecken und nicht die Möglichkeit einschließen, Propaganda gegen das eigene Volk in den Medien zu veröffentlichen. Auch eine abschreckende Wirkung, wie sie als Motiv genannt wurde, scheint uns durch aktuellere Beiträge von Kriegsschauplätzen, wie sie in aller Welt leider zum Nachrichtenalltag gehören, überzeugender darzustellen sein.

Der *Verband der Heimkehrer, Kriegsgefangenen und Vermißtenangehörigen Deutschlands e. V., Bad Godesberg,* bat ebenfalls um Vorführung einiger Folgen. Sie fand im April 1981 im WDR vor zahlreichen Herren des Präsidiums statt. Wie bei der anderen Vorführung schloß sich eine Diskussion mit den beteiligten Redakteuren an. Das Fazit: Ein ganzseitiger Artikel im Verbandsorgan *Der Heimkehrer – Stimme der Kriegsgeneration* vom 15. Mai 1981. Die Schlagzeile mag hier genügen:

17 Stunden Sowjetpropaganda auf westdeutschen Fernsehschirmen/»Der Unvergessene Krieg«/Weihnachten 1981 soll die Eroberung Berlins durch die Rote Armee ausgestrahlt werden

Auch der Parlamentarische Geschäftsführer der CDU/CSU-Bundestagsfraktion, Paul Röhner (CSU), forderte den WDR-Intendanten auf, die Entscheidung für die Übernahme der Serie rückgängig zu machen (Brief und Antwort zitiert nach: *TV-Courier/ Dokumentation* Nr. 16-D/3.7.1980). Röhners Einwände:

Dienen wir mit der Ausstrahlung des Films nicht der Verherrlichung des Sowjetsystems und besonders der überwältigenden Stärke der Sowjetarmee als derjenigen, die in Afghanistan einen blutigen Unterdrückungskrieg führt?...

Ich befürchte eine schwere politische Desorientierung und eine halb bewußte, halb unbewußte demoralisierende Wirkung für unsere Bevölkerung, besonders die Jugend, zumal sich die Sendung über viele Folgen erstrecken und damit eine psychologische Tiefenwirkung von langer Dauer erzielen wird. Sie wird besonders bei denjenigen eintreten, die wenig Möglichkeit gedanklicher Ausbalancierung haben, weil sie sich mit historisch-politischen Themen der Sowjetunion wenig befassen. Gerade bei diesem Publikum werden auch die kurzen »Historischen Stichworte« nur wenig Korrektur bewirken können.

Der Intendant des WDR, Friedrich-Wilhelm Freiherr von Sell, wies die Einsprüche Röhners Mitte Juni 1980 zurück:

Was uns bewogen hat, diese Serie zu erwerben, ist die sehr große dokumentarische Treue, mit der in jener Zeit sowjetische Kriegsberichterstatter das Geschehen gefilmt haben. Die sowjetischen Berichte über den Krieg waren, was Ihnen sicherlich bekannt sein wird, sehr viel sachlicher als die der deutschen PK-Männer, die damals in Sendungen unserer »Wochenschau« gezeigt wurden. Wer diese Serie aufmerksam betrachtet, wird – jedenfalls vom Bild her – sofort erkennen, daß es sich, mit unseren historischen Augen gesehen, um einen Anti-Kriegsfilm handelt.

Schelte auch von links

Auch von der entgegengesetzten Seite des politischen Spektrums blieb dem WDR Schelte nicht erspart. Beunruhigung entstand hier, weil es der Sender – wie man fand – nicht eilig hatte, die Serie auf den Bildschirm zu bringen; weil er sie selbst kommentieren und mit Begleitsendungen flankieren wollte. Professor Reinhard Kühnl im Bundesvorstand des *Bundes Demokratischer Wissenschaftler (BdWi)*, befürchtete, die Serie würde so »zugerichtet, daß der antifaschistische Gehalt eliminiert, der ›deutsche Standpunkt‹ betont und die historische Wahrheit zugunsten der Verharmlosung der faschistischen Aggressionspolitik verbogen würde« (*die tat*, Nr. 22, 30.5.1980). Eine Antwort Heinz Werner Hübners – mit der hier bereits erwähnten Absichtserklärung vom 17.9.1979 – löste bei dem in Marburg ansässigen *BdWi* offenbar »verstärkte Beunruhigung« aus. Hübners zweiter Brief war knapp und enthielt die Sätze:

Ich darf Ihnen versichern, daß der WDR nicht daran denkt, ehemalige Repräsentanten des Dritten Reiches zu Autoren der »Historischen Stichworte« zu machen. Auch ist nicht daran gedacht, etwa im Stil der sogenannten Landser-Hefte zu dem, was in den Filmen gezeigt wird, kommentierend Stellung zu nehmen.

Der Leser dieses Buches mag selbst überprüfen, ob sich das so verhält – es enthält die Texte der »Historischen Stichworte«.

Der Briefwechsel Hübner–BdWi war im Juni 1980 auch Anlaß für die DKP-Zeitung *UZ*, ihn unter der rhetorischen Schlagzeile »Sollen Hitlergenerale diesen Film zensieren« wiederzugeben. Am 20. Februar 1981 konnte die *UZ* ihren Lesern erleichtert melden: »Auch im NRD-Sendeplan: Der Unbekannte Krieg.« Von den Hitlergenerälen war keine Rede mehr.

Den Vorwurf »mangelnder Eile« des WDR hatte sich schon zuvor Radio Moskau zum Thema gesetzt. Am 1. April 1980 hatte Nikolai Jolkin in einem Kommentar im deutschen Programm des Senders gefragt:

Was verbirgt sich nun hinter all dem? Ist es die Furcht vor einem neuen »Holocaust«?... Oder ... vielleicht haben führende Kreise in der Bundesrepublik Angst vor dem Film, weil er ihre Worte von der Gefahr aus dem Osten ad absurdum führt? Mancher Bundesbürger würde die Verbrechen der Nazis sehen und würde vielleicht daran denken, wie viele solcher Verbrecher in der Bundesrepublik Deutschland noch frei herumlaufen und weshalb man in der Bundesrepublik die zunehmende neonazistische Gefahr nicht bemerken will. (Zitiert nach *Monitor-Dienst*, Deutsche Welle Köln, Deutscher Teil, 3.4.1980).

Nicht nur Aufgeregtheiten ...

Es gab andere, gelassenere, konstruktive Reaktionen auf das Sendevorhaben des WDR. Volkshochschulen, Institutionen der Erwachsenenbildung, machten sich daran, sich mit Sachargumenten auf die erwarteten Zuschauerreaktionen einzustellen. Das Adolf-Grimme-Institut in Marl bereitete »didaktische Handreichungen« vor, die bei Diskussionen ebenso wie dieses Buch Hilfe leisten sollen. Und in Hamburg stellte ein Medienkreis junger, engagierter Geschichtslehrer schon im Vorab »erste empirische Wirkungsdaten« zusammen. Diese Lehrer wollen ihren Schülern nicht, wie noch bei

Holocaust, weitgehend unpräpariert Rede und Antwort stehen. Dieser Hamburger Medienkreis *Projektgruppe Geschichte* führte 224 Personen in Hamburg zwei Folgen der Serie vor, und zwar *Blockade von Leningrad* und *Verlagerung der Industrie nach Osten*. Unter den 224 Befragten waren 35 Rentner, 23 Berufstätige zwischen 30 und 55 Jahren. Der große Rest bestand aus Gymnasiasten und Gewerbeschülern im Alter von 17 bis 19 Jahren. Zu sehen bekamen sie Mitschnitte der DDR-Fassung der Serie, also nicht die Bearbeitung des WDR, die zu diesem Zeitpunkt noch nicht zur Verfügung stand.

Die »Zuschauer« erhielten vor und nach Ansicht der Filme Fragebogen, mit denen ihr Vorwissen und eventuelle Einstellungsveränderungen festgestellt werden sollten. Es konnten eindeutig unterschiedliche Reaktionen bei den verschiedenen Altersgruppen festgestellt werden: die *mittlere Generation* empörte sich über die »einseitige« Machart der Filme. Auch die *Gymnasiasten* gingen in erster Linie medienkritisch an die Filme heran. Die anderen Gruppen zeigten sich hingegen bereiter, über die Filmkritik hinauszugehen und die Sachinformationen der Filme aufzunehmen. Jugendliche, die die Filme nicht vor dem Hintergrund festgefügter, langjähriger Einstellungen beurteilten, sahen sie unbefangener, aber auch betroffener. Heftige, kritische Reaktionen älterer Mitbürger waren ihnen unverständlich.

Aus den umgerechneten Ergebnissen einzelner Fragen (»Betroffenheit über das Schicksal der sowjetischen Bevölkerung im 2. Weltkrieg«; »Abscheu vor der Grausamkeit der deutschen Kriegführung«; »Nachdenklichkeit angesichts der eigenen Unkenntnis«) schloß die Projektgruppe »bei aller Vorsicht«, wie sie selbst sagt, daß die Filmserie offenbar Einstellungen verändern und Lernprozesse initiieren könne. Nach ihren Beobachtungen führten die Filme – in vielen Fällen zum ersten Mal – zu intensiven Gesprächen zwischen der älteren und der jüngeren Generation über das Thema »Wie war das damals«, während die mittleren Altersgruppen weniger bereit waren, ihre Urteile und Vorurteile in Frage stellen zu lassen.

Die WDR-Bearbeitung der Serie

Es kann nicht Aufgabe des Bearbeiters der Serie sein, eine filmästhetische Beurteilung der einzelnen Folgen anzustellen. Mir und den Kollegen, die alle 20 Episoden gesehen haben, wurde sehr bald klar, daß sie von unterschiedlicher formaler Qualität und Aussagekraft sind. Wir entschieden uns für die Sendung der größtmöglichen Zahl von Folgen. Das bedeutete, die – nach unserer Ansicht – schwächsten herauszufiltern. Welche Folgen dies waren, darüber gab es keinen Dissens:

- Je eine Folge über *die Rolle der sowjetischen Luftwaffe und Marine*. Beide Waffengattungen haben, nach Expertenurteil, nicht annähernd die Rolle gespielt wie die Landstreitkräfte der Roten Armee, und nicht annähernd die Bedeutung gehabt, die ihnen in den Filmen zugemessen wird.

- Eine Folge über den *sowjetischen Fernostkrieg gegen Japan* nach Beendigung der Kämpfe mit Hitlerdeutschland. Auch sie hat nach einhelligem Urteil die Bedeutung der Ereignisse weit übersteigert.

- Eine Folge über den *Partisanenkrieg* hinter der Frontlinie. Dies, so fanden wir, war eine wichtige Episode. Sie bestand jedoch weitgehend aus dem Material später gedrehter Spielfilme und fiel damit deutlich aus dem Rahmen der anderen, überwiegend aus Originalaufnahmen bestehenden Filme.

● Die 20. Folge der Serie. Sie enthielt überwiegend *Aufnahmen von Siegesfeiern* der Roten Armee und der Alliierten, durchsetzt mit Warnungen vor dem Wiederentstehen eines Faschismus in der Bundesrepublik (Aufnahmen der NPD aus den 60er Jahren), die der Ernsthaftigkeit dieses Problems heute nicht gerecht werden. (Die amerikanischen Produzenten, denen ich diese Auswahl bekanntgab, waren mit unserer Auswahl voll einverstanden.)

Es bestand redaktionelle Einmütigkeit darüber, die Bearbeitung der zu sendenden Filme in weitgehender Übereinstimmung mit dem amerikanischen Original vorzunehmen. Das bedeutete einmal: Beibehaltung der Moderation von Burt Lancaster, obwohl wir uns bessere, fundiertere Einleitungen durchaus hätten vorstellen können. Das hieß auch: keine Kürzungen der Filme. Wir haben die Filme, mit einer Ausnahme, nicht gekürzt. Diese Ausnahme ist in der Folge *Überleben in Stalingrad* eine kurze Sequenz, in der behauptet wird, der Stabschef des General Paulus »sei auch nach der Gefangennahme noch ein unverbesserlicher Nazi gewesen und lebe heute als wohlhabender Designer in der Bundesrepublik«. Nach Urteil des Militärhistorikers Manfred Kehrig ist diese Aussage falsch. Der Betroffene, der im übrigen verstorben ist, hat sich lediglich geweigert, in sowjetischer Kriegsgefangenschaft dem *Nationalkomitee Freies Deutschland* beizutreten.

Wir haben auch die Texte – bis auf übersetzerische Freiheiten, wie sie bei jeder Übertragung von einer Sprache in eine andere notwendig sind – nicht verändert. Wiederum mit einer, uns notwendig erscheinenden Ausnahme: In der amerikanischen Fassung der Serie ist von Deutschen durchgehend als »Nazis« die Rede. Eine derart unzutreffende Pauschalisierung hätte, so meinten wir, als unnötige Provokation gewirkt. In amerikanischen Fernsehdarstellungen des Krieges ist sie üblich – und sie hat dort wohl auch den Zweck, die damaligen von den heutigen Deutschen zu unterscheiden. Wir haben uns erlaubt, dort, wo erkennbar deutsche Wehrmachtseinheiten angesprochen waren, auch von »Deutscher Wehrmacht« anstatt von »Nazis« zu sprechen. (Es habe, so berichteten mir die US-Produzenten, eine Verabredung mit den sowjetischen Partnern gegeben: Ihr sagt »Faschisten«, wir sagen »Nazis«!)

Der Titel der Serie, *The Unknown War, Der Unbekannte Krieg,* schien uns, je länger wir uns mit der Thematik beschäftigten, unzutreffend. Jedenfalls, wenn wir an weite Teile der Bevölkerung der Bundesrepublik dachten, in denen dieser Krieg und seine schrecklichen Folgen noch lebendige Erinnerung sind. Unser Titel: *Der Unvergessene Krieg.* Unbekannt bleiben darf er nicht, vergessen werden wird er wohl nie. Vielleicht, das ist unsere Hoffnung, kann er besser verstanden und eingeordnet werden, um das abgestandene Wort von der »Bewältigung« zu vermeiden.

Teil 2

Zwischen 1918 und 1941 – Vorgeschichte des deutsch-sowjetischen Krieges

Von Wilhelm Pagels

3. März 1918	Friedensvertrag von Brest-Litowsk zwischen dem Deutschen Reich und der Sowjetunion.
April bis November 1918	Deutsche Truppen besetzen unter Brechung des Friedensvertrages weite Teile der Sowjetunion.
1918 bis 1921	Bürgerkrieg mit massiver ausländischer Einmischung in der Sowjetunion.
12. Oktober 1920	Friedensvertrag von Riga zwischen der Sowjetunion und Polen. Die Sowjetunion muß weite Teile Weißrußlands und der Ukraine abtreten.
16. April 1922	Vertrag von Rapallo eröffnet enge Zusammenarbeit zwischen Deutschland und der Sowjetunion.
30. Januar 1933	Hitler wird Reichskanzler.
19. Oktober 1933	Austritt Deutschlands aus dem Völkerbund.
26. Januar 1934	Die deutsche Reichsregierung schließt Nichtangriffspakt mit Polen.
7. Februar 1934	Der deutsche Reichsverteidigungsrat beschließt wirtschaftliche Kriegsvorbereitung.
25. Juli 1934	Der NS-Putsch in Wien mißlingt, Bundeskanzler Dollfuß ermordet.
19. September 1934	Die UdSSR tritt dem Völkerbund bei.
16. März 1935	Die allgemeine Wehrpflicht durch die deutsche Reichsregierung verkündet (Bruch des Versailler Vertrages).
7. März 1936	Die deutsche Wehrmacht marschiert ins Rheinland ein.
24. Juni 1937	Weisung Hitlers für Kriegsvorbereitung der Wehrmacht.
21. Dezember 1937	Weisung für Angriffskrieg gegen Tschechoslowakei.
12./13. März 1938	Die Wehrmacht besetzt Österreich. »Anschluß« Österreichs ans deutsche Reich.

29. September bis 1. Oktober 1938	Münchener Konferenz. Die Wehrmacht besetzt Sudetenland.
21. Oktober 1938	Führerweisung: »Erledigung der Rest-Tschechei«.
3. April 1939	Führerweisung: Angriffskrieg gegen Polen: Fall *Weiß*.
23. August 1939	Nichtangriffspakt Deutschland-UdSSR.
1. September 1939	Ohne Kriegserklärung greift die deutsche Wehrmacht Polen an.
3. September 1939	Kriegserklärung Englands und Frankreichs an Hitler-Deutschland.
17. September 1939	Einmarsch der Roten Armee in Ostpolen.
9. Oktober 1939	Führerweisung: Angriff im Westen.
27. Januar 1940	Führerweisung: Angriff auf Dänemark und Norwegen.
11. Februar 1940	Wirtschaftsvertrag Deutschland-UdSSR.
9. April 1940	Deutscher Überfall auf Dänemark und Norwegen.
10. Mai 1940	Deutscher Angriff im Westen. Churchill wird britischer Premierminister.
21. Juli 1940	Hitler befiehlt Planung für »Ostfeldzug«.
27. September 1940	Dreimächtepakt Deutschland – Italien – Japan.
18. Dezember 1940	Führerweisung: Angriff auf UdSSR. Fall *Barbarossa*.
6. April 1941	Deutscher Angriff auf Jugoslawien und Griechenland *Unternehmen Marita*.
22. Juni 1941	Deutscher Überfall auf die UdSSR.

Hitlers Weltmachtstreben

Wer die Vorgeschichte des »ungeheuerlichsten Eroberungs-, Versklavungs- und Vernichtungskrieges« – so bezeichnete der Marburger Historiker Ernst Nolte 1963 den Krieg Hitler-Deutschlands gegen die Sowjetunion – erzählen will, kann nicht erst mit Hitlers *Weisung Nr. 21: Fall Barbarossa* vom 18. Dezember 1940 beginnen. Hitler war nicht der erste, dessen Blicke sich begehrlich nach Osten richteten.

Schon einmal war 1914 von deutschem Boden aus der »Griff nach der Weltmacht« – so formulierte es der Hamburger Historiker Fritz Fischer 1961 – versucht worden. Nur 25 Jahre nachdem das kaiserliche Deutschland und hinter ihm stehende Teile der Großindustrie das Scheitern ihrer Pläne mit ansehen mußten, standen wiederum an den gleichen Orten deutsche Soldaten, um einen zweiten Versuch zur Eroberung der Weltherrschaft zu unternehmen. Die Kriegsziele der Jahre 1917/18 – Getreide der

Ukraine und des Kuban, Kohle des Donbas, Erze und andere Rohstoffe aus dem Kaukasus, die Ölfelder am Kaspischen Meer und die Sicherung der Landbrücke nach Zentralasien und Indien als Aufmarschgebiet gegen das britische Empire – waren als Grundlage auch in den Planungen der Führungsstäbe 1940–1943 allesamt wiederzufinden.

Die Frage, wie es zu der folgenschweren Wiederaufnahme des Weltmachtstrebens kommen konnte, soll im folgenden ein wenig aufgehellt werden.

Die Situation der Sowjetunion nach dem Ersten Weltkrieg

Die junge Sowjetunion mußte den Friedensvertrag mit dem Deutschen Reich am 3.3.1918 in Brest-Litowsk unter für sie ungünstigen Bedingungen abschließen. Nach fast vier Jahren Krieg war das Land ausgeblutet. Die Revolution vom November 1917 hatte zwar die zaristische Herrschaft gestürzt, aber die innenpolitischen Verhältnisse waren zunächst alles andere als stabil. Unter Ausnutzung dieser Schwäche versuchte die deutsche oberste Führung ihre Kriegsziele im Osten unter Brechung des gerade abgeschlossenen Vertrages zu verwirklichen. Deutsche Truppen besetzten ein riesiges Gebiet, dessen Grenze im Norden westwärts Leningrad verlief, sodann Weißrußland in Nord-Süd-Richtung durchschnitt, um dann in weitem Bogen nach Osten bis kurz vor die Tore des damaligen Zarizyn und späteren Stalingrad auszugreifen. Doch mit dem Scheitern der Kriegspläne im Westen mußten die schon sicher geglaubten Eroberungen im Osten wieder abgegeben werden.

Der Waffenstillstand im Herbst 1918 zog die Konsequenz aus der militärischen Niederlage. Der Kaiser ging, die Generale und alten staatstragenden Eliten blieben. Die junge Republik bekam mit dem Scherbenhaufen zerschlagener Weltmachtpläne eine schwere Hypothek aufgeladen. Der von den Siegern bestimmte *Vertrag von Versailles* versuchte eher alte Rechnungen auszugleichen, als einen gemeinsamen neuen Anfang zu suchen. Die Gebietsabtretungen des Deutschen Reiches im Osten und Westen waren zwar immer wieder Gegenstand der schärfsten Kritik aus »national« gesonnenen Kreisen, doch sie waren nicht die stärkste Belastung der Weimarer Republik. Das größte Problem war ohne Zweifel die Zahlung von Reparationen an die Sieger. Durch ihre Langfristigkeit und ihre Höhe schufen sie fortdauernde strukturelle Schwierigkeiten für alle Weimarer Regierungen. Innenpolitisch waren sie für viele Deutsche das Kainsmal der Weimarer Republik.

Die innenpolitische Situation der Sowjetunion war kaum weniger schwierig als die in Deutschland. Unmittelbar nach der Oktoberrevolution von 1917 begannen sich die Kräfte der alten Ordnung zu formieren, um ihre alten Besitzstände wieder zu erobern. Die Schärfe der politischen Gegensätze machte den Ausbruch eines Bürgerkrieges unvermeidlich. Die Gegner der Bolschewiki, die sogenannten »Weißen«, wurden beim Versuch der Konterrevolution massiv von außen unterstützt. Von allen Seiten wurden Hilfsgüter gesandt, ja sogar Truppen: Im Norden drangen Engländer über Murmansk und in den ersten Monaten auch deutsche »Freicorps« durch das Baltikum in die Sowjetunion ein. Im Westen griffen die Polen, unterstützt durch die Franzosen, erfolgreich an. Im Süden drangen gemischt englisch-französische Kontingente über die Krim in das Don-Gebiet ein. Von Osten rückten schließlich Amerikaner und Japaner vor. Die ausländischen Truppen kämpften meist unter Führung weißgardistischer Generale.

Denikin, Wrangel und Kolschak sind die bekanntesten von ihnen. Der Bürger- und Interventionskrieg wurde auf beiden Seiten mit äußerster Erbitterung geführt. Michail Scholochows Roman *Der stille Don* vermittelt ein eindrucksvolles Bild dieser Jahre. Nur unter größten Opfern gelang es der durch Trotzki organisierten Roten Armee schließlich, die Interventen zu besiegen.

Deutsche und sowjetische Interessen berühren sich

Der Erste Weltkrieg, die Revolution und der anschließende Interventions- und Bürgerkrieg hatten außenpolitisch gesehen für Deutschland und die Sowjetunion die gleichen Folgen: Beide Länder waren völlig isoliert. So kann es letztlich nicht verwundern, daß es trotz prinzipieller ideologischer Gegensätze bald zu ersten Kontaktaufnahmen kam. Sie fanden schon in den Jahren 1920/21 statt. Aber erst im April 1922 konnte die außenpolitische Isolierung Deutschlands und der Sowjetunion durchbrochen werden. Dieser Erfolg ist eng mit dem Namen des damaligen Reichskanzlers Luther verbunden. Am Rande einer Konferenz in Genf trafen sich die Vertreter beider Regierungen in einem kleinen italienischen Kurort. Sein Name *Rapallo* sollte in die Geschichte eingehen. Beide Regierungen kamen in einem Vertrag überein, diplomatische Beziehungen zueinander aufzunehmen und enge Zusammenarbeit auf allen für beide Seiten wichtigen Gebieten zu pflegen.

Aus realpolitischen Überlegungen wurde dieser Vertragsabschluß gerade auch von den gesellschaftlichen Gruppen in Deutschland unterstützt, die dem sowjetischen System erklärtermaßen feindlich gegenüberstanden. Dies galt vor allem für die Industrie und die Generalität der Reichswehr. Nach dem Fiasko des Krieges hatte es die deutsche Wirtschaft sehr schwer, auf dem Weltmarkt wieder Fuß zu fassen. Die Sieger kontrollierten große Teile der deutschen Produktion. Deutsche Produkte waren wenig gefragt. Lebenswichtige Rohstoffimporte waren kaum zu bezahlen. Die Sowjetunion hingegen war ein Partner, der große Rohstoffreserven hatte und der dringlich hochwertige Industrieprodukte brauchte, um seine eigenen ehrgeizigen Fünfjahrespläne zu realisieren. Entsprechend dieser sich gegenseitig ergänzenden Interessen entwickelte sich auch der Handel.

Noch bekannter als die gute industrielle Zusammenarbeit wurde die Kooperation zwischen den beiden Armeen und im Bereich der Rüstungswirtschaft. Ihre tatsächliche Bedeutung wird zwar vielfach überschätzt, aber sie war sicher mehr als eine Kuriosität am Rande der Geschichte. Die erstaunliche Tatsache, daß das ehemals kaiserlich stockkonservative Offizierskorps der Reichswehr mit der revolutionären Roten Armee zusammenarbeitete, ist jedoch aus der historischen Situation erklärbar.

Deutschland umgeht die Bestimmungen des Versailler Vertrages

Die Bestimmungen des *Versailler Vertrages* zwangen die deutsche Armee in ein sehr enges Korsett. Die bei Kriegsende nach Millionen zählende Armee mußte auf 100.000 Mann reduziert werden. Die Waffen mußten entsprechend an die Sieger abgeliefert bzw. zerstört werden. Die modernen Waffen, die 1918 den Krieg letztlich entschieden hatten, wie Panzer und Flugzeuge, blieben der Reichswehr gänzlich vorenthalten. Der Marine verblieben nur Schiffe zum unmittelbaren Küstenschutz. Rüstungstechnische Neuentwicklungen waren nur in kleinstem Umfange erlaubt.

Mit diesen Bestimmungen der Sieger, die natürlich zum Ziel hatten, den deutschen Militarismus, unter dem sie so fürchterlich hatten leiden müssen, auf Dauer zu schwächen, hatte sich die Reichswehr zu keinem Zeitpunkt ihrer Existenz abgefunden. Das gesamte Offizierskorps empfand diese Bestimmungen als »schmachvolle Knebelung«, und ihr ganzes Augenmerk während der Jahre der Weimarer Republik richtete sich auf die Möglichkeiten zur Umgehung dieses »Schanddiktats«. Der Reichswehr wurde eine Struktur gegeben, die es ermöglichen sollte, aus der Berufsarmee der 100.000 binnen kürzester Frist eine Massenarmee zu machen. In ihren Stäben wurde eine Fülle von theoretischen Studien angefertigt, die versuchten, im Sinne einer wirkungsvolleren Kriegsführung die richtigen Konsequenzen aus dem verlorenen Krieg zu ziehen. Wenn man schon die Revanche in absehbarer Zukunft nicht fordern konnte, so galt es, sich doch wenigstens am Sandkasten gedanklich intensiv darauf vorzubereiten.

Schwieriger war es da schon, neue Waffenentwicklungen und deren Erprobungen vor den alliierten Kontrolleuren zu verbergen. Zu diesem Zwecke versuchte die Reichswehr Kontakte mit dem befreundeten oder neutralen Ausland zu knüpfen. Bei der schwedischen Rüstungsfirma Borfors wurden Geschütze entwickelt und erprobt, in Spanien hatte man Gelegenheit, neue U-Boote zu erproben. In diese Richtung zielte auch die Zusammenarbeit mit der Sowjetunion. Die deutsche Wirtschaft lieferte Waffen und technische Ausrüstung, dafür erhielt die Reichswehr Übungsplätze für die Panzer- und Artillerieausbildung. Diese Zusammenarbeit verlor in dem Maße an Bedeutung, wie es der Reichswehr gelang, schon vor 1933 ihre Spielräume innerhalb Deutschlands zu erweitern. Mit Hitlers »Machtübernahme« fand sie schließlich gänzlich ihr Ende. Man war nun auf die Sowjets nicht mehr angewiesen. Die Aufrüstung konnte wieder offen betrieben werden.

Einen ähnlichen Verlauf nahm die politische Entwicklung. Trotz einer zunehmenden Westorientierung der Politik der Regierung der Weimarer Republik blieb das Verhältnis zur Sowjetunion positiv. Gleichgerichtet waren nicht nur ökonomische und militärische Interessen, sondern beide Staaten lebten in einem gespannten Verhältnis zum 1919 gegründeten polnischen Staat. Das Reich mußte der Abtretung großer Teile Schlesiens und Westpreußens in Versailles zustimmen; auf Grund seiner militärischen Erfolge während des Interventionskrieges gelang es Polen im *Rigaer Frieden* von 1920, seine Ostgrenze beträchtlich über die in Versailles vom englischen Außenminister *Curzon* (zur sogenannten Curzon-Linie vgl. Seite 162 f.) vorgeschlagene ethnologische Grenze in das westliche Weißrußland und in die Ukraine vorzuschieben. Gegenüber dem expansionistische Streben des polnischen Staatschefs Pilsudski schien die Sowjetunion geradezu der natürliche Bündnispartner – auch in den Augen der Reichswehrführung.

Mit der »Machtübernahme« warf Hitler auch sofort alle außenpolitischen Grundsätze seiner Vorgänger über Bord. Er war gerade zwei Tage Reichskanzler, als er der Reichswehrführung seine Ziele deutlich machte: Wiedergewinnung der »politischen Macht« Deutschlands, »Kampf gegen Versailles«, »Eroberung neuen Lebensraums im Osten und dessen rücksichtslose Germanisierung«. Es ging den neuen Machthabern zu keinem Zeitpunkt darum, Deutschland auf friedlichem Wege wieder in den Kreis der Völkerfamilie eintreten zu lassen. Ihr gesamtes Streben richtete sich auf die Revision der Ergebnisse des Ersten Weltkrieges und die Verwirklichung der mit dem Krieg ursprünglich verbundenen Ziele. Um das Bild Fritz Fischers wieder aufzunehmen, ging es also um einen erneuten »Griff nach der Weltmacht«. Der Hauptfeind auf diesem Wege – so hatte Hitler immer wieder gepredigt – sei innen- und außenpolitisch der

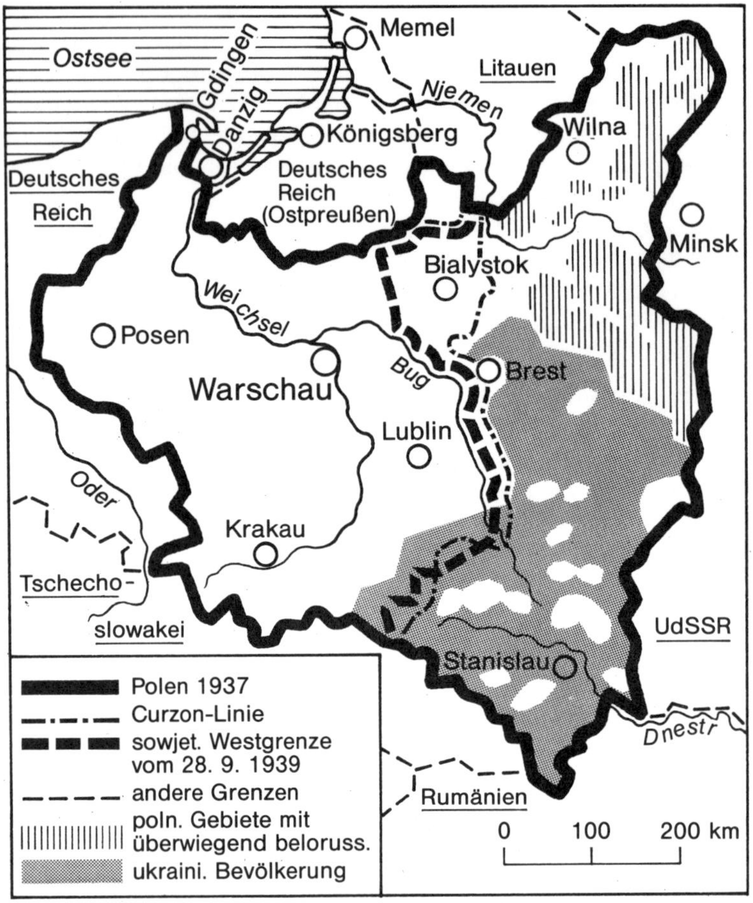

Polen in den Jahren 1920 bis 1939 mit den verschiedenen Linien der Teilungen.

»jüdische Bolschewismus«. Wenn er auch heuchlerisch immer wieder seine »Friedensliebe« beteuerte, so wußten doch alle Eingeweihten, wohin die Reise letztlich gehen sollte.

Zielstrebig gingen die neuen Herren zu Werke. Alle innenpolitischen Gegner wurden rücksichtslos aus dem Wege geräumt. Die ersten Konzentrationslager entstanden. Außenpolitisch ließ sich Hitler nicht in ein kollektives Sicherheitssystem, wie es der Genfer Völkerbund aufzubauen versuchte, einbinden. Durch den Abschluß zweiseitiger Verträge versuchte er, die Front seiner Gegner zu spalten. Dies gelang erstmals durch den Abschluß eines *Nichtangriffspakts mit Polen* (26. Januar 1934). Hierdurch erlitt die französische Außenpolitik eine erhebliche Schlappe. Nicht nur auf diesem »legalen« Wege versuchte man, den gesetzten Zielen näher zu kommen. Hitler verletzte immer wieder gezielt bestehende Verträge und Absprachen, um dann durch die teilweise Rücknahme der Weltöffentlichkeit seine Kompromißbereitschaft vorzuführen. Bereits 1934 versuchten die Nazis, den eigenen Spielraum zu erweitern. Sie initiierten einen Putschversuch in Wien, der allerdings scheiterte. Der österreichische Kanzler Dollfuß kam dabei ums Leben.

Von Anfang an setzten die Westmächte der deutschen Politik des ständig kalkulierten Rechtsbruchs keinen entschiedenen Widerstand entgegen. Schon im Februar 1934 kritisierte der von seiner eigenen Partei kaltgestellte Winston Churchill die Haltung im britischen Unterhaus, konnte sich jedoch nicht durchsetzen. Diese Entwicklung wurde in der Sowjetunion offensichtlich mit großer Sorge verfolgt. Hatte man sich zunächst von internationalen Organisationen wie dem Völkerbund ferngehalten, so sah man sich jetzt nach der Kehrtwendung der deutschen Politik gezwungen, aktive Schritte gegen die erneut drohende Isolierung zu unternehmen und die internationalen Bemühungen um ein System kollektiver Sicherheit voranzutreiben. Im September 1934 trat die Sowjetunion dem Völkerbund bei, fast ein Jahr, nachdem Deutschland ihn verlassen hatte; im Mai schloß sie Beistandspakte mit Frankreich und der Tschechoslowakei.

Hitlers innenpolitische Position

Aber es gab nicht nur Gegner von Hitlers Politik. Schon lange vor der »Machtergreifung« hatte sie in Deutschlands einflußreichsten Kreisen begeisterte Zustimmung gefunden. Alle diejenigen, die 1918 ihre Pläne hatten begraben müssen, witterten eine neue Chance. Alfried Krupp als führender Industrieller erklärte seine entschiedene Parteinahme für die Politik Hitlers nach dem Kriege mit folgenden Worten:

In diesem harten Kampf brauchten wir harte und starke Führung, Hitler gab uns beides ... Wir wollten nur ein System, das gut funktionierte und das uns eine Gelegenheit gab, ungestört zu arbeiten. Politik ist nicht unsere Sache ... Wenn man ein gutes Pferd kauft, muß man ein paar Mängel hinnehmen.

Hitler schien für ihre Pläne allemal der richtige Mann. Auch wenn für die überwiegend kaiserlichen Aristokraten der »böhmische Gefreite« Hitler eigentlich nicht standesgemäß war, lernten sie ihn doch bald schätzen. General Thomas, der zu den Randfiguren des Offizierswiderstandes gerechnete führende Wirtschaftsplaner der Wehrmacht, begründete nach dem Kriege stellvertretend für viele andere seinen Entschluß, an leitender Stelle dem nationalsozialistischen Staate zu dienen, mit folgenden Worten:

Trotzdem ich innerlich vom ersten Tage an in absoluter Abwehrstellung zu Hitler stand, habe ich mich damals, als Ende 1934 der Auftrag an mich ging, Deutschlands Wirtschaft wieder wehrhaft zu machen, mit meiner ganzen Arbeitskraft dieser Aufgabe angenommen. (...) Selbstverständlich war es, daß jeder Offizier den Entschluß Hitlers begrüßte, die Fesseln, die der Versailler Vertrag der deutschen Landesverteidigung auferlegt hatte, zu sprengen, und die Wiederwehrhaftmachung des deutschen Volkes anzustreben.

Nach den langen und demütigenden Jahren der »Systemzeit« – so wurde die Republik abschätzig bezeichnet – versprach Hitler der Kaste der Berufssoldaten nicht nur neuen Ruhm, sondern er schuf auch die Voraussetzungen hierfür. Die Aufrüstungspolitik des »Dritten Reiches« eröffnete bald ungeahnte Möglichkeiten. Jeder, der die Zeichen der Zeit »richtig« deutete und schnell auf den anrollenden Zug sprang, machte Karriere. Natürlich gab es auch Probleme, die sich z. B. aus dem Anspruch der Wehrmacht, »einziger Waffenträger der Nation« zu sein, oder aus dem »plebejischen« Charakter der Hitlerschen Bewegung ergaben. Aber auch hier konnte das Wort Alfried Krupps gelten. Alles konnte man eben nicht haben.

So weit, wie manche es heute glauben machen wollen, lagen die inhaltlichen Positionen Hitlers von denen der meisten Offiziere nicht entfernt. Wenn sie bis auf Ausnahmen keine Nazis waren, so waren sie doch antirepublikanisch, antisemitisch und natürlich antikommunistisch. Ziel und Vorgehensweise der Nationalsozialisten wurden zumindest mit kritischer Sympathie verfolgt.

Hitlers außenpolitische Ziele

Im Laufe der ersten Jahre des »Dritten Reiches« wurden Hitlers außenpolitische Ziele immer deutlicher. In einer Rede vor der Berliner NSDAP erklärte Goebbels am 17. Januar 1936:

Heute steckt in jung und alt, in hoch und niedrig, in arm und reich der besessene Wille, die deutsche Nation wieder zu einem Weltvolk allmählich emporzuführen. Jedermann bei uns ist davon überzeugt: Wir müssen an der Beherrschung der Welt teilnehmen und unser Volk zum Herrenvolk erziehen.

Diese Propaganda begann Früchte zu tragen. Diejenigen, die aktiven Widerstand gegen solche Weltmachtpläne hätten leisten können, saßen in den KZs.

Getragen von der Zustimmung und Förderung der einflußreichsten Kreise faßte Hitler seine anfangs eher verschwommenen Ziele immer konkreter. Die Erlangung der Weltherrschaft war 1936 jedoch noch ein Fernziel, zu dessen Realisierung eine Reihe von Zwischenschritten notwendig waren. Die Zielstrebigkeit, mit der er hier zu Werke ging, ist auch aus heutiger Sicht im höchsten Maße erschreckend.

Das Hauptproblem, vor dem man stand, war die schmerzliche Erkenntnis, daß Deutschland weder militärisch noch ökonomisch auf absehbare Zeit in der Lage sein würde, auch nur einen begrenzten Krieg in Europa zu führen. Die schon im Ersten Weltkrieg deutlich gewordene Unterlegenheit hatte sich eher noch verstärkt. Bevor man also überhaupt an größer angelegte Aktionen auch nur denken konnte, mußte auf schnellstem Wege aufgerüstet und das Potential gestärkt werden. Dabei mußte man während der ersten Jahre wohl oder übel unterhalb der Schwelle des Krieges bleiben. Entsprechend »vorsichtig« war auch die Politik der Reichsregierung, die sehr genau die internationalen Reaktionen beobachtete. Die Erfolge gaben Hitler recht und straften die Zauderer Lügen. Weder das Verlassen der internationalen Abrüstungskonferenz, der Austritt aus dem Völkerbund, die gegen den Friedensvertrag verstoßende Einführung der allgemeinen Wehrpflicht noch die militärische Besetzung des Rheinlandes stießen auf den entscheidenden Widerstand der Westmächte. Die Politik der Beschwichtigung – des »Appeasement« – gegenüber dem immer mächtiger werdenden »Dritten Reiches« wurde geboren.

Hitlers forsches Vorgehen stieß jedoch auch auf Kritik, u. a. aus den Reihen der Reichswehr. Wiederholt ist diese Kritik später zum »Widerstand« hochstilisiert worden. Angesichts der Tatsache, daß es sich hierbei in der Regel um Meinungsverschiedenheiten um den Zeitpunkt und um den Umfang irgendwelcher Maßnahmen handelte und nicht um einen grundsätzlichen Dissens, ist der Gebrauch des Wortes »Widerstand« allerdings eine Herabsetzung derjenigen, die im Kampf gegen den NS-Staat ihr Leben einsetzten.

Die Annektion Österreichs und der Tschechoslowakei

Die unentschlossene Haltung der Westmächte hat das deutsche Reich in seinen Expansionsbestrebungen ohne Zweifel bestärkt. Offensichtlich hatte Hitler außer verbalen Protesten nichts zu befürchten, solange seine Aktionen sich nicht direkt gegen die Interessen der Westmächte richteten und solange sie »friedlich« abliefen. Unter diesen Voraussetzungen war nichts logischer als die verstärkte Fortsetzung dieser Politik. Seine Augen richteten sich dabei zunächst auf *Österreich* und die *Tschechoslowakei.* Die »Einigung aller deutschen Stämme« in einem »Großdeutschen Reich« war schon immer eine Forderung aller »nationalen« Kräfte.

War der in Österreich inszenierte Putsch im Sommer 1934 auch gescheitert, blieben die Pläne für eine Einverleibung des österreichischen Potentials in die eigene Rüstungswirtschaft doch bestehen. Der politische und propagandistische Druck wurde ständig verstärkt, so daß schon im Sommer 1936 der österreichische Kanzler Schuschnigg ein Abkommen mit Hitler unterzeichnen mußte, das Österreich zumindest in das Schlepptau des Reiches nahm. Im Frühjahr 1938 war der Druck so groß geworden, daß dem militärischen Einmarsch mit dem folgenden »Anschluß« – im Klartext Annektion – kein wirksamer Widerstand entgegengesetzt werden konnte. Von außen erhielt Österreich keine Hilfe. Die überrumpelten Westmächte protestierten nur verbal. Der britische Premier mißbilligte nicht das Ergebnis der Politik Hitlers, sondern lediglich den deutschen Alleingang ohne Londoner Mitsprache. Wieder einmal hatte der Erfolg der Politik, die sich mit dem Namen Hitlers verband, Recht gegeben. Wieder gab es einen Beleg für die These, die westlichen »jüdischen Demokratien« seien dekadent und nicht zum Widerstand fähig, wenn man nur entschieden genug auftritt.

Hitler war immer weniger geneigt, englisch-französische Interessen in Mitteleuropa zu berücksichtigen oder seine eigenen politischen Schritte von ihnen genehmigen zu lassen. Sein nächster Schritt war folgerichtig und vorhersehbar die schon am 5. November 1937 intern angekündigte »Einverleibung der Tschechei«. Als propagandistischer Vorwand diente die angebliche Verfolgung der deutschen Minderheit. Das Goebbels-Ministerium lieferte die dazu notwendigen »Greuelmeldungen« über tschechische Übergriffe. Allerdings war über das Ausmaß des englisch-französischen Zugeständnisses selbst Hitler überrascht, der mit einer blitzartigen militärischen Aktion gegen die Tschechoslowakei eigentlich seinen Anspruch auf die ungeteilte Herrschaft in Mitteleuropa deutlich machen wollte. In einem Gespräch mit dem damaligen ungarischen Ministerpräsidenten Imredy am 20. September 1938 äußerte er:

. . . daß er die deutschen Forderungen gegenüber Chamberlain brutal vertreten werde. Seiner Auffassung nach sei die einzig befriedigende Lösung ein militärisches Vorgehen. Es bestände aber die Gefahr, daß die Tschechen alles annehmen.

Diese Gefahr bestand tatsächlich. England und Frankreich hatten die Prager Regierung so weit gebracht, daß sie bereit war, alle Landesteile mit mehrheitlich deutscher Bevölkerung abzutreten. Die Gegenleistung hierfür wog angesichts der deutschen Besetzung nur gering. England wollte sich an einer internationalen Garantie für den verbleibenden tschechischen Reststaat beteiligen. Das war immerhin noch mehr, als nur auf die eigenen schwachen Kräfte angewiesen zu sein. Die Westmächte hatten Prag in der Hand. Sie waren bereit, es zu opfern. Der Tschechoslowakei blieb nur noch die »Wahl zwischen Ermordung und Selbstmord«. Trotz dieses wohl zweifelhaftesten »Erfolges«

Die Annektionen und kriegerischen Eroberungen Deutschlands in den Jahren 1938 bis 1941.

der Beschwichtigungspolitik war die Erleichterung über den gerettet geglaubten Frieden allenthalben groß.

Wie brüchig das Eis jedoch war, auf dem sich die westliche Diplomatie bewegte, zeigte die Tatsache, daß schon drei Wochen nach dem Abschluß des Münchner Abkommens Hitler die Führerweisung über die »Erledigung der Resttschechei« erließ. Mit dem offenen Bruch des Münchner Abkommens, der Besetzung der »Resttschechei« und der Errichtung des »Protektorats Böhmen und Mähren« am 15./16. März 1939 wurde das endgültige Scheitern des »Appeasement« jedermann deutlich. Schon vor diesem Tag waren jedoch Verhandlungen zwischen der Sowjetunion und den Westmächten über die Errichtung eines kollektiven Sicherheitssystems in Europa im Gange.

Der Historiker Eberhard Aleff bemerkte dazu:

KPdSU-Führer Stalin zweifelte nicht, daß das NS-Reich die UdSSR in einem Lebensraum-Krieg zu versklaven plante. Um Zeit für Industrialisierung und Rüstung zu gewinnen, suchte er nach dem Ende der Rapallo-Partnerschaft mit Deutschland Sicherheit im Bündnis mit dem Westen. Die Appeasement-Politik aber nährte seinen Verdacht, daß die Westmächte sich der NS-Expansion nicht nur nicht widersetzten, sondern Hitler nach Osten gegen die Sowjetunion ablenken wollten. Die immer befürchtete kapitalistische Einkreisungsfront zu vereiteln, ergriff Moskau nach beiden Seiten die Initiative. Im März, nach Hitlers Einzug in Prag, schlug es den Westmächten – anfangs vergeblich – ein osteuropäisches Sicherheitssystem vor.

Die Art und Weise, wie Chamberlain auf die sowjetischen Offerten einging, wurde vom späteren Premier Churchill heftig kritisiert:

Der Schlüssel zu einer Großallianz lag in einer Verständigung mit Rußland. Am 19. März schlug die russische Regierung, die von allen diesen Vorgängen nah berührt wurde, eine Sechsmächtekonferenz vor, obwohl man sie in der Münchner Krise vor der Türe hatte stehen lassen. Auch über diesen Punkt hatte Chamberlain entschiedene Ansichten. Am 26. März schrieb er in einem Privatbrief:

»Ich muß bekennen, daß ich Rußland mit tiefstem Mißtrauen gegenüberstehe. Ich halte nicht das geringste von seiner Fähigkeit, eine wirksame Offensive durchzuführen, selbst wenn es den Willen dazu hätte. Und ich mißtraue seinen Absichten, die mir nichts mit unserer Auffassung von Freiheit gemeinsam zu haben und nur darauf hinzuzielen scheinen, alle anderen untereinander zu entzweien . . .«

Der sowjetische Vorschlag einer Sechsmächtekonferenz wurde daher kalt aufgenommen und fallengelassen.

Am 16. April machte die Sowjetunion ein erneutes Bündnisangebot an England und Frankreich. Churchill bemerkte dazu:

Dennoch kann selbst im Rückblick kein Zweifel darüber bestehen, daß es von Großbritannien und Frankreich richtig gewesen wäre, das russische Angebot anzunehmen, den Dreibund zu proklamieren und die Ausarbeitung der Methode, wie er im Kriegsfall wirksam gemacht werden könnte, den Verbündeten zu überlassen, die gegen einen gemeinsamen Feind kämpften . . .

Chamberlain und das Foreign Office aber standen ratlos vor diesem Rätsel der Sphinx . . . Da wir uns in diese furchtbare Lage von 1939 gebracht hatten, war es lebens-

wichtig, den Weg einzuschlagen, der bessere Aussichten bot. Wenn Chamberlain zum Beispiel bei Empfang des russischen Angebots geantwortet hätte: »Ja, wir drei wollen uns zusammentun und Hitler das Genick brechen«, oder mit anderen Worten dieses Inhalts, so hätte das Parlament zugestimmt; Stalin wäre zufrieden gewesen, und die Geschichte hätte vielleicht einen anderen Lauf genommen. Wenigstens hätte sie keinen schlimmeren nehmen können.

Statt dessen folgte langes Schweigen, während halbe Maßnahmen und wohlabgewogene Kompromisse vorbereitet wurden. Diese Verzögerung war für Litwinow [Volkskommissar des Äußeren der UdSSR; d. Red.] *verhängnisvoll. Sein letzter Versuch, die Angelegenheit zu einer klaren Entscheidung mit den Westmächten zu bringen, war zum Scheitern verurteilt. Unser Kredit stand äußerst niedrig. Rußlands Sicherheit verlangte eine ganz andere Außenpolitik . . .*

Tatsächlich gab es wohl nur einen Weg, den er einzuschlagen gedachte. Er (Molotow, der Litwinow abgelöst hatte) hatte von jeher eine Verständigung mit Hitler befürwortet. Durch München und vieles andere war die Sowjetregierung davon überzeugt, daß England und Frankreich nicht kämpfen wollten, bevor man sie angriff, und daß sie auch

Nach Unterzeichnung des Nichtangriffspaktes zwischen Deutschland und der Sowjetunion am 23. April 1939 (dem sogenannten Hitler-Stalin-Pakt) stoßen Stalin, Molotow und Hitlers Leibfotograf Heinrich Hoffmann auf Frieden zwischen beiden Ländern an.

dann nicht viel taugen würden. Der aufziehende Sturm war im Begriff loszubrechen. Rußland mußte für seine Sicherheit sorgen.

Die jetzt von der Sowjetunion eingeleitete Politik der Annäherung an Deutschland, die mit dem Abschluß des *Nichtangriffspaktes* am 23. April 1939 ihren Höhepunkt fand, entsprach zwar ihrem Sicherheitsinteresse, mußte sich aber auf den weiteren Gang der Ereignisse unheilvoll auswirken. Man hatte zwar für sich selbst einen lebenswichtigen Zeitgewinn herausgeholt, Hitler war für seinen Krieg gegen Polen jedoch die traumatische Angst vor einem Zweifrontenkrieg genommen. Das Ende des Friedens war erreicht.

Die Blitzkriegsstrategie und ihre wirtschaftlichen Voraussetzungen

Trotz massiver Aufrüstung war es nicht gelungen, eine sichere Überlegenheit der deutschen Wehrmacht über ihre zu erwartenden Gegner zu erlangen. Darüber hinaus war es trotz der umfangreichen Annektionen und vertraglichen Vereinbarungen mit Bündnispartnern nicht gelungen, die wirtschaftliche Unterlegenheit zu kompensieren. Zwar war das Deutsche Reich durch die Annektionen in der Stahlerzeugung überlegen. Auch waren seine Kohlevorkommen größer. Auf einer Reihe von Gebieten war die deutsche Industrie leistungsfähiger als die der Westmächte und Polens. Doch damit allein war kein langfristiger Krieg zu gewinnen. Trotz aller Autarkie-Bemühungen und Rationierungen war die Importabhängigkeit von kriegswichtigen Rohstoffen unverändert groß: Bei Zinn 90%, Kupfer 70%, Kautschuk 80%, Öl 65% und bei Bauxit, dem Rohstoff zur Aluminiumgewinnung, sogar 99%. Bei Kriegsausbruch betrugen die Vorräte für die wichtigsten Rohstoffe allenfalls den Bedarf einer Jahresproduktion.

Ganz im Gegensatz zu Hitlers großtönenden Propagandaphrasen litt die deutsche Kriegsmaschine unter erheblicher wehrwirtschaftlicher Kurzatmigkeit. Wie sollte man unter solchen Bedingungen die weitgesteckten Ziele der Eroberung der Weltherrschaft realisieren? Die Zauberformel zur Lösung dieses Dilemmas hieß »Blitzkrieg«. Hinter diesem Wort verbirgt sich ein der wirtschaftlichen und militärischen Lage angepaßtes strategisches Konzept, das aus der »Not« schnell eine »Tugend« machte. Wenn Hitler-Deutschland genauso unfähig wie im Ersten Weltkrieg war, einen langdauernden Krieg gegen eine breite gegnerische Allianz zu führen, so mußte es durch zeitlich aufeinanderfolgende, jeweils alle Kräfte zusammenfassende Schläge gegen ausgesuchte und möglichst isolierte Gegner seine dann überlegenen Kräfte zum Einsatz bringen und durch diese Raubzüge seine wehrwirtschaftliche Basis Zug um Zug so lange verbreitern, bis man schließlich doch in der Lage war, den Griff nach der Weltmacht mit realistischer Erfolgsaussicht zu versuchen.

Für dieses ökonomisch bestimmte Strategiekonzept hatten die Militärs schon frühzeitig ihre taktischen Studien vorgelegt. Sie basierten im wesentlichen auf einer Auswertung der Erfahrungen der letzten Monate des Ersten Weltkrieges. Hier war es den Westmächten durch erstmals massierten Einsatz von Panzern, unterstützt durch Artillerie und Flugzeuge, gelungen, eine tiefgestaffelte Verteidigung zu durchbrechen. Das enge Zusammenwirken aller Waffengattungen, unterstützt durch massiven und nicht vereinzelten Panzereinsatz, war das bestimmende Element des modernen Bewegungskrieges geworden.

Strategisch-taktische Überlegungen

Noch während der Weimarer Republik waren in der Reichswehr Studien erarbeitet worden, die als Vorstufen zum militärischen Konzept des Blitzkrieges angesehen werden können. Die entscheidende Weichenstellung für dieses Konzept wurde frühzeitig festgelegt. Mit Beginn der Aufrüstung entschied man sich für die offensive Variante der »Breitenrüstung« im Gegensatz zur eher defensiven »Tiefenrüstung«. Die »Breitenrüstung« versucht, eine möglichst große Zahl militärischer Verbände mit technisch überlegenen Kampfmitteln auszurüsten, während die »Tiefenrüstung« versucht, durch Ausbau von Produktionsanlagen und der Infrastruktur sowie die Erschließung neuer Rohstoffquellen die Wirtschaft auf lange Sicht auf einen Krieg vorzubereiten. Entsprechend dieser Entscheidung wurde das größte Augenmerk auf die Aufstellung von Panzer- und voll motorisierten Divisionen und eine große Zahl von Luftwaffenverbänden gelegt. Die Luftwaffe hatte ihre wesentliche Aufgabe in der direkten Unterstützung dieser »schnellen Truppen«; eine weitere in eigenständigen Einsätzen tief im Hinterland des Gegners.

Die aus vornehmlich wirtschaftlichen Bedingungen entwickelte Gefechtstaktik hatte notwendigerweise ein überaus aggressives Gesicht: Der Angriff muß stets unter möglichst vollständiger Nutzung des Überraschungsmoments gegen einen ahnungslosen Gegner geführt werden; d. h. keine Kriegserklärung, keine Warnung der Zivilbevölkerung. Der Angriff muß durch massierte und zugleich betäubende Schläge gegen *alle* kriegswichtigen Ziele geführt werden, d. h. nicht nur gegen militärische Stellungen des Gegners an der Front, sondern vor allem auch gegen Verkehrsknotenpunkte und andere zivile Objekte tief im Hinterland. Wenn möglich, muß er durch Sabotageakte von vorher eingeschleusten Agenten unterstützt werden. Für alle Truppen bedeutet der »Blitzkrieg« die bedingungslose Offensive, die dem Gegner eine Reorganisation seiner angeschlagenen Truppen unmöglich machen soll, d. h. weite Vorstöße der motorisierten Truppen und Panzerverbände auch auf die Gefahr hin, abgeschnitten zu werden.

Dieser Aufgabenstellung entsprach auch die strukturelle Gliederung der Wehrmacht. Die Panzer waren nicht wie bei den Westmächten auf die Infanterieeinheiten verteilt, sondern bildeten starke selbständige Einheiten, die mit motorisierten Infanteriedivisionen und ihnen unterstellten Luftwaffeneinheiten die schnellen Stoßtruppen der Wehrmacht waren.

Der Beginn des Zweiten Weltkrieges mit dem Überfall auf Polen

Polen sollte das erste Opfer der neuen »Blitzkriegsstrategie« werden. Schon lange vor Abschluß des Nichtangriffspaktes erließ Hitler am 5. April 1939 die Weisung Nr. 1a *Fall Weiß* für den Angriff auf Polen. Wie schon zu anderer Gelegenheit erhoben sich auch jetzt in der Wehrmacht warnende Stimmen, die für den damaligen Zeitpunkt ein solches Vorgehen für zu riskant hielten. Zwar fühlte sich die Wehrmachtsführung in der Lage, auch die noch im Aufbau befindliche Wehrmacht Polen in verhältnismäßig kurzer Zeit militärisch niederzuwerfen; aber bei einem Eingreifen der Westmächte sah man sich nicht in der Lage, den Schutz der Westgrenzen zu gewährleisten. Auch einen längeren Krieg gegen Polen hielt man für sehr risikoreich. Munitions- und Brennstoffvorräte waren knapp bemessen. Die meisten Generale teilten nicht den Optimismus ihrer obersten Führung, die von einer weiteren Fortsetzung der Appeasement-Politik ausging.

Am Ende sollten beide Recht behalten. Die Pessimisten in der Wehrmacht, als England und Frankreich drei Tage nach dem Überfall schließlich verbal ihrer Bündnisverpflichtung gegenüber Polen nachkamen und Deutschland den Krieg erklärten, die Optimisten um Hitler insofern, als die Alliierten Polens ihren Worten keine Taten folgen ließen. Während das allein unterlegene Polen von der deutschen Kriegsmaschine getreu der neuen Taktik tatsächlich zerschlagen wurde, blieben an der Westgrenze Deutschlands starke englisch-französische Kräfte untätig in ihren Ausgangsstellungen. Die Wehrmacht hatte zur Sicherung des »Westwalls«, der mehr in der Goebbels-Propaganda als tatsächlich existierte, nur 23 schlecht ausgerüstete Divisionen aufbieten können, während Franzosen und Engländer über 110 verfügten.

Trotz tapferer Gegenwehr war die polnische Armee schon nach wenigen Tagen zerschlagen. Nach den kurzen und heftigen Grenzschlachten mit umfassenden Einkesselungen gelang es der Wehrmacht, die Vorteile ihrer starken Motorisierung voll auszunutzen. Bis auf die Verteidigung Warschaus war die polnische Armee nicht mehr in der Lage, dem überlegenen Feind hinhaltenden Widerstand zu leisten.

Neben seinem Blitzkriegscharakter trug die Zerschlagung Polens auch von vornherein Merkmale eines rasse-ideologischen Feldzuges. Sondereinheiten gingen mit Duldung der Wehrmachtsführung unmittelbar nach der Besetzung daran, systematisch die polnische Intelligenz auszurotten. Über 10.000 Personen wurden noch im September 1939 ermordet. Auf einer Besprechung der zuständigen Amtschefs bemerkte Heydrich dazu:

Die führende Bevölkerungsschicht in Polen soll so gut wie möglich unschädlich gemacht werden. Die restlich verbleibende niedere Bevölkerung wird keine besonderen Schulen erhalten, sondern in irgendeiner Form heruntergedrückt werden.

Erstmals zeigte sich, was die Nazis tatsächlich unter dem Begriff »Neuordnung« verstanden: die Versklavung eines ganzen Volkes. Weite Teile des Landes wurden direkt in das Reich einverleibt und die dort ansässige polnische Bevölkerung vertrieben. Das restliche von Deutschland besetzte Gebiet wurde unter dem Namen »Generalgouvernement« auf den Status einer Kolonie herabgedrückt. Die unmittelbaren Kriegshandlungen kosteten über 66.000 Polen und über 8.000 Deutschen das Leben. Über 133.000 Polen und 40.000 Deutsche wurden verwundet. Die Jahre der Okkupation sollten in Polen fast 100mal so viele Opfer fordern.

Am 17. September rückte die Rote Armee in das damalige Ostpolen ein und besetzte eine Linie, die in einem geheimen Zusatzprotokoll zum Nichtangriffspakt mit Deutschland vereinbart worden war und die in etwa der Grenzlinie vor dem Rigaer Frieden entsprach. Wieder einmal war der polnische Staat von den Landkarten verschwunden (vgl. dazu die Karte auf Seite 24).

Die Errichtung der Vorherrschaft in Europa

Noch vor dem endgültigen Abschluß der Operationen gegen Polen verlegte die Wehrmacht starke Kräfte nach Westen. Die Chance der Westmächte, Deutschland einen Zweifrontenkrieg aufzuzwingen, war damit vertan. Die deutsche Führung hatte unmittelbar nach Abschluß der Operationen im Osten beschlossen, den Angriff gegen die

Westmächte noch vor Einbruch des Winters zu beginnen. Unter Mißachtung der Neutralität der Beneluxländer sollte Frankreich in einem weiteren Blitzkrieg besiegt und England damit der »Festlandsdegen« aus der Hand geschlagen werden. Die schlechte Wetterlage führte jedoch immer wieder zu Verschiebungen des Angriffs, so daß der Winter 1939/40 an der »Westfront« ohne größere Kampfhandlungen vorüberging. Der endgültige Plan, der schließlich nach einigem internen Tauziehen Ende Januar/Anfang Februar 1940 festgelegt wurde, hatte inzwischen deutlich weiterreichende Ziele als die ersten Pläne des Herbstes. Bevor er jedoch zur Ausführung gelangte, wurde am 1. März 1940 die Weisung Nr. 10 a *Fall Weserübung* von Hitler erlassen. Darin hieß es:

Die Entwicklung der Lage in Skandinavien erfordert es, alle Vorbereitungen dafür zu treffen, um mit Teilkräften der Wehrmacht Dänemark und Norwegen zu besetzen (»Fall Weserübung«). Hierdurch soll englischen Übergriffen nach Skandinavien und der Ostsee vorgebeugt, unsere Erzbasis in Schweden gesichert und für Kriegsmarine und Luftwaffe die Ausgangsstellung gegen England erweitert werden.

Da die Engländer und Franzosen tatsächlich zur gleichen Zeit eine militärische Besetzung Norwegens planten, um die Erzzufuhren aus Schweden für Deutschland zu unterbrechen, kam es auf norwegischem Boden zu ersten Kämpfen zwischen Deutschland und den Westalliierten. Wiederum versuchte die deutsche Führung die Durchführung eines Blitzkrieges nach bewährtem Muster. Eine wichtige Rolle spielte dabei die Marine. Der Kampf in Norwegen forderte für die deutschen Angreifer hohe menschliche und materielle Opfer und drohte zeitweilig zu scheitern. Erst als der Angriff im Westen begann, zogen Engländer und Franzosen ihre Truppen zurück, und die vollständige Besetzung Norwegens erfolgte.

Auch der Angriff im Westen wies alle Merkmale eines Blitzkrieges auf. Er war nicht zuletzt deshalb erfolgreich, weil Engländer und Franzosen nicht mit dem Hauptangriffsstoß mit starken Panzerverbänden aus den unwegsamen Ardennen gerechnet hatten.

Am Morgen des 10. Mai 1940 griffen auf einer Breite von 300 km 117 deutsche Divisionen gleichzeitig vier Länder an: Frankreich, die Niederlande, Belgien und Luxemburg. Die Neutralität der letzten drei wurde dabei mißachtet. Die Luftwaffe führte nicht nur massierte Schläge gegen militärische Anlagen. Am 13. Mai wurde die Innenstadt von Rotterdam durch einen Flächenangriff dem Boden gleichgemacht, obwohl Kapitulationsverhandlungen kurz vor dem Abschluß standen.

Die französische Armee war während der Zwischenkriegszeit vollkommen auf ein defensives strategisches Konzept festgelegt worden. Man hatte an der Grenze zu Deutschland eine riesige Festungsanlage, die sogenannte *Maginotlinie* gebaut. So kam es, daß nach einem einmal erfolgten Durchbruch umfangreicher beweglicher Truppen des Gegners der Festungsgürtel nutzlos, ja sich sogar schädlich auswirkte. Gegen die durchgebrochenen Verbände konnte man keine wesentlichen Kräfte ansetzen, die die Lage hätten wiederherstellen können.

Nach der Einschließung der englisch-französischen Truppen bei Dünkirchen war der Krieg im Westen praktisch entschieden. Allerdings gelang es den Engländern, den größten Teil ihrer geschlagenen Truppen unter Zurücklassung ihrer Ausrüstung über den Kanal zu evakuieren.

Während der zweiten Phase des Krieges war die Kampftätigkeit wesentlich geringer. Streckenweise verlief die Okkupation ohne Gegenwehr. Als am 22. Juni im Wald von

Compiègne der Waffenstillstand unterzeichnet wurde – Hitler hatte dafür eigens denselben Salonwagen, in dem 1918 an gleicher Stelle der Waffenstillstand unterzeichnet worden war, aus dem Museum heranschaffen lassen –, hatten sich auch die politischen Verhältnisse wesentlich geändert. Der größte Teil Frankreichs war besetzt. Der kleinere Teil wurde von Vichy aus durch ein mit Hitler-Deutschland kollaborierendes Regime regiert.

In England wuchs allerdings die Entschlossenheit zur Weiterführung des Krieges. Unter dem Druck der Ereignisse war Chamberlain, der Schöpfer der Appeasement-Politik, zurückgetreten und Winston Churchill bildete eine Allparteienregierung. Die Bevölkerung war nicht bereit, kampflos die Waffen zu strecken. Die Furcht vor einer deutschen Invasion war in England berechtigt. Unter dem Decknamen *Seelöwe* wurde ab Juli 1940 die Landung in England geplant. Zu ihrer Durchführung war allerdings die Erringung der absoluten Luftherrschaft unbedingt nötig. Trotz intensiver Bemühungen mußte Görings hochgelobte Luftwaffe unter großen Verlusten über England eine Niederlage hinnehmen. An eine Landung war vorerst nicht mehr zu denken.

Von nun an richteten sich die Interessen in Hitlers Hauptquartier auf das eigentliche Ziel: die Eroberung des Ostens als Voraussetzung zur Erlangung der Weltmacht. Die im Frühjahr 1941 in Südosteuropa und in Afrika durchgeführten Operationen dienten entweder zur Verbreiterung der Aufmarschbasis gegen die Sowjetunion (vgl. hierzu auch die Erläuterungen zum Stichwort *Vom Balkan bis Wien* ab S. 142), oder sie wurden auf Drängen des Bündnispartners Italien durchgeführt. Nach der erfolgreichen Errichtung der Alleinherrschaft in Europa und der damit verbundenen Einverleibung umfangreicher Ressourcen, fühlten sich die Kriegsplaner trotz des drohenden Zweifrontenkrieges stark genug, um den entscheidenden Schritt zu wagen.

Deutsche Ostpläne und Propagandastrategie

Von Willy Reschl

Die Situation zu Beginn des Krieges

1941 war die Sowjetunion kein reines Bauernland mehr. Die Industrie der Union produzierte achtmal mehr als im Zarenreich. Im Sowjetstaat wurde fünfmal soviel Kohle abgebaut, dreimal soviel Erdöl gefördert, zehnmal mehr elektrischer Strom produziert und wurden fast vierzigmal mehr Industriemaschinen hergestellt als zur Zeit des Zaren Nikolaus II. vor dem Ersten Weltkrieg.

Im Film wird Charkow als Beispiel dieser Entwicklung gezeigt. Charkow war die bedeutendste Industriestadt der Sowjetunion, die von den Deutschen besetzt wurde. Eine Million deutscher Soldaten sind durch diese viertgrößte Stadt der Sowjetunion gezogen.

In vier Schlachten haben mehr als 20 deutsche Divisionen bei Charkow gekämpft. Die Stadt hatte vor dem Krieg fast 1 Million Einwohner gehabt. Zu Beginn der deutschen Besetzung waren es noch 700.000. Bei der endgültigen Befreiung durch die Sowjetarmee lebten 350.000 Bürger in Charkow. Die fehlende Hälfte: deportiert, verhungert, erfroren, erschossen.

Die Sowjetunion ist in ihrer Flächenausdehnung das größte Land der Erde. Wenn in Charkow, im europäischen Westen der Union, der Abend anbricht, geht im fernen Osten des Sowjetstaates schon die Sonne des nächsten Tages auf.

Die Sowjetunion war fast 48mal größer als das Deutsche Reich vor Hitlers Eroberungen; sie hatte dreimal so viele Bewohner.

Im ersten Kriegsjahr besetzten deutsche Truppen einen großen Teil der europäischen Sowjetunion. Gebiete, die vor dem Krieg von 88 Millionen Menschen (= 40% der Sowjetbevölkerung) bewohnt wurden. In diesen Westgebieten lagen 60% der Kohlengruben; hier wurde 38% des Getreides geerntet und 84% des Zuckers produziert.

Die Sowjetunion in der deutschen Propaganda

Als Beispiel für den Stil damaliger »Berichterstattung« die *Deutsche Wochenschau* im Sommer 1941:

Kriegsberichte . . . geben der Heimat ein Bild von dem Inferno, das von den Bolschewisten über diese Stadt heraufbeschworen wurde. Libau steht in Flammen. Die Sowjets überließen die Stadt ihrem Schicksal und ergriffen die Flucht. Der deutsche Vormarsch geht unaufhaltsam weiter. Die gewaltige Angriffsfront der bolschewistischen Streitkräfte ist durchstoßen und zersplittert. Der deutsche Soldat hat sich schon jetzt im Kampf gegen den bolschewistischen Weltfeind unvergängliche Verdienste um die Rettung Europas erworben.

Zum dritten Mal seit 1917 eroberten deutsche Soldaten Riga, diese alte Hansestadt, die in ihrer 700jährigen Geschichte immer wieder ihre enge Verbundenheit mit dem Deutschtum bewiesen hat. Der Einmarsch unserer Truppen vollzieht sich unter dem Jubel der Bevölkerung. Auf der Küstenstraße geht es Narwa, der alten deutschen Ordensstadt, entgegen. Nowgorod, die alte deutsche Hansestadt Naugard, das Nürnberg des Ostens, ist in unserer Hand.

Nowgorod gilt als die Wiege des russischen Reiches. Hier schlug Alexander Newski, Fürst von Nowgorod, im Jahre 1240 die Schweden und zwei Jahre später das Heer des deutschen Ritterordens. Viele Stämme und Völker haben hier im Nordwesten Rußlands gelebt, gekämpft, gearbeitet. Sicher nicht nur die Deutschen.

Weiter im Text der Wochenschau:

Ukrainische Bauern, die den Mordbestien der GPU im letzten Augenblick entkamen, kehren in ihre Dörfer zurück. Im Schutze der deutschen Wehrmacht fühlen sie sich sicher.

Hier hatte die *Deutsche Wochenschau* nicht ganz unrecht. Wenige Wochen lang gab es tatsächlich Blumen für die Deutschen. In den besetzten Städten wurden, vielfach unter dem Jubel der Bevölkerung, Stalins Denkmäler gestürzt. Stattdessen hingen nun über-

In einem ukrainischen Dorf werden deutsche Soldaten mit den traditionellen Gastgeschenken Salz, Brot und Milch begrüßt. Am Anfang des Krieges gegen die Sowjetunion gab es tatsächlich an vielen Orten Blumen für die Deutschen.

all großformatige Bilder des »Führers« Adolf Hitler. Bunte Plakate der Besatzungsmacht versprachen den besetzten Russen und Ukrainern: »Soldaten Hitlers sind Freunde des Volkes«, »Die geflohenen Kommissare kehren nicht mehr zurück« und »Der Mörder und Brandstifter Stalin hat ausgespielt«.

Doch freier war das Leben nicht geworden und der Hunger wuchs. Unter dem deutschen Regime ging die Brotration für Kolchos-Mitglieder pro Kopf und Monat von 16 auf 10 Kilogramm zurück. Selbst gläubige Nationalsozialisten, wie der Verwalter der Krim, Gauleiter Alfred Frauenfeld, protestierten gegen diese mörderische Politik.

Den Soldaten folgten sehr bald die »Goldfasanen«. So nannte man spöttisch die deutschen Besatzungsbeamten, die neuen Herren. Besonders im Baltikum richteten sich manche Hoffnungen auf die Herrschaft der Deutschen: Eine Hoffnung, die nationale Unabhängigkeit wieder zu erlangen, die erst ein Jahr zuvor verloren worden war. Die Erinnerung an die kurze Zeit der Stalin-Herrschaft war in den baltischen Staaten noch sehr wach. Die Bauern verabscheuten die Kolchosen, die bürgerliche Intelligenz das Stalinsche Dogma, die Christen den gottlosen Staat. Der Wochenschautext:

Ein sowjetisches Dorf. Dieses Bild zeigt die in allen Städten und Dörfern immer wiederkehrende Verwahrlosung im bolschewistischen Paradies der Bauern und Arbeiter.

Die Sowjetunion war 1941 ein bitterarmes Land. Sie erzielte Produktionsrekorde in der Industrie, aber die Bevölkerung lebte auf dem Niveau eines Entwicklungslandes. Beides gehörte zum Sowjetstaat; nicht nur das Elend der Bevölkerung, wie die *Deutsche Wochenschau* ihren Zuschauern weismachen wollte:

Die Bevölkerung muß das Wasser von weither heranschleppen. Es fehlt überall an den primitivsten hygienischen Einrichtungen. Vor dem Lemberger Untersuchungsgefängnis: hier verübten diese Bestien in Menschengestalt die grausigsten Mordtaten. Um die Spuren ihrer unbeschreiblichen Verbrechen zu verwischen, steckten sie beim Herannahen der deutschen Truppen das Gefängnis in Brand. Das Feuer wurde jedoch gelöscht. Und so konnte diese ungeheuerliche Untat restlos aufgedeckt werden.

Der Stalinismus hält den Widerstand gegen sein Regime durch Terror nieder. Die Foltermethoden der Schergen Stalins unterscheiden sich nicht sehr von denen der Gestapo, was die Propagandisten des Nationalsozialismus nicht hindert, die Beschreibung des Bolschewismus mit Scheinbegründungen dafür zu vermischen, weshalb die Juden zu verfolgen seien:

Das ist die Fratze des Bolschewismus. Das jüdische Mordgesindel, das mit den GPU-Agenten Hand in Hand gearbeitet hatte, wird von der empörten Menge den deutschen Truppen zur Bestrafung ausgeliefert.

Diese Horden, unter ihnen ungezählte Juden, sollten in Marsch gesetzt werden, um die deutschen Städte und Dörfer in Schutt und Asche zu legen. Sie hätten ein Blutbad ohnegleichen unter unserer Bevölkerung angerichtet.

Einem Feind gilt es zuvorzukommen – sagte die Propaganda. Hier also dem »jüdisch-bolschewistischen System«. Der Träger dieses Systems ist nach derselben Propaganda der Untermensch. Und hier gilt es im Gedächtnis zu behalten: Von 5,7 Millionen sowjetischen Kriegsgefangenen kamen 3,3 Millionen in deutschen Lagern um (vgl. dazu Seite 98 ff.). Den Truppen der Wehrmacht folgten die Einsatzgruppen der SS. Sie vernichteten die Juden und einen Teil der bolschewistischen Intelligenz. Die *Deutsche Wochenschau* hatte alle Zutaten geliefert: Terror, Elend, freundliche Begrüßung, alte deutsche Geschichte. Das Fazit der Nazipropaganda war klar:

Die langen Züge der geschlagenen Bolschewisten und die Kolonnen der siegreichen deutschen Wehrmacht zeigen besser als Worte, wer die Zukunft für sich hat.

Jenseits aller Propaganda sah die Situation für die deutschen Truppen schon im ersten Kriegsjahr sehr prekär aus. Generalfeldmarschall Ewald von Kleist schreibt man folgendes Telegramm aus der Kalmücken-Steppe zu: »Vor mir kein Feind und hinter mir kein Nachschub.« Die Truppen sollten sich aus dem notleidenden Lande selbst ernähren. Dazu eine Studie des Wirtschaftsstabes Ost:

Hierbei werden zweifellos zig Millionen Menschen verhungern, wenn von uns nur das Notwendigste herausgeholt wird.

Und so idyllisch sah es die *Deutsche Wochenschau:*

Ein Aufruf an die Bauern. Nach der deutschen Besetzung wird die Arbeit sofort wieder aufgenommen. Zunächst wird der Plan für die Feldbestellung mit den Bauern besprochen.

Ankunft von Lebensmitteltransporten aus den neugewonnenen Ostgebieten, die – wie der Reichsmarschall (Göring) sagt – in immer größerem Umfang der deutschen Volksernährung nutzbar gemacht werden sollen. Dieser Zug führt fünfzig Wagen mit je

200 Zentnern Lebensmitteln. Es ist eine Spende des Reichskommissars für die Ukraine, Gauleiter Koch, dem Gauleiter von Berlin, Dr. Goebbels. Diese Lebensmittel sollen den Berliner Reservelazaretten, Kantinen und Werkküchen zugute kommen. Unter anderem enthält die Sendung 2.000 Hühner und 230.000 Eier. Im vierten Kriegsjahr hat sich die Ernährungslage des deutschen Volkes wesentlich gebessert. Auch in dieser Hinsicht stehen wir heute viel günstiger da als im vierten Kriegsjahr des (Ersten) Weltkrieges.

Für die Sowjetbürger, für die Bauern, die immer mehr Korn und Fleisch abliefern sollten, wurden weiterhin bunte Plakate gedruckt. Sie trugen Aufschriften wie:

Vor einem Jahr begann der Kampf für Eure Befreiung. Euer Dank — Eure Arbeit!

Und für die Werbung von Arbeitskräften benutzte man Texte wie diese:

Helfe durch Deine Arbeit in Deutschland den Bolschewismus vernichten.

Oder:

Im Schutz des deutschen Adlers arbeitet das neue Europa für Freiheit und Zukunft. Reihe Dich ein in diese Aufbaufront.

Im Sommer 1942 kam Fritz Saukel, der Generalbevollmächtigte für den Arbeitseinsatz, nach Smolensk. In einer Rede versprach er:

Ich werde die Millionen der Ostarbeiter nach Deutschland holen, ohne Rücksicht auf ihre Gefühle, ob sie wollen oder nicht.

Ein NS-Propagandaplakat, das die russischen Bauern zu erhöhter Arbeitsleistung auffordert: »Die Deutsche Armee bewacht Deine Arbeit — Dein Dank dafür ist Dein Fleiß.«

Eine Menschenjagd begann. Unter miserablen Bedingungen wurden die Sklavenarbeiter ins Deutsche Reich transportiert. Dort drohte ihnen die »Vernichtung durch Arbeit«, wie es in zynischem Bürokraten-Deutsch hieß.

Wer sich wehrte, hatte sein Leben verwirkt. Eine Weisung des Oberkommandos der Wehrmacht lautete:

Um die Umtriebe im Keime zu ersticken, sind beim ersten Anlaß unverzüglich die schärfsten Mittel anzuwenden, um die Autorität der Besatzungsmacht durchzusetzen . . . Dabei ist zu bedenken, daß ein Menschenleben in den betroffenen Ländern vielfach nichts gilt und eine abschreckende Wirkung nur durch ungewöhnliche Härte erreicht werden kann.

Noch einmal die *Deutsche Wochenschau:*

In Minsk. Polizeibataillone führen eine Razzia auf feindliche Agenten und Saboteure durch. Verdächtige Häuserblocks und Wohnungen werden gründlich durchsucht. Straßenkontrolle. Jeder muß seinen Ausweis vorzeigen! Solche Aktionen gewährleisten die Sicherheit in den besetzten Ostgebieten. Es gilt jede Verbindung zur Feindseite aufzudecken und radikal auszumerzen. Die Razzia hat wertvolle Hinweise für die Bandenbekämpfung gegeben. Schlagartig werden Einheiten des Heeres und der Waffen-SS eingesetzt.

Schon bald mußte die deutsche Besatzungsmacht mit Schützenpanzern und Artillerie gegen die angeblichen Verbrecherbanden kämpfen. Trotz einiger Erfolge der Deutschen wurden ganze Gebiete von den sowjetischen Partisanen kontrolliert. Und nichts konnte die wachsende Partisanenbewegung stoppen.

Immer brutalere Befehle ergingen an die Truppe. Generalfeldmarschall Keitel im Dezember 1942:

Wenn dieser Kampf nicht mit den allerbrutalsten Mitteln geführt wird, so reichen in absehbarer Zeit die verfügbaren Kräfte nicht mehr aus, um dieser Pest Herr zu werden. Die Truppe ist daher berechtigt und verpflichtet, ohne Einschränkung auch gegen Frauen und Kinder jedes Mittel anzuwenden, wenn es nur zum Erfolg führt.

Bei dieser Art der Partisanenbekämpfung wurden zum Teil ganze Landstriche entvölkert. Man trennte die Männer von den Frauen. Oft wurden die männlichen Bewohner erschossen, in vielen Fällen aber auch Frauen und Kinder ermordet.

Nach der Wirkung der deutschen Propaganda auf die Soldaten der Roten Armee fragte ich den Schriftsteller Victor Nekrassow, Architekt aus Kiew, Hauptmann der Roten Armee, Autor des weltberühmten Buches *In den Schützengräben von Stalingrad,* Stalin-Preisträger. Victor Nekrassow lebt seit 1974 als Emigrant in Paris. Er meint, daß das Wort »Untermensch« bei seinen Kameraden in der Roten Armee zum Teil Lächeln, zum Teil Schrecken ausgelöst habe. Bei ihm selbst weder das eine noch das andere. Aber er verachtete die Menschen, die sich für Übermenschen hielten. Die Deutschen sahen in den Aufrufen des sowjetischen Schriftstellers Ilja Ehrenburg besonders üble Beispiele sowjetischer Greuel-Propaganda. So schrieb Ehrenburg am 14. August 1942 in der Zeitung *Roter Stern:*

Wenn du einen Deutschen getötet hast, bring den nächsten um – es gibt nichts Schöneres als deutsche Leichen.

Nach Nekrassows Meinung waren die Artikel Ilja Ehrenburgs bei der Armee sehr populär. Seine Artikel in der *Prawda* und in der Zeitung *Roter Stern* wurden begeistert gelesen. Seine Propaganda, meint Victor Nekrassow, war sehr überzeugend.

Gab es eigentlich einen Unterschied zwischen den deutschen und den sowjetischen Soldaten im Zweiten Weltkrieg? Victor Nekrassow dazu:

Ich bin den Deutschen zwar fünfeinhalb Monate lang in einer Entfernung von 60 bis 100 Meter gegenüber gelegen, aber erst als diese Deutschen als Gefangene durch meine Hände gingen, bin ich mit ihnen in Kontakt gekommen. Ich habe gesehen, daß es dieselben Menschen sind, dieselben Soldaten, die in ihre Armee gejagt worden waren, um irgendwelche Ideen zu verteidigen. Wir verteidigten unsere Idee. Aber das war nicht die offizielle Idee. Das sind doch alles nur Phrasen, wenn man sagt, daß wir Stalin oder den Kommunismus verteidigten. Natürlich war Stalin der Oberbefehlshaber. Aber verteidigt haben wir unsere Häuser, unsere Familien, unsere Väter und Mütter.

Hitlers Kolonisationspläne im Osten

Adolf Hitler über seine Vorstellungen im Osten:

Grundsätzlich kommt es darauf an, den riesenhaften Kuchen handgerecht zu zerlegen, damit wir ihn erstens beherrschen, zweitens verwalten und drittens ausbauen können.

Die Ukraine sollte ein reines Agrarland werden. Dieser Plan hatte unmittelbare Konsequenzen. Ein Beispiel: Im September 1941 wurde die Dnjeprostroj-Talsperre von sowjetischen Truppen bei ihrem Rückzug zerstört. Hitler verbot den Wiederaufbau. Doch schließlich gaben die schwindenden Reserven der deutschen Kriegswirtschaft den Ausschlag. Das Dnjeprostroj-Kraftwerk wurde im Herbst 1942 wiederaufgebaut, die Industrie wieder angekurbelt. Die *Deutsche Wochenschau* kommentierte das so:

In der Ukraine wird die industrielle Erzeugung schrittweise weiter gesteigert. Noch immer ist viel Aufräumungsarbeit zu leisten. Unter der Führung der Organisation Todd sind ukrainische Arbeitskräfte mit der Errichtung neuer Produktionsstätten und mit dem Wiederaufbau zerstörter Werke beschäftigt.

Fabriken und Stauwerke wurden allerdings 1943/44 wieder gesprengt – diesmal beim Rückzug von den Deutschen.

Aber Hitler ging es nicht nur um die »Zerlegung des riesenhaften Kuchens« Sowjetunion, sondern um die Auslöschung eines Staates mit seinen Völkern und die anschließende Besiedlung des Landes durch das deutsche Volk. Adolf Hitler in *Mein Kampf* 1925:

Wir stoppen den ewigen Germanen-Zug nach dem Süden und Westen Europas und weisen den Blick nach dem Land im Osten.

Die europäische Sowjetunion bis zum Ural und zum kaspischen Meer sollte Kolonialland werden. Der deutsche Herrschaftsraum wurde in vier Reichskommissariate gegliedert:

Ostland: Die drei baltischen Staaten sollten germanisiert werden.

Ukraine: Die Kornkammer sollte von Volksdeutschen besiedelt werden.

Kaukasus: Hier lagen die Ölfelder von Baku.

Moskowien: Das bisherige Herz Rußlands sollte als Barriere gegen Asien dienen.

Die Posten der Reichskommissare wurden bereits vor der Eroberung vergeben. Auf unterer Ebene sollte ein Kreislandwirtschaftsführer Träger der deutschen Herrschaft werden. Er und seine Stützpunktleiter wären die einzigen Deutschen weit und breit gewesen. Das Gebiet eines solchen Kreislandwirtschaftsführers war oft zehnmal größer als das Fürstentum Liechtenstein. Daneben hätte es Staatsgüter, aber auch Landwirtschaftsbetriebe der SS gegeben.

Ein höherer SS-Führer meinte: »Der Osten gehört der Schutz-Staffel.« Die SS bewirtschaftete bereits während der Besatzungszeit 600.000 Hektar eigenen Grund und

Die geplante Aufteilung der europäischen Sowjetunion in die vier »Reichskommissariate« Ostland, Moskowien, Ukraine, Kaukasus.

Solche an Römersiedlungen orientierte Kolonialstädte für jeweils 20.000 Einwohner mit einer Versammlungshalle der Partei am Kopf einer Prachtstraße waren für deutsche Kolonisten in Rußland geplant worden.

Boden im »Wilden Osten«. Denn nicht nur Hitler verglich Russen und Ukrainer gern mit den Indianern Nordamerikas. Für die eroberten Völker schien Karl May auf Karl Marx gefolgt zu sein.

Adolf Hitler hoffte: »Es wird sich ein neuer Typ von Menschen herausschälen: richtige Herrennaturen, Vize-Könige.«

Und der Reichskommissar Lohse träumte: »Ich arbeite dafür, daß sich mein kleiner Sohn einstmals die erbliche Herzogskrone aufs Haupt setzt.«

Immerhin bemängelte ein deutscher Professor schon damals: Die meisten Ostbeamten seien »Bürger ohne Horizont oder Bildung: Herrenspielende Spießer«.

Später sollten Ritterkreuzträger und verdiente Parteigenossen Güter im Osten erhalten. In den wenigen deutschen Städten im weiten Ostraum würden die Gebietskommissare, Provinzgouverneuren vergleichbar, residieren.

Selbst über die Siedlungsform hatte man sich präzise Gedanken gemacht. Vorgesehen waren Kolonialstädte. Mittelpunkt einer solchen Kolonialstadt für 20.000 Einwohner sollte die Versammlungshalle der Partei sein. Die Kastelle der Römer hatten hier Pate gestanden: Begrünte Innenhöfe, verteidigungsbereite Außenmauern, ein Hotel, ein Kino; selbst bombensichere Luftschutzkeller – an alles hatten die Planer gedacht. Im Umkreis dieser Städte würden in einer Entfernung von 5 bis 10 Kilometern deutsche Kolonisten wohnen.

Die »Zwölf Gebote« des Staatssekretärs und späteren Ministers Herbert Backe sollten schon bei Beginn der Okkupation den Beamten im Osten helfen. In diesen Richtlinien hieß es:

Habt keine Angst vor Entscheidungen, die falsch sein könnten ... kurze, klare Anweisungen an Untergebene – Befehlston; keine Erklärungen und Begründungen. Die Russen werdet Ihr nie überreden oder durch Reden überzeugen ... Ihr sollt handeln. Dem Russen imponiert nur das Handeln, weil er selbst weibisch und sentimental ist. Wahret den Abstand gegenüber den Russen, sie sind nicht Deutsche, sondern Slawen ... Der Russe sieht im Deutschen aus jahrhundertelanger Erfahrung ein höheres Wesen. Armut, Hunger und Genügsamkeit erträgt der russische Mensch schon seit Jahrhunderten. Sein Magen ist dehnbar, daher kein falsches Mitleid. Dem Russentum gegenüber, als Deutsche, stets geschlossen auftreten. Selbst der Fehler eines Deutschen muß gegenüber den Russen vertreten werden.

Ein SS-Offizier schrieb geradezu emphatisch heim ins Reich:

Die Ukraine ist wirklich ein gesegnetes Land . . . Man möchte wieder zwanzig Jahre alt sein und als Pionier arbeiten! Welche wunderbaren Aufgaben warten auf unsere junge Generation.

Weizen für das Reich, die Einheit von Pflug und Schwert – eine archaische Vorstellung und zugleich eine Grundidee des Nationalsozialismus, deren Verwirklichung nahe schien.

Bauernsoldaten sollten zusammen mit einheimischen Hilfskräften den Boden an der Militärgrenze des Großgermanischen Reiches bestellen. Heinrich Himmler schwärmte: »Wir werden eine östliche Wehrgrenze haben, ewig beweglich, die uns immer jung hält.«

Gerade die junge Generation der Frontsoldaten war freilich zu dieser Zeit für die Ostbesiedlung kaum zu gewinnen. Ganze 200 Freiwillige ließen sich für eine Siedlerstelle am russischen Limes vormerken. Dabei wollte Hitler den zu erobernden Ostraum auf lange Sicht mit nicht weniger als 100 Millionen Germanen besiedeln. Er sagte: »Wenn die endlosen Weizenfelder der Ukraine zu Deutschland gehören, wird unser Land im Überfluß schwimmen.« Doch selbst zur Überwachung der ansässigen Bevölkerung während der Besatzungszeit fehlte es an Personal.

Aus dem »Volk ohne Raum« wäre ein »Raum ohne Volk« geworden. Denn die Landesbewohner sollten zum größten Teil entweder ermordet oder nach und nach hinter den Ural abgeschoben werden. Die Verbleibenden waren für niedere Arbeiten vorgesehen. Heinrich Himmlers »Bildungsplan«: Für die Russen »soll es nur die vierklassige Volksschule geben mit einfachem Rechnen und Schreiben des Namens und dem obersten Gebot, gegen die Deutschen gehorsam zu sein«.

Längs der neuen Grenzen des Großgermanischen Reiches sollten Totenburgen für die gefallenen Helden stehen. Der Architekt Wilhelm Kreis, damals Generalbaurat für Kriegerehrenmale, entwarf während des Krieges die Ehrenmale von Italien bis Norwegen. Doch sein größtes Werk sollte am Dnjepr, im Innern Rußlands, entstehen. Ein Zeitgenosse nahm – etwas voreilig – die Wirkung dieses Bauwerks vorweg: »In der ungeheuren Stille des Raumes wird man die Geister der Gefallenen hören. Ihr hartes

Wilhelm Kreis, Generalbaurat für Kriegerehrenmale in Hitler-Deutschland, entwarf diese Totenburg für die gefallenen Helden am Dnjepr. Sie wurde niemals gebaut.

Schicksal klingt als ewige Mahnung aus der Unendlichkeit des Gewölbes hernieder.« Diese Halle sollte gekrönt sein vom Deutschen Adler, der die Weltkugel in seinen Fängen hält – nachgebildet den Triumphbauten der Römer.

Bei der Arbeit an seinem Buch *Der Sklavenstaat* (Stuttgart 1981) hat sich Hitlers Baumeister, der ehemalige Reichsminister Albert Speer, auch mit den deutschen Nachkriegsplänen für den eroberten Ostraum beschäftigt. Dabei errechnete Speer anhand des sogenannten »Friedensplanes des Reichsführers SS«, Heinrich Himmlers also, daß für die gewaltigen Bauvorhaben im besetzten Ostraum 70% der Baukapazität des deutschen Reiches hätte eingesetzt werden müssen. 14 Millionen Konzentrationslager-Häftlinge, für die der weitsichtige Himmler – so Speer in seinem Buch – sogar bereits »Bordelle mit Weibern« eingeplant hatte, sollten diese Bauvorhaben durchführen. Die riesigen Häftlingsmassen hätten – nach der Vernichtung der »Hauptgegner« Juden und Bolschewisten – nur aus der Bevölkerung der besetzten Gebiete rekrutiert werden können.

Nicht verschwiegen werden sollte, daß auch ein Teil der Ostvölker zur »Eindeutschung« vorgesehen war. Bereits während der Besatzungszeit durchstreiften SS-Kommissionen die besetzten Ostgebiete auf der Suche nach Sippen mit »nordisch-fälischen« Rassemerkmalen. Im sogenannten »Generalplan-Ost«, neben Himmlers »Friedensplan« ein weiteres wichtiges Dokument für die deutsche Planung im Osten, sind die Zahlen der Auszusiedelnden und Einzudeutschenden für alle wichtigen »Ostvölker« genau festgelegt. Daneben auch die Anteile dieser Völker, die zur »Verschrottung« vorgesehen waren.

Auf die Frage, ob es in der engeren Umgebung Hitlers nie Opposition gegen solche wahnwitzigen Pläne gegeben habe, antwortete Albert Speer in unserem Film:

Ich bin sehr beschämt, daß ich nicht bestätigen kann, daß irgendwelche Diskussionen über diese Pläne im negativen Sinn stattgefunden haben. Rückblickend habe ich den Eindruck, daß wir berauscht waren von diesen Vorstellungen, daß wir uns entschuldigten an den Vorgängen des britischen Weltreiches und der Besetzung in Indien oder an den Vorgängen in Amerika, als die Indianer verjagt wurden und das für ganz normale Vorgänge ansahen, eben von Herrenmenschen, also von Menschen, die dazu ausersehen sind, andere Menschen zu beherrschen und ihre Vorteile geistiger Art unbedingt und rücksichtslos auszunutzen.

Die Bilanz des Krieges im Osten: eine politische, eine militärische, eine moralische Katastrophe. Die Verantwortung dafür trifft nicht nur Hitler und die SS, sondern auch viele Generäle der Wehrmacht. Die Bilanz dieses Krieges für Hitler: Die Juden sind vernichtet, doch Lebensraum ist nicht erobert worden. Die Bilanz dieses Krieges für die Völker Europas ist bekannt.

Anfang September 1943 gaben Göring und Himmler den Befehl aus:

Es muß erreicht werden, daß . . . kein Mensch, kein Vieh, kein Zentner Getreide, keine Eisenbahnschiene zurückbleibt; daß kein Haus stehen bleibt, kein Bergwerk vorhanden ist, das nicht für Jahre gestört ist, kein Brunnen . . . der nicht vergiftet.

Hitler wollte die besetzten Ostgebiete in einen Garten Eden verwandeln. Zurück blieb verbrannte Erde (vgl. dazu das Historische Stichwort *Die Evakuierung der sowjetischen Industrie nach Osten;* vor allem Seite 80 ff.).

Teil 3

22. Juni 1941 – Der Überfall auf die Sowjetunion

Von Wilhelm Pagels

Juli 1940	Erste Planungen im Generalstab des Heeres für einen Angriff auf die Sowjetunion.
18. Dezember 1940	*Weisung Nr. 21 Fall Barbarossa,* Hitlers Beginn der konkreten Angriffsplanung.
Mai/Juni 1941	Erlaß von Wehrmachtsbefehlen: Barbarossa-Erlaß, Kommissar-Befehl, Kommando-Befehl.
22. Juni 1941	Überfall auf die Sowjetunion.
Juli/August 1941	Erfolgreiche Kesselschlachten der deutschen Wehrmacht. Hunderttausende Rotarmisten geraten in deutsche Kriegsgefangenschaft.

Samstag, der 21. Juni 1941, der längste Tag des Jahres ging zu Ende: Überall in den Bereitstellungsräumen entlang der sowjetischen Grenze verlasen die Kompaniechefs einen Tagesbefehl Hitlers, des »Führers« und obersten Befehlshabers der Wehrmacht:

Soldaten der Ostfront! Von schweren Sorgen bedrückt, zu monatelangem Schweigen verurteilt, ist nun die Stunde gekommen, in der ich zu Euch, meine Soldaten, offen sprechen kann ... Es stehen rund 160 russische Divisionen an unserer Grenze. Seit Wochen finden dauernde Verletzungen dieser Grenze statt, nicht nur bei uns, sondern ebenso im hohen Norden wie in Rumänien ... In diesem Augenblick, Soldaten der Ostfront, vollzieht sich ein Aufmarsch, der in Ausdehnung und Umfang der größte ist, den die Welt je gesehen hat ... Wenn diese größte Front der Weltgeschichte nunmehr antritt, dann geschieht es nicht nur, um die Voraussetzung zu schaffen für den endgültigen Abschluß des großen Krieges überhaupt oder um die im Augenblick betroffenen Länder zu schützen, sondern um die ganze europäische Zivilisation und Kultur zu retten. Deutsche Soldaten! Damit tretet Ihr in einen harten und verantwortungsschweren Kampf ein. Denn: das Schicksal Europas, die Zukunft des Deutschen Reiches, das Dasein unseres Volkes liegen nunmehr allein in Eurer Hand ... Möge uns allen in diesem Kampf der Herrgott helfen!

Ein durchschnittlicher Soldat hatte wenig Veranlassung und wenig konkrete Informationen, die ihn an den Worten Adolf Hitlers zweifeln lassen konnten. Die Sowjetunion mit ihren »jüdisch-bolschewistischen Untermenschen« war von Anfang an das wesentliche Feindbild, das die Nazis systematisch aufgebaut hatten. Sie konnten dabei an ein Bild vom Sowjetstaat anknüpfen, das durch Bürgerkrieg, Zwangskollektivierungen und stalinistische Säuberungen geprägt war und somit auch von weiten Kreisen der deutschen Bevölkerung abgelehnt wurde, die keine Nazis waren. Der im September 1939 geschlossene Nichtangriffspakt hatte daran nichts Wesentliches geändert. In den Köpfen vieler Soldaten floß dieses Rußlandbild zusammen mit dem Tagesbefehl Hitlers, und es erwuchs daraus eine Art von »Kreuzzugsidee«, die von der Propaganda geschickt genutzt wurde, um den »Landsern« des Rußlandfeldzuges ihre unendlichen Opfer sinnvoll erscheinen zu lassen. Viele Soldaten brauchten allerdings diese »Rechtfertigung« nicht. Sie waren keine »Weltanschauungssoldaten«, sondern sie waren zu Legionären einer perfekt funktionierenden Kriegsmaschinerie geworden. Sie waren Landsknechte, die auf Geheiß taten, was fremde Interessen ihnen befahlen.

Die schon im Sommer 1940 begonnenen Planungen für den Überfall auf die Sowjetunion lassen jedoch die Verlogenheit dieser Propaganda erkennen. Bereits im Juli 1940 finden sich die ersten Plannotizen im Kriegstagebuch des Generalstabschefs des Heeres, Franz Halder. Mit Blickrichtung auf den hinhaltenden Widerstand Englands heißt es:

Ist aber Rußland zerschlagen, dann ist Englands letzte Hoffnung getilgt. Der Herr Europas und des Balkans ist dann Deutschland. Entschluß: Im Zuge dieser Auseinandersetzung muß Rußland erledigt werden. Frühjahr 1941 . . . Ziel: Vernichtung der Lebenskraft Rußlands.

Im Dezember 1940 waren die Pläne soweit gereift, daß sie in einer »Führerweisung« zusammengefaßt wurden und nunmehr auf höchster Ebene ganz konkrete politische, wirtschaftliche und militärische Kriegsvorbereitungen anliefen. In der vom Wehrmachtsführungsstab am 17. Dezember 1940 und von Hitler einen Tag später unterzeichneten *Weisung Nr. 21 Fall Barbarossa* hieß es u. a.:

Die deutsche Wehrmacht muß darauf vorbereitet sein, auch vor Beendigung des Krieges gegen England Sowjetrußland in einem schnellen Feldzug niederzuwerfen . . . Die im westlichen Rußland stehende Masse des russischen Heeres soll in kühnen Operationen unter weitem Vortreiben von Panzerkeilen vernichtet, der Abzug kampfkräftiger Teile in die Weite des russischen Raumes verhindert werden . . .

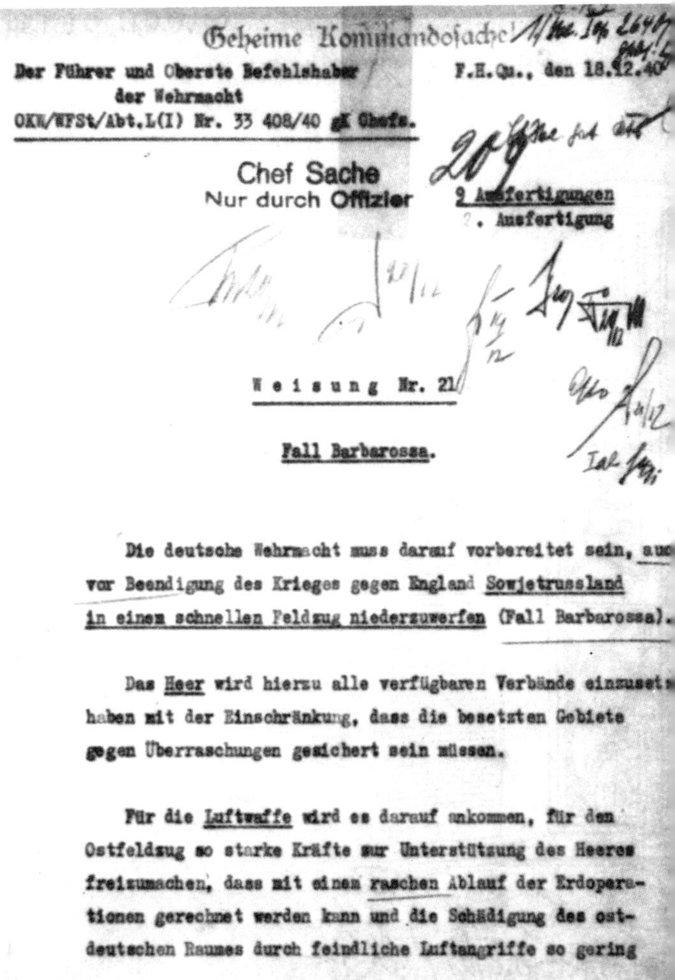
Geheime Kommandosache

Der Führer und Oberste Befehlshaber der Wehrmacht
F.H.Qu., den 18.12.40
OKW/WFSt/Abt.L(I) Nr. 33 408/40 gK Chefs.

Chef Sache
Nur durch Offizier

9 Ausfertigungen
2. Ausfertigung

Weisung Nr. 21

Fall Barbarossa.

Die deutsche Wehrmacht muss darauf vorbereitet sein, auc vor Beendigung des Krieges gegen England Sowjetrussland in einem schnellen Feldzug niederzuwerfen (Fall Barbarossa).

Das Heer wird hierzu alle verfügbaren Verbände einzuset haben mit der Einschränkung, dass die besetzten Gebiete gegen Überraschungen gesichert sein müssen.

Für die Luftwaffe wird es darauf ankommen, für den Ostfeldzug so starke Kräfte zur Unterstützung des Heeres freizumachen, dass mit einem raschen Ablauf der Erdoperationen gerechnet werden kann und die Schädigung des ostdeutschen Raumes durch feindliche Luftangriffe so gering

Am 18. Dezember 1940 unterzeichnete Hitler die *Weisung Nr. 21 Fall Barbarossa,* die die Kriegspläne gegen die Sowjetunion enthielt.

Das Endziel der Operation ist die Abschirmung gegen das asiatische Rußland aus der allgemeinen Linie Wolga–Archangelsk. So kann erforderlichenfalls das letzte Rußland verbleibende Industriegebiet am Ural durch die Luftwaffe ausgeschaltet werden.

Noch nie waren in den Schaltzentralen der Macht des Dritten Reiches so sorgfältige Planungen getrieben worden wie auf der Grundlage dieser *Führerweisung.* Bereits während der Sommermonate des Jahres 1940 hatte die Reichsregierung eine Vielzahl intensiver Versuche unternommen, Bündnispartner für den Krieg gegen die Sowjetunion zu gewinnen. Am 27. September 1940 gelang ihr mit dem Abschluß des *Dreimächtepakts* mit Japan und Italien ein bedeutsamer außenpolitischer Erfolg. Darüber hinaus versuchte Hitler-Deutschland folgende Länder für den Krieg gegen die Sowjetunion zu gewinnen: Finnland, Rumänien, Bulgarien, die inzwischen »selbständig« gewordene Slowakei und schließlich die Türkei. Finnland, Rumänien und Ungarn beteiligten sich schließlich aktiv an der Aggression. Ihnen war ein entsprechender Anteil an der zu erwartenden Beute versprochen worden. Durch dieses Bündnis faschistischer bzw. militärdiktatorischer Staaten war es den Kriegsplanern in Deutschland gelungen, ihre militärischen und wirtschaftlichen Reserven wesentlich zu erhöhen.

Gemäß den ökonomischen Zielen der »Blitzkriegsstrategie« wurden im Rahmen des *Falles Barbarossa* umfangreiche Vorkehrungen getroffen, Rohstoffe, Industrieanlagen und landwirtschaftliche Erzeugnisse unmittelbar nach der Besetzung für die eigene Kriegswirtschaft nutzbar zu machen. Hitler beauftragte Göring im Herbst 1940 mit den Vorbereitungen für die wirtschaftliche Ausbeutung der zu besetzenden sowjetischen Gebiete. Dies war eine Aufgabe ganz nach Görings Geschmack, und er betrieb sie in der Folge mit großer Energie. Schon im November 1940 beauftragte er das Wirtschafts- und Rüstungsamt im Oberkommando der Wehrmacht, eine Studie über die wehrwirtschaftlichen Auswirkungen des »Rußlandfeldzuges« auszuarbeiten. Der Chef des genannten Amtes, Infanteriegeneral Georg Thomas, hatte schon seit August in eigener Initiative eine Reihe von Rußlandspezialisten zum *Arbeitsstab Rußland* zusammengeführt. Schon vor der Beauftragung Görings durch Hitler arbeitete das Wirtschafts- und Rüstungsamt also an den wirtschaftlichen Aspekten des Krieges im Osten. Leiter des *Arbeitsstabs Rußland,* dem von Anfang an auch Vertreter der Privatwirtschaft angehörten, wurde der Luftwaffengeneral Dr. Wilhelm Schubert. Schubert sollte später auch Leiter des *Wirtschaftsstabs Ost,* der Ausbeutungsorganisation im Osten, werden.

Thomas selbst bemerkte dazu:

Die wehrwirtschaftliche Vorbereitung des Ostfeldzuges wurde von seiten des WiRü Amtes mit größter Energie und in größtem Ausmaß betrieben . . . Die theoretische Vorbereitung, d. h. die Ausrüstung der einzusetzenden Wehrwirtschaftsorganisation und der in Rußland einmarschierenden Truppen mit dem notwendigen wehrwirtschaftlichen Material, war indessen mustergültig durchgeführt worden, und es kann festgestellt werden, daß noch nie ein Heer mit wehrwirtschaftlichem Material über das Feindesland so ausgerüstet gewesen ist, wie das deutsche in Rußland. Reichsmarschall Göring erkannte diese Vorbereitungen dem Chef WiRü Amt gegenüber mit höchsten Worten des Lobes an.

Die Großindustrie, organisiert in der *Reichsgruppe Industrie,* bereitete sich so auf eine nahtlose Übernahme der Produktionsanlagen vor.

Planung von Kriegsverbrechen

Die Planung der landwirtschaftlichen Ausplünderung zugunsten der deutschen Kriegsführung war durch eine unfaßbare Menschenverachtung gekennzeichnet. In den *Wirtschaftlichen Richtlinien für die Wirtschaftsorganisation Ost, Gruppe Landwirtschaft* vom 23. Mai 1941 werden die Konsequenzen der Planungen mit folgenden Worten zusammengefaßt:

Viele 10 Millionen Menschen werden in diesem Gebiet [d. h. der Waldzone und den Industriestädten im Norden] überflüssig und werden sterben oder nach Sibirien auswandern müssen. Versuche, die Bevölkerung dort vor dem Hungertode dadurch zu retten, daß man aus der Schwarzerdezone Überschüsse heranzieht, können nur auf Kosten der Versorgung Europas gehen. Sie unterbinden die Durchhaltemöglichkeit Deutschlands im Kriege, sie unterbinden die Blockadefestigkeit Deutschlands und Europas. Darüber muß absolute Klarheit herrschen.

Mit dem 22. Juni 1941 verbinden sich auch konkrete Planungen zur gezielten Ausrottung weiter Kreise der sowjetischen Bevölkerung. Diese Pläne sind unmittelbar mit den sogenannten verbrecherischen Befehlen des Oberkommandos der Wehrmacht verknüpft. Der bekannteste ist der sogenannte *Kommissarbefehl* (vgl. Seite 141). Er sah vor, eine genau definierte Gruppe von Angehörigen der Roten Armee ohne jegliches Verfahren unmittelbar nach der Gefangennahme zu liquidieren. Er verhöhnte damit die bis dahin unbestrittenen Grundregeln des Kriegs- und Völkerrechts. Angesichts der Ungeheuerlichkeit dieses Vorgehens kann es nicht verwundern, daß vornehmlich von den damals direkt beteiligten Wehrmachtsführern immer wieder behauptet worden ist, dieser Befehl sei in ihrem Kommandobereich nicht zur Anwendung gelangt. Die historische Forschung der jüngsten Zeit hat indes überzeugend nachgewiesen, wie tief die Wehrmacht in die rasse-ideologische Kriegsführung des Nationalsozialismus verstrickt war. Auch von einer Nichtbeteiligung der Wehrmacht am sogenannten *Barbarossaerlaß* kann überhaupt keine Rede sein. Hierin wurde u. a. geregelt, wie die Wehrmacht gegen die Zivilbevölkerung vorzugehen hatte. Im Absatz I. hieß es:

I. Behandlung feindlicher Landeseinwohner.

Angriffe jeder Art von Landeseinwohnern gegen die Wehrmacht sind mit der Waffe sofort und unnachsichtig mit den äußersten Mitteln niederzuschlagen.

Landeseinwohner, die als Freischärler an den Feindseligkeiten teilnehmen oder teilnehmen wollen, die durch ihr Auftreten eine unmittelbare Bedrohung der Truppe bedeuten oder die sonst durch irgendeine Tat sich gegen die Deutsche Wehrmacht auflehnen (z. B. Gewalttaten gegen Wehrmachtsangehörige oder Wehrmachtseigentum, Sabotage, Widerstand), sind im Kampf oder auf der Flucht zu erschießen.

Wo derartige verbrecherische Elemente auf diese Weise nicht erledigt werden, sind sie sogleich einem Offizier vorzuführen, der zu entscheiden hat, ob sie zu erschießen sind.

Gegen Ortschaften, aus denen hinterlistige und heimtückische Angriffe irgendwelcher Art erfolgt sind, sind unverzüglich auf Anordnung wenigstens eines Btls.- usw. Kommandeurs kollektive Gewaltmaßnahmen durchzuführen, falls die Umstände eine rasche Feststellung einzelner Täter nicht erwarten lassen.

Es ist Gebot der Selbsterhaltung und Pflicht aller Kommandeure, gegen feige Überfälle einer verblendeten Bevölkerung mit eiserner Strenge ohne jede Verzögerung vorzugehen.

Über die Behandlung politischer Hoheitsträger usw. erfolgt besondere Regelung.

Der Befehl bildete die Grundlage für die Ermordung unzähliger Zivilisten während der deutschen Besatzung.

Militärisches Vorgehen

Die Militärs hatten die Vorgaben der *Weisung Nr. 21* sorgfältig konkretisiert. Die deutsche Angriffsfront war in drei Heeresgruppen eingeteilt. Die *Heeresgruppe Nord* stand unter dem Befehl des Generalfeldmarschalls von Leeb. Auftrag dieser Heeresgruppe war es, von Ostpreußen aus durch Litauen, Lettland und Estland nördlich und südlich am Peipus-See vorbei auf Leningrad vorzustoßen. Die Panzergruppe 4 unter General Hoepner war die Hauptoffensivmacht der Heeresgruppe Nord. Sie verfügte über 600 Panzer.

Die *Heeresgruppe Mitte* hatte in der Planung zum *Fall Barbarossa* die Hauptaufgabe erhalten. Ihr Befehlshaber war Generalfeldmarschall von Bock. Er hatte die stärksten Panzerkräfte zur Verfügung: eine Panzergruppe unter General Guderian, die andere unter General Hoth. 1.500 Kampfpanzer sollten rechts und links der Rollbahn Bialystok—Minsk—Smolensk—Moskau der Infanterie vorauseilen.

Die *Heeresgruppe Süd* war am schwächsten ausgestattet. Sie wurde geführt von Generalfeldmarschall von Rundstedt. Die Panzergruppe des Generals von Kleist bildete seine Angriffsspitze, die auf Kiew zeigte. Zum Verband der Heeresgruppe Süd gehörte auch die ungarische und die rumänische Armee, wovon vor allem letztere — obwohl schlechter ausgerüstet als die deutschen Truppen — ein wichtiger Faktor war.

In den frühen Morgenstunden des 22. Juni 1941 sollte sich schließlich »diese größte Front der Weltgeschichte« für den »ungeheuerlichsten Eroberungs-, Versklavungs- und Vernichtungskrieg« (Nolte) der Neuzeit in Bewegung zu setzen. Er sollte ungezählte Opfer fordern, weite Teile Europas verwüsten und Folgen haben, die auch heute nach über 40 Jahren noch allgegenwärtig sind. Wieder einmal schien das Konzept des »Blitzkrieges« aufzugehen. Die Angreifer hatten das Überraschungsmoment voll nutzen können und trafen die Sowjetunion unvorbereitet.

Generaloberst Heinz Guderian während der ersten Wochen des Rußlandfeldzuges auf dem Gefechtsstand einer Panzerdivision.

Der Übergang über den Grenzfluß Bug in den frühen Morgenstunden des 22. Juni 1941.

Schon in den ersten Stunden des Überfalls am frühen Morgen des 22. Juni 1941 versetzte die Wehrmacht — besonders die Luftwaffe — der Roten Armee betäubende Schläge und richtete im Hinterland der Front ein unbeschreibliches Chaos an. Allein während des ersten Kriegstages wurden 1.200 sowjetische Flugzeuge fast ausschließlich am Boden zerstört. Verkehrswege und Nachrichtenverbindungen waren unterbrochen. Eine Koordination der Abwehrmaßnahmen konnte nicht stattfinden. Entsprechend den Planungen stießen die schnellen Truppen an den ersten Tagen tief in die westlichen Gebiete der Sowjetunion hinein, auch auf die Gefahr hin, die Verbindungen zu den weit zurückbleibenden Infanterieeinheiten zu verlieren. Wichtige Brücken sollten unversehrt in die Hände der Eroberer fallen, das Festsetzen der Verteidiger auf neue Abwehrlinien verhindert werden. Es kam zu unbeschreiblichen Szenen: Frische, noch unbewaffnete sowjetische Reserven liefen ahnungslos in die Arme der Angreifer, ständig neue Gerüchte führten zu Paniken im Hinterland. Die sowjetischen Verluste während der ersten Tage und Wochen des Krieges waren unglaublich hoch. Hunderttausende mußten den Weg in die Gefangenschaft antreten.

Die Erfahrung, dem deutschen Überfall unvorbereitet gegenübergestanden zu haben, ist bei den sowjetischen Menschen bis heute ein tief sitzendes Trauma geblieben.

Bekanntgabe des Kriegsausbruches in Moskau am 22. Juni 1941.

Immer wieder ist die Frage gestellt worden, wie dies alles passieren konnte. Die Frage erscheint um so berechtigter, als in den Tagen und Wochen vor dem 22. Juni eine ganze Reihe von konkreten Hinweisen und Warnungen vor dem Überfall — teilweise mit der genauen Angabe des Datums — an die Sowjetführer gegangen sind. Schon im März 1941 hatten sowjetische Agenten über die deutschen Kriegsvorbereitungen berichtet und — wie z. B. der in der deutschen Botschaft in Tokio beschäftigte Richard Sorge — bald darauf das konkrete Angriffsdatum mitteilen können. Der britische Premierminister Winston Churchill sandte Stalin am 3. April über den englischen Botschafter Sir Stafford Cripps eine Botschaft, in der er Mitteilung über die Zusammenziehung deutscher Panzerdivisionen in Polen machte. Schließlich ist der Frontwechsel von einzelnen Wehrmachtsangehörigen verbürgt, die den sowjetischen Grenztruppen vom bevorstehenden Überfall berichteten.

Die Verantwortung an dem Desaster des Juni 1941 wird allgemein Stalin angelastet, der offensichtlich einer Art Wunschdenken verfallen war und glaubte, u. a. durch besonders exakte Erfüllung der beiderseitigen Vereinbarungen den Waffengang mit Hitler-Deutschland wenn schon nicht verhindern, so doch wenigstens aufschieben zu können. Der damalige sowjetische Generalstabschef G. K. Schukow berichtete darüber, daß Stalin noch nach den Nachrichten über den deutschen Angriff seine Untergebenen anwies, mit der deutschen Botschaft Kontakt aufzunehmen, statt der Roten Armee die entsprechenden Abwehrmaßnahmen zu befehlen. Erst nachdem der deutsche Botschafter v. Schulenburg die offizielle Kriegserklärung überbracht hatte, wurde den Ereignissen insofern Rechnung getragen, als man nun der Roten Armee den Befehl erteilte, den Feind anzugreifen und zu vernichten. Allerdings entsprach dieser Befehl in keiner Weise den Kräfteverhältnissen und der chaotischen Lage an den Fronten. Das Ausmaß der Betroffenheit Stalins über das offensichtliche Scheitern seiner Politik wird auch durch die Tatsache deutlich, daß er sich erst 12 Tage nach dem Überfall mit einer Rede an die sowjetische Bevölkerung wandte. Die Rede war darauf abgestellt, alle Völker und Gruppen der Sowjetunion über alle Gegensätze der Vergangenheit hinweg im »großen vaterländischen Krieg« gegen einen grausamen und erbarmungslosen Gegner zu einigen. Schon in der Anrede wurde dieses Ziel deutlich:

Genossen, Bürger, Brüder und Schwestern, Kämpfer unserer Armee und Flotte! Ich spreche zu euch, zu meinen Freunden . . .

Die Rede hat ihr Ziel offensichtlich nicht verfehlt. Über alles Trennende hinweg haben sich die Völker der Sowjetunion bei der Verteidigung der Heimat geeint. Wer sich nicht von Anfang an auf die Seite der Sowjets stellte, wurde letztlich durch das barbarische Vorgehen der Deutschen dazu gebracht.

Von einer koordinierten Verteidigung konnte während der ersten Tage nach dem Überfall allenfalls am Südabschnitt der riesigen Front geredet werden. Die Nachrichtenverbindungen waren fast überall zerstört. Nachschub kam selten bis an die vorderste Linie, da die deutsche Luftwaffe Jagd auf alles machte, was sich bewegte. Trotzdem stießen die Angreifer von der ersten Stunde an auf zähen und aufopferungsvollen Widerstand, wie sie ihn bei ihren bisherigen »Blitzsiegen« nicht kennengelernt hatten.

Die Festung *Brest-Litowsk* ist ein Beispiel dafür. Nachdem die Deutschen in einem ersten überraschenden Angriff einen Teil der Festung besetzen konnten, wurden sie durch einen Gegenstoß wieder vertrieben. 4 Wochen lang hielt sich die Festung unter den pausenlosen Angriffen weit überlegener Kräfte. Aber auch die allergrößte Tapferkeit der Verteidiger konnte letztlich die Niederlage nicht verhindern. In diesen ersten Tagen war die deutsche Wehrmacht der Roten Armee praktisch in allen Belangen überlegen. Die Goebbels-Propaganda umgab sie mit dem Nimbus der Unbesiegbarkeit. Das enge Zusammenwirken aller Waffengattungen war immer wieder erfolgreich erprobt worden. Ihre Ausrüstung hatte sich — von Ausnahmen abgesehen — auf den bisherigen Kriegsschauplätzen als durchweg überlegen erwiesen. Das gleiche galt für die Militärtheorie.

Die Rote Armee befand sich dagegen in einer sehr komplizierten Situation. Die Stalinistischen »Säuberungen« waren auch an ihr nicht vorübergegangen. Große Teile des Offizierskorps waren liquidiert bzw. in die Verbannung geschickt worden. Die Armee war buchstäblich geköpft worden. Die ersten Kampferfahrungen der neuen Kommandeure mußten mit blutigen Opfern bezahlt werden. Die Bewaffnung der Roten Armee mit Panzern und Flugzeugen war zwar zahlenmäßig größer als die der Wehrmacht, allerdings durch Überalterung vollkommen unterlegen. Die neue — und der deutschen durchweg überlegene Kampftechnik — war gerade aus dem Stadium des Entwurfs in die Fertigung gegangen. Weder von den modernen Panzern der Typen T 34 und KW IA, den Flugzeugen IL-2, noch von modernen Artilleriewaffen wie den im Landserjargon als »Stalinorgeln« bezeichneten Raketenwerfern war bei Kriegsbeginn eine genügende Anzahl vorhanden. Erst als die Industrie voll auf Kriegsproduktion umgestellt war und die Struktur der Armee den neuen Erfordernissen angepaßt war — mit der Aufstellung von Panzerkorps hatte man erst unmittelbar vor Kriegsausbruch begonnen — begann sich langsam die Überlegenheit der sowjetischen Waffen auszuwirken (vgl. dazu Seite 82 f.).

Der Widerstand wurde jedoch, schon bevor diese Verstärkungen an der Front eintrafen, von Tag zu Tag verbissener. Die deutschen Verluste waren wesentlich höher als vorausberechnet. Schon während der Wochen der großen Kesselschlachten war deutlich, daß der Zeitplan des Unternehmens *Barbarossa* nicht einzuhalten war. Danach hätte am 18. Juli die Stadt Smolensk fallen müssen. Man war weit davon entfernt. Im Gegenteil: man mußte zeitweise sogar in die Defensive übergehen. Vor Smolensk hatte sich eine erbitterte Schlacht entwickelt. Schon hier zeichnete sich ein Scheitern des *Falles Barbarossa* ab. Das gleichzeitige Vorstoßen in alle drei Hauptrichtungen war schon jetzt unmöglich geworden. Reserven mußten herangeführt, Kräfte umgruppiert

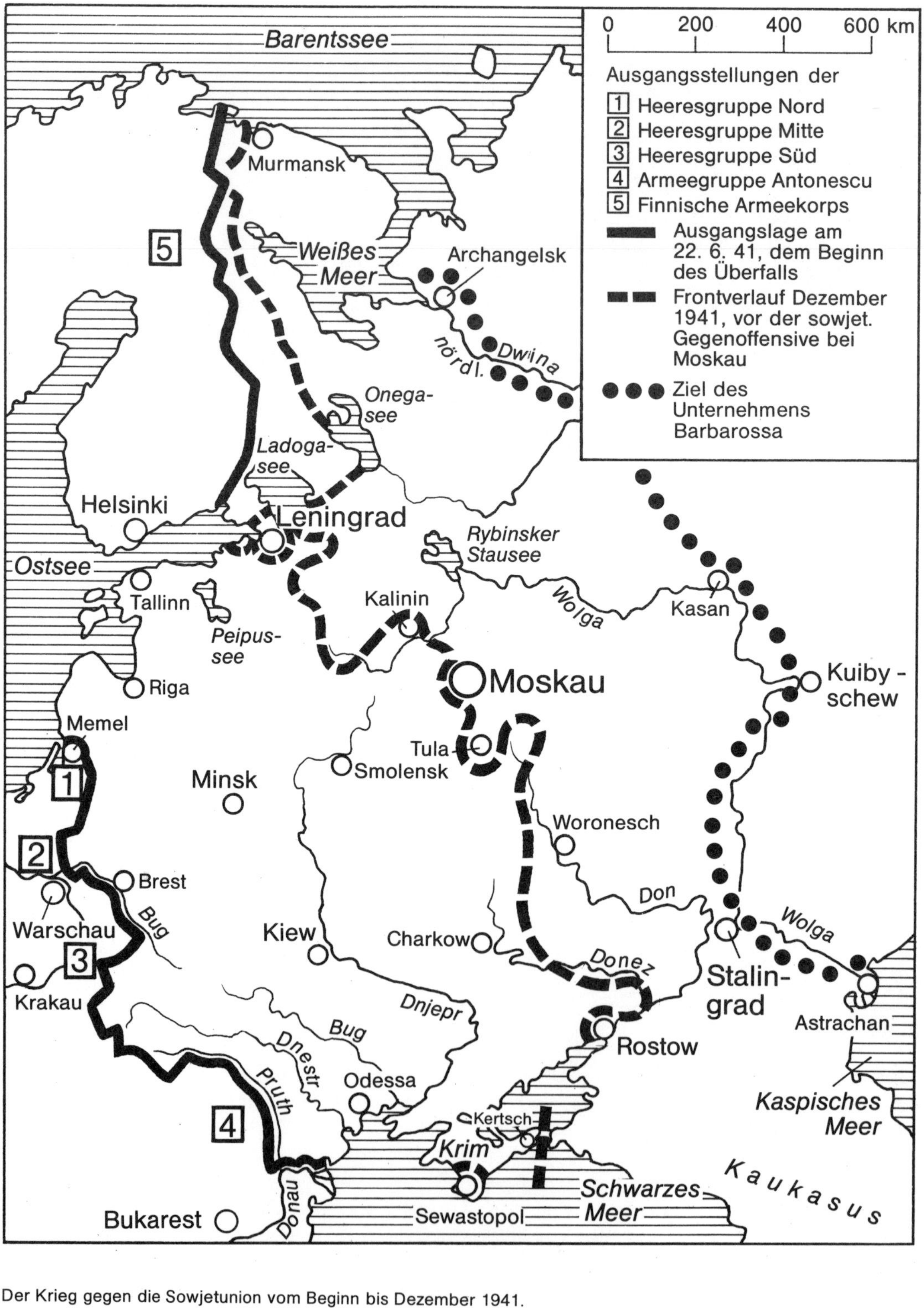

Der Krieg gegen die Sowjetunion vom Beginn bis Dezember 1941.

werden, um einen erfolgreichen Vorstoß in die südliche strategische Richtung zu gewährleisten. Die Heeresgruppe Mitte ging in der Moskauer Richtung zur Verteidigung über. Bei der Stadt Jelnja mußte sie sogar eine empfindliche Schlappe hinnehmen und einen für den weiteren Vormarsch günstigen Frontvorsprung räumen.

Vor allem in der Memoirenliteratur der damaligen Wehrmachtsmilitärs ist immer wieder versucht worden, die »Schuld« am Scheitern des Feldzugsplans auf die Eingriffe des militärischen Dilettanten Hitler zurückzuführen. Diese aus der Sicht der Generale verständliche Darstellungsweise hält allerdings einer nüchternen Überprüfung nicht stand. Der *Fall Barbarossa* ging von falschen Voraussetzungen aus und war somit von vornherein zum Scheitern verurteilt. Die deutsche Führung hatte nicht mit der Verteidigungsbereitschaft der Roten Armee und der Bevölkerung, einer bald überlegenen gegnerischen Waffentechnik und auch nicht mit der tatsächlichen Größe des sowjetischen Wirtschaftspotentials gerechnet.

Historisches Stichwort: Richard Lorenz zum Überfall auf die Sowjetunion

Der deutsche Überfall am 22. Juni 1941 traf die Sowjetunion nahezu unvorbereitet. Obwohl zahlreiche Informationen über den bevorstehenden Angriff vorlagen, hatte man so gut wie keine Abwehrmaßnahmen ergriffen. Am Tage des Überfalls befanden sich die sowjetischen Streitkräfte nicht in Kampfbereitschaft. Marschall Malinovskij schreibt:

Die Truppen wurden weiterhin wie im Frieden ausgebildet. Die Artillerie der Infanteriedivisionen befand sich in den Artillerielagern und auf den Schießplätzen, die Fliegerabwehr auf den Flakschießplätzen, die Pioniereinheiten in den Ingenieurlagern und die »nackten« Infanterieregimenter der Divisionen einzeln in ihren Lagern. Angesichts der Kriegsdrohung grenzten diese gröbsten Fehler an Verbrechen.

Eine eben begonnene Reorganisation von wichtigen Teilen der Streitkräfte führte dazu, daß fast die gesamten Panzertruppen nicht einsatzfähig waren. Obwohl einige Truppenverbände in der Nähe der sowjetischen Westgrenze Stellung bezogen hatten, war die Masse der Streitkräfte in ihren Lagern und Kasernen im Landesinnern verblieben.

Unmittelbar an der Grenze standen den deutschen Armeen nur etwa 100.000 Mann sowie einige Schützendivisionen gegenüber. Aber selbst diese Truppen waren nicht auf einen deutschen Angriff vorbereitet. Erst spät in der Nacht vom 21. zum 22. Juni, als unwiderlegbare Informationen über den bevorstehenden Angriff in Moskau einliefen, versuchte man die Grenzmilitärbezirke zu alarmieren. Der Alarm erreichte jedoch die meisten Einheiten erst, als der Krieg bereits begonnen hatte. Die sowjetischen Soldaten kämpften zunächst ohne Schießbefehl. Als Befehle aus Moskau eintrafen, entsprachen sie nicht der realen Situation und schlossen einander vielfach aus. So gab es an der Grenze keine organisierte sowjetische Gegenwehr.

Die Rote Armee hätte aber wesentlich größeren Widerstand leisten können. Sicherlich wies ihre innere Verfassung erhebliche Mängel auf. Sie litt noch sehr stark unter den Auswirkungen des von Stalin angeordneten Massenterrors, der zwischen 1936 und 1938 das Land erschüttert hatte. Durch Erschießungen, Verhaftungen und Entlassungen hatten die Streitkräfte Zehntausende ihrer fähigsten Kommandeure verloren. Diese Verluste an hohen und höchsten Offizieren konnten bis zum Zeitpunkt des deutschen Überfalls nicht ausgeglichen werden. So wurden die sowjetischen Truppen 1941 zumeist von jungen, relativ unerfahrenen Offizieren geführt, die nur mangelhaft ausgebildet und mit der modernen Kampfführung noch wenig vertraut waren. Insgesamt aber handelte es sich um eine verhältnismäßig moderne und gut ausgerüstete Armee.

Seit Mitte der dreißiger Jahre waren die sowjetischen Streitkräfte grundlegend reorganisiert und bedeutend vergrößert worden. Im Gegensatz zu früheren Jahren setzten sie sich nun fast ausschließlich aus Kaderverbänden zusammen. Ihre zahlenmäßige Gesamtstärke war von 1,5 Millionen Mann im Jahre 1937 auf 4,2 Millionen Mann Anfang 1941 angestiegen. Sie verfügten über alle modernen Waffengattungen, darunter Schützen-, Kavallerie-, Panzer-, Flieger- und Pionierverbände. Ende der dreißiger Jahre hatte die Sowjetunion auch die Anstrengungen zum Ausbau ihres Rüstungspotentials erheblich verstärkt. Die Produktion technischer Kampfmittel wurde sehr stark erweitert. Allerdings war es noch nicht gelungen, die Massenproduktion moderner Kampftechnik aufzunehmen, die sowjetische Wissenschaftler und Techniker entwickelt hatten (Einzelheiten vgl. Seite 80 ff.).

Das eigentliche Problem aber lag auf politischem Gebiet. Die katastrophale Fehlbeurteilung der militärischen Situation ergab sich aus dem Charakter der sowjetischen Außenpolitik. Die Stalinsche Führung, der vor allem an einem Interessenausgleich mit Deutschland gelegen war, hatte eine Reihe von Verträgen und Abkommen geschlossen, die nach ihrer Ansicht nicht nur einen Krieg zwischen beiden Ländern ausschloß, sondern darüber hinaus den Weg für eine langfristig orientierte Zusammenarbeit eröffnete. Im nationalsozialistischen Deutschland sah sie einen friedfertigen Staat, der sich der französischen und britischen Aggression zu wehren hatte. »Nicht Deutschland hat Frankreich und England angegriffen, sondern Frankreich und England haben Deutschland angegriffen und damit die Verantwortung für den jetzigen Krieg auf sich genommen«, erklärte Stalin Ende November 1939. Molotow, damals Vorsitzender des Rates der Volkskommissare und Volkskommissar für Auswärtige Angelegenheiten, schien es – wie er sagte – »nicht nur sinnlos, sondern auch verbrecherisch, einen Krieg zur ›Vernichtung des Hitlerismus‹ zu führen, einen Krieg, der durch die falsche Flagge eines Kampfes für die ›Demokratie‹ nur verdeckt wird«.

Da die UdSSR vor allem an einer guten politischen und wirtschaftlichen Zusammenarbeit mit Deutschland interessiert war, hielt sie auch alle vertraglichen Abmachungen strikt ein. Noch bis zur letzten Stunde vor Beginn des deutschen Angriffs rollten die Züge mit sowjetischem Getreide, Erdöl, Kupfer, Kautschuk und anderen Rohstoffen über die Grenze. Ein Kommuniqué der Nachrichtenagentur *Tass* vom 14. Juni – dem Tag, an dem Hitler die letzte militärische Besprechung vor dem Angriff auf die Sowjetunion abhielt – bestritt energisch alle Meldungen über eine wechselseitige feindselige Haltung. Es nannte solche Meldungen:

Plump zusammengezimmerte Propaganda der gegenüber der UdSSR und Deutschland feindlich eingestellten Kräfte, die an einer weiteren Ausbreitung und Entfesselung des Krieges interessiert sind.

Deutschland – so hieß es in der Tass-Erklärung weiter – halte an den Abmachungen des Nichtangriffsvertrages genauso gewissenhaft fest wie die Sowjetunion selbst. Trotz aller Gegenbeweise gingen also Stalin und die sowjetische Führung davon aus, daß keine unmittelbaren deutschen Angriffsabsichten bestanden.

Auf dieser Voraussetzung basierte auch die sowjetische Innenpolitik. In der Schulungs- und Erziehungsarbeit wurde betont, es läge sowohl im sowjetischen als auch im deutschen Staatsinteresse, einander nicht anzugreifen. Die antifaschistische Propaganda wurde eingestellt. In der sowjetischen Öffentlichkeit hatte jede Kritik an den innerdeutschen Verhältnissen zu unterbleiben. Aus Presse und Rundfunk, von Bühne und Leinwand verschwand alles, was im nationalsozialistischen Deutschland Anstoß erregen konnte. Zugleich versuchte die sowjetische Politik, der eigenen Bevölkerung das Gefühl völliger Sicherheit zu vermitteln. »... beim Eintritt in das Jahr 1941, das ein Jahr einer noch großartigeren Entwicklung unserer sozialistischen Wirtschaft sein wird, blicken die Sowjetmenschen freudig und zuversichtlich in die Zukunft«, hieß es im Leitartikel der *Prawda* zum Jahreswechsel 1940/41. Diese propagandistische Linie wurde auch dann noch fortgesetzt, als sich die Kriegsgefahr weiter zuspitzte. Während sich die Weltpresse mit der Möglichkeit eines unmittelbar bevorstehenden deutschen Angriffs auf die Sowjetunion beschäftigte, lauteten die Schlagzeilen der *Prawda* am 19. Juni 1941: »Die sommerliche Erholung der Werktätigen«; und am 20. Juni: »Gegen Schwätzer und Müßiggänger«. Am 22. Juni, als die Schlagzeilen der ausländischen Zeitungen den deutschen Überfall meldeten, erschien die Parteizeitung mit einem Leitartikel unter der Überschrift »Die Sorge des Volkes um die Schule«. Unter diesen Umständen kam der Ausbruch des Krieges – wie der sowjetische Schriftsteller Konstantin Simonow in seinem Roman *Die Lebenden und die Toten* schreibt – für das ganze Land »wie ein Blitz aus heiterem Himmel«.

Der deutsche Überraschungsschlag brachte die Sowjetunion an den Rand der militärischen Katastrophe. Er fügte dem Heer und der Luftwaffe ungeheuren Schaden zu, vernichtete die Flugabwehr und zerstörte die Transportverbindungen bis tief ins Landesinnere hinein. Die sowjetischen Truppen, die im Grenzgebiet stationiert waren, wurden durch die Wucht des Angriffs zerschlagen und mußten riesige Verluste hinnehmen. Von 170 Divisionen wurden fast 100 vernichtet bzw. kampfunfähig gemacht. Die offizielle Propaganda aber hatte die Unbesiegbarkeit der Roten Armee gepriesen und behauptet, im Falle eines Angriffs würde kein einziger Fußbreit Boden preisgegeben, statt dessen mit doppelter und dreifacher Kraft zurückgeschlagen. Und die sowjetische Militärkonzeption war – gemäß der Felddienstordnung von 1939 – davon ausgegangen, die eigenen Streitkräfte würden bei einem Angriff sofort in die Offensive gehen und die feindlichen Truppen auf deren Territorium vernichten. So mußten die ersten großen Niederlagen zu schweren politisch-psychologischen Erschütterungen führen. Es herrschte ein kaum vorstellbares Chaos; Millionen sowjetischer Soldaten gerieten in deutsche Gefangenschaft; die Desertionen häuften sich, und es gab viele Überläufer. Wenn auch der deutsche Vormarsch nicht den ununterbrochenen Siegeslauf darstellt, als der er in den Memoiren vieler Generale erscheint, so mußte doch die Rote Armee einen Rückschlag nach dem anderen hinnehmen, ohne daß sie zunächst eine neue strategische Verteidigungslinie aufbauen konnte. In relativ kurzer Zeit eroberten die deutschen Truppen ein Gebiet, in dem vorher 88 Millionen Menschen lebten und in dem fast die Hälfte der gesamten industriellen und landwirtschaftlichen Produktion des Landes erzeugt wurde. Es sah so aus, als sei der Krieg für die Sowjetunion bereits verloren.

Die Schlacht um Moskau

Von Wilhelm Pagels

Anfang Juli 1941	Sowjetische Truppen kapitulieren in den Kesseln von Bialystok und Minsk.
5. August 1941	Ende der Kämpfe im Kessel von Smolensk.
2. Oktober 1941	Die Heeresgruppe Mitte beginnt ihre Offensive in Richtung Moskau.
Mitte Oktober 1941	Bei Wjasma und Bryansk werden starke Kräfte der Roten Armee eingeschlossen.
20. Oktober 1941	Über Moskau wird der Belagerungszustand verhängt.
Mitte November 1941	Nach der relativ kurzen Schlammperiode erneute Offensive der Deutschen.
Anfang Dezember 1941	Die Wehrmacht hat sich auf 25 bis 30 km an Moskau herangekämpft. Ihre Angriffskraft ist erschöpft.
6. Dezember 1941	Sowjetische Gegenoffensive. Bis zum Ende des Jahres werden die Deutschen 150 bis 250 km zurückgeworfen.

Fünfeinhalb Monate nach dem Überfall auf die Sowjetunion wurde der deutsche Vormarsch vor Moskau zum Stehen gebracht. Unter den deutschen Soldaten, die man in Erwartung eines leichten und schnellen Sieges über die Sowjetunion nicht einmal mit Winterkleidung ausgerüstet hatte, ging Ende des Jahres 1941, als der Kampf vor Moskau immer mehr Opfer kostete, die bittere Parole um: »Der Feldzug ist zu Ende, der Krieg hat begonnen.« Im Juli 1941 hatte bei den »Landsern« nach den schnellen Anfangserfolgen des »Rußlandfeldzugs« noch Optimismus geherrscht. Nach nicht einmal vier Wochen war der halbe Weg nach Moskau schon zurückgelegt. Die Deutschen standen vor *Smolensk*, 400 km entfernt von der sowjetischen Hauptstadt.

Doch durch den erbitterten Widerstand der Sowjets wurde hier zum ersten Mal ihr Vormarsch für längere Zeit gestoppt. Im Oberkommando der Wehrmacht wurde nun diskutiert, ob man zuerst in das an Bodenschätzen und Industrie reiche Gebiet am *Donez* vorstoßen oder sich weiter in Richtung auf die sowjetische Hauptstadt Moskau vorwärtskämpfen sollte. Man entschied sich schließlich für den Vorstoß auf den Donez, um militärisch die südliche Flanke des Angriffs der Heeresgruppe Mitte auf Moskau zu sichern und der deutschen Industrie den Zugriff auf die »Reichtümer Rußlands« möglichst schnell zu erschließen.

Der Vorstoß im Süden gelang. Bei *Kiew* konnten mit Hilfe der von Smolensk nach Süden abgeschwenkten Panzer in einer riesigen Umfassungsschlacht 665.000 sowjetische Soldaten gefangengenommen werden. Sie teilten das grauenhafte Schicksal ihrer 640.000 Kameraden, die bei Bialystok, Minsk und Smolensk, wo am 5. August der letzte Widerstand zusammenbrach, in deutsche Gefangenschaft geraten waren. Fast alle diese sowjetischen Kriegsgefangenen ließ die Wehrmacht in ungenügend ausgestatte-

Die Moskauer Zivilbevölkerung beim Stellungsbau für die Verteidigung der Hauptstadt der UdSSR im Winter 1941.

ten Lagern unter freiem Himmel im Herbst und Winter 1941 verhungern, erfrieren oder an Seuchen zugrundegehen (vgl. dazu das Historische Stichwort ab Seite 98 ff.).

Nachdem am 2. Oktober nach einer erneuten Umgruppierung, die vor allem die sowjetische Front vor *Leningrad* entlastete, die Deutschen zum Angriff auf Moskau angetreten waren, gelang es ihnen noch einmal, bei *Bryansk* und *Wjasma* 670.000 sowjetische Soldaten einzuschließen. Doch diese Erfolge reichten nicht aus, die Kampfkraft der Roten Armee zu brechen. Der *Völkische Beobachter* irrte sich gründlich, als er am 12. Oktober mit der Schlagzeile erschien: »Die Vernichtung der sowjetischen Armee ist fast beendet.«

Auf ihrem Weg nach Moskau kamen die deutschen Armeen immer langsamer vorwärts. War man im August und September 1941 durchschnittlich etwa 3 km pro Tag vorgerückt, so war es jetzt höchstens noch die Hälfte. Mitte Oktober war Moskau zwar nur noch knapp 100 km entfernt, doch die Sowjets kämpften immer verbissener und effektiver. Selbst die eingeschlossenen Verbände bildeten noch eine solche Bedrohung, daß gegen sie zeitweilig bis zu 28 Divisionen eingesetzt werden mußten. Schnell anwachsende Partisanenverbände operierten im Rücken der Deutschen immer erfolgreicher und begannen, den Nachschub nachhaltig zu stören.

Trotzdem wurde die Lage für die Moskauer Bevölkerung bedrohlich. Am 20. Oktober mußte über die Stadt der Belagerungszustand verhängt werden. Man hörte bereits das ferne Dröhnen der deutschen Artillerie. 450.000 Einwohner gruben vor der Stadt Panzergräben und bauten Befestigungsanlagen. Es gab sicher nicht nur Siegeszuversicht in der Stadt. Der am 10. Oktober 1941 mit der Verteidigung Moskaus beauftragte General Schukow läßt das durchblicken, wenn er in seinen Memoiren schreibt: »Die Einwohner Moskaus legten Panikmachern als Handlangern des Feindes das Handwerk«.

Die sowjetische Staatsführung zeigte sich jedoch demonstrativ entschlossen, den Feind vor Moskau aufzuhalten. Am 7. November, dem 24. Jahrestag der Oktoberrevolution, nahm Stalin die traditionelle Truppenparade auf dem Roten Platz ab. Die Soldaten marschierten direkt an die Front, die nun einige Dutzend Kilometer vor Moskau verlief. Zeit war nicht zu verlieren in diesen Tagen; doch die Furcht der Moskauer vor einer Einschließung der Stadt durch die Deutschen machte langsam einer ruhigen Zuversicht Platz.

Anfang des Monats war südlich von Moskau in *Tula* die angreifende Panzerarmee Guderians aufgehalten worden. Mitte November traten die Deutschen erneut zum Sturm auf Moskau an. Im Süden stießen sie an den sich erbittert zur Wehr setzenden Verteidigern von Tula vorbei auf die Stadt vor, im Norden erreichten Stoßgruppierungen der Wehrmacht am 28. November den Moskwa-Wolga-Kanal. In den ersten Dezembertagen konnte vorübergehend der Ort *Krasnaja-Poljana* besetzt werden. Von hier aus waren es nur noch 25 km bis ins Stadtzentrum von Moskau.

Doch die Kraft der angreifenden deutschen Verbände war erschöpft. Ein letzter Angriff am 5. und 6. Dezember blieb im Feuer der sowjetischen Verteidiger liegen.

Noch während die Deutschen auf Moskau marschierten, hatte das sowjetische Oberkommando zum Gegenschlag ausgeholt. Den Verteidigern vor Moskau wurden starke Reserven zugeführt, vor allem für den Kampf unter winterlichen Bedingungen ausgebildete Verbände. In immer größerer Stückzahl wurde der neue Panzertyp T–34 an die Rote Armee ausgeliefert, von dem der deutsche General Guderian später sagte:

Zum ersten Mal zeigte sich die Überlegenheit des russischen T-34 in krasser Form. Die bisherige materielle Überlegenheit unserer Panzer verkehrte sich bis auf weiteres in das Gegenteil.

In ihr Gegenteil verkehrte sich Ende des Jahres vor Moskau die ganze Frontlage.

Bis zum Dezember 1941 hatte der Krieg auf seiten der deutschen Wehrmacht 750.000 Mann an Toten, Verwundeten und Vermißten gekostet. Pro Tag hatte die deutsche Führung im Feldzug gegen die Sowjetunion fast 5.000 Soldaten verloren; unendlich viel mehr als in den vorangegangenen Feldzügen gegen Polen und Frankreich. Die Überlegenheit der Wehrmacht über die Rote Armee war dahingeschmolzen. Zum ersten Mal in diesem Kriege standen die deutschen Soldaten am Ende des Jahres 1941 vor Moskau einer zahlenmäßigen Übermacht gegenüber, die dadurch noch vergrößert wurde, daß die Wehrmacht auf einen Winterkrieg nicht vorbereitet war. Hunderttausende deutscher Soldaten bezahlten diesen unglaublichen Unterlassungsfehler des *Plans Barbarossa* mit ihrem Leben oder ihrer Gesundheit.

Während die Propagandakompanien den Rußlandfeldzug für die deutsche Wochenschau als fröhlichen Winterausflug leichtbekleideter Wehrmachtsangehöriger darstellten, rüsteten die Sowjets zum Gegenschlag. Er sollte die Deutschen in dem Moment treffen, in dem sich ihre Angriffskraft endgültig erschöpft hatte. Am 6. Dezember war es soweit. Die sowjetische Offensive begann. Schritt für Schritt wurden die Deutschen zurückgedrängt. Aus Angst davor, daß seine Wehrmacht nun ein ähnliches Schicksal erleiden könnte wie die *Grande armée* Napoleons, befahl Hitler:

Unter persönlichem Einsatz der Befehlshaber, Kommandeure und Offiziere ist die Truppe zum fanatischen Widerstand in ihre Stellungen zu zwingen, ohne Rücksicht auf den durchgebrochenen Feind in Flanke und Rücken.

Doch trotz der Wiederholung dieses Befehls knapp zwei Wochen später rückten die sowjetischen Truppen bis Ende des Jahres 250 km nach Westen vor. Wo die Deutschen trotz der Haltebefehle ihres Führers vertrieben worden waren, hinterließen sie Tod und Verwüstung. In einem Befehl an die zurückgehenden Armeen hieß es lapidar:

Gefangene und Einwohner rücksichtslos von Winterbekleidung entblößen. Alle aufgegebenen Gehöfte niederbrennen.

Angesichts der sowjetischen Erfolge kam es im deutschen Generalstab zu einer tiefgreifenden Führungskrise. Hitler setzte bis zum Frühjahr 1942 insgesamt 35 Generäle ab. Die meisten von ihnen, so auch Guderian, wegen des Verstoßes gegen die »Haltebefehle«. Während in den Führungsstäben nacheinander Schlamm, Kälte und schließ-

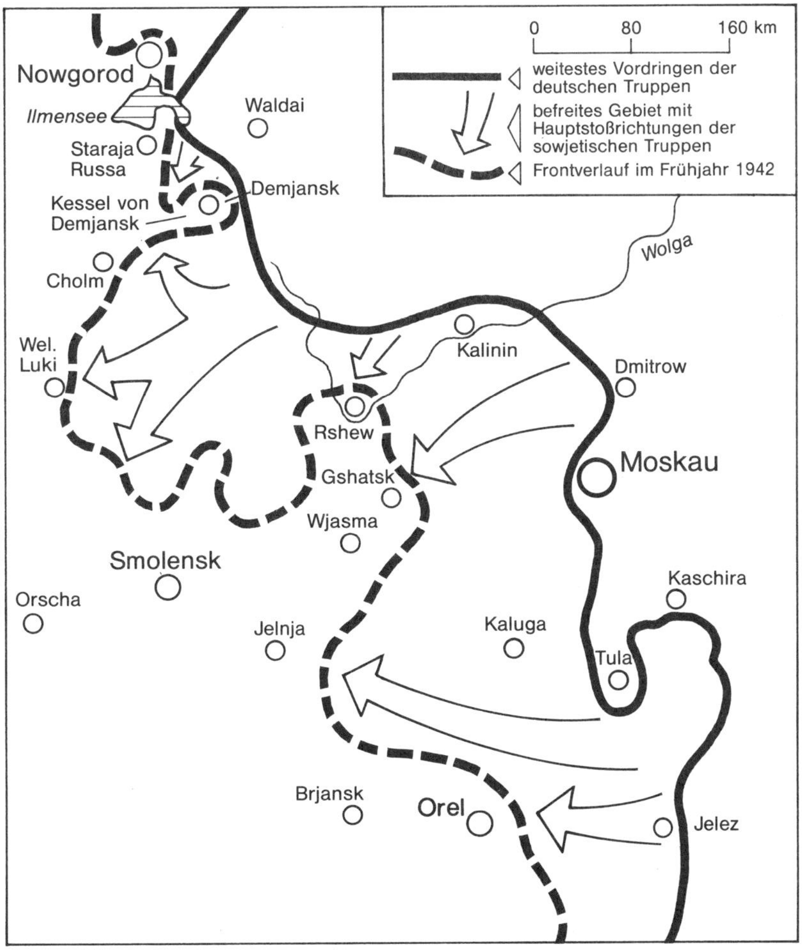

Die Schlacht um Moskau.

lich die Generäle selber für die Niederlage vor Moskau verantwortlich gemacht wurden, fand diese Niederlage für die deutsche Öffentlichkeit überhaupt nicht statt. Luitpold Steidle, der in jenen Tagen von der Ostfront Heimaturlaub bekam, schreibt in seinem Buch *Entscheidung an der Wolga*:

Von dem, was sich vor Moskau abgespielt hatte, stand kein Wort in den Zeitungen. Alle Meldungen kaschierten die erdrückende sowjetische Offensive: Frontbereinigung, planmäßige Besetzung neuer Ausgangsstellungen, kaum Ortsnamen.

Lesen konnte man in den Zeitungen Deutschlands nur die immer länger werdenden Listen der Gefallenenanzeigen.

Nach dem Scheitern ihrer Blitzkriegsstrategie stand die deutsche Führung vor der unlösbaren Aufgabe, einen lang andauernden Krieg gegen die übermächtige Sowjetunion zu führen, die sich langsam vom Schock des Überfalls erholt hatte.

Die Siegeseuphorie wich der Ernüchterung. Während der *Völkische Beobachter* am 10. Oktober 1941 noch mit der übergroßen Schlagzeile erschien: »Der Feldzug im Osten ist entschieden!«, so hieß es am 15. Oktober: »Die Bewegungen im Osten verlaufen nach Plan.« Doch die Ziele des *Plans Barbarossa* waren zu diesem Zeitpunkt bereits in weite Ferne gerückt. Am 17. Dezember vermerkte der offizielle Wehrmachtsbericht:

Im Zuge des Übergangs aus den Angriffsoperationen zum Stellungskrieg der Wintermonate werden an verschiedenen Abschnitten der Ostfront die erforderlichen Frontverbesserungen und Frontverkürzungen planmäßig vorgenommen.

Bei solchen »Frontverkürzungen« sollte es dann in offizieller Lesart bis zur Schlacht um Berlin bleiben. Bei den betroffenen Soldaten formulierte man es direkter: »Vorwärts Kameraden, wir müssen zurück« wurde zur Devise des Krieges gegen die Sowjetunion.

Historisches Stichwort: Michael Eickhoff befragt Johann Adolf Graf von Kielmansegg zur Schlacht um Moskau

Als 35jähriger Major einer Panzereinheit der Deutschen Wehrmacht gelangte Johann Adolf Graf von Kielmansegg 1941 bis kurz vor die Tore Moskaus. Später, nach dem Attentat auf Hitler am 20. Juli 1941, wurde er verhaftet. Er gehörte zum Widerstand; doch eine Beteiligung an der Verschwörung gegen den »Führer« konnte ihm nicht nachgewiesen werden. Vorwürfe, er sei seinerzeit Angehöriger einer Truppeneinheit gewesen, die sich an Kriegsverbrechen beteiligt habe – erhoben durch das Fernsehen der DDR und den polnischen Historiker Kaminski – wurden im Februar 1967 vom sicher in dieser Hinsicht nicht unkritischen niederländischen Parlament als unbegründet zurückgewiesen.

Auszüge aus einer Kurzbiographie Kielmanseggs. Nach einer zweiten militärischen Karriere in der Bundeswehr, in der er es bis zum Vier-Sterne-General und Oberkommandierendem der NATO-Streitkräfte Europa-Mitte brachte, lebt heute im Ruhestand im Schwarzwald. Er gilt als einer der »demokratischen Reformer« der Bundeswehr, als einer der Entwickler und Durchsetzer der Prinzipien der »Inneren Führung«.

Mit Graf Kielmansegg habe ich mir die Filmfolge *Die Schlacht um Moskau* angesehen und ihn um seine Eindrücke gebeten.

Im Gegensatz zu manchem anderen, was ich schon aus russischer Produktion gesehen habe: dieser Film enthält viele Ungenauigkeiten, verschiebt auch unberechtigt Akzente. Aber er enthält keine groben und großen Verfälschungen, weder über den Ablauf, noch über die Bedeutung dieser Schlacht . . .

Wir kommen, bevor wir uns Graf Kielmanseggs eigenen Erinnerungen an jene Zeit vor Moskau zuwenden, zu Hitlers strategischen Plänen, die der Film anspricht.

Sein strategischer Grundgedanke war, mit starken Kräften ganz außen, auf beiden Flügeln, weit vorzustoßen, oder örtlich ausgedrückt: Leningrad im Norden, das Asowsche Meer im Süden. Hitlers Gründe für strategische Entscheidungen waren — wie auch später oft — entweder psychologisch oder wirtschaftlich bedingt, nicht jedoch im Sinne der militärischen Führung. Im Oberkommando des Heeres dagegen herrschte ein militärisch gestimmter Grundgedanke vor, eine ganz alte Sache: das Wichtigste ist, die Hauptmacht des Feindes zu schlagen. Und hier war die Hauptmacht des Feindes mit Sicherheit im Raum Moskau zu finden. Nicht nur, weil es die Hauptstadt war, sondern weil Moskau eine ganz besondere Lage hat, weil es bei den damaligen technischen Verhältnissen, in der gesamten Verkehrs-Infra-Struktur, der absolute Mittelpunkt war. Auf der Karte sieht man Moskau wie die Spinne im Netz. Genauso liefen alle Fernmeldeleitungen, die damals nur Telefondrähte waren.

Aus diesen grundlegenden Unterschieden im Denkansatz entstanden – so Graf Kielmansegg — Reibungsverluste und Zeitverschiebungen. Durchgesetzt hat sich Hitler mit der Betonung seines Gedankens, an den Flügeln vorzustoßen. Graf Kielmansegg selbst sah das damals aus dem Gesichtspunkt der Truppe, »vom Korps an abwärts«, wie er sagt. Seine 6. Panzerdivision wurde schon im Herbst 1940 von Frankreich nach Ostpreußen verlegt, wo sie bemerkte, daß da an der Ostgrenze eine außerordentliche Kräfteansammlung stattfand. Ob sie auch bemerkte, was sich damit andeutete?

Informiert waren wir nur über das, was uns selbst anging. Mehr erfuhren wir nicht. Das ist auf dieser Ebene so. Das Wort Division klingt, als sei das relativ hoch. In Wirklichkeit steht sie in der militärischen Befehlsgliederung weit unten, jedenfalls, was das Bescheidwissen über größere Zusammenhänge betrifft. Irgendwann im Spätwinter 40/41 — genau kann ich es nicht mehr sagen — kamen Befehle für die Planung von Aufmarsch und Einmarsch. Und als diese Befehle kamen, haben ich und viele andere nicht glauben können oder wollen, daß ein Angriff auf Rußland wirklich beabsichtigt war, obwohl — was wir nicht wußten — das von oben längst entschieden war.

Graf Kielmansegg und die Leute um ihn hätten das aus ihnen unüberschaubaren Gründen für politisches Säbelrasseln gehalten. Das gäbe es ja als politisches Mittel auch heute noch.

Zum einen konnte ich Sinn und Notwendigkeit eines Angriffs auf Rußland nicht einsehen. Zum anderen: Wenn Hitler in seinen Reden und Schriften im militärischen Bereich vor etwas gewarnt hatte, dann war es immer ein Zwei-Fronten-Krieg.

Ich wende ein, daß man, um beruflich etwas zu leisten oder sogar sein Leben einzusetzen, »motiviert« sein müsse, und frage, wie das damals gewesen sei. Er habe Zweifel gehabt, wiederholte Graf Kielmansegg, aber »ich möchte das ganz ehrlich sagen, nicht eine Ablehnung oder einen direkten Widerstand über das rein militärisch-operativ Taktische hinaus — über das also hinaus, was man beurteilen konnte, und wofür man verantwortlich war.«

Weshalb?

Weil einem — und das ist im Prinzip heute auf dieser Ebene noch genauso — die nötige Kenntnis des Gesamten und daraus folgernd, die nötige Erkenntnis fehlt. Und das macht es furchtbar schwer. Da kann ja alles mögliche sein, was man nicht erfährt, aus den und den Gründen . . .

Was wußten Sie nun tatsächlich?

Am 17. Juni 1941, also 5 Tage vorher, kam zur Division der Befehl für die Durchführung des Aufmarsches. Wir mußten dazu durch Ostpreußen ins Memelland marschieren. Da wußten wir endgültig, daß die Würfel gefallen waren. Niemand war irgendwie hochgestimmt. Die Gedanken waren überall ernst. Es herrschte ein je nach Naturell verschiedenes unbestimmtes, unbehagliches Gefühl. Wir wußten zwar auf dem Papier eine ganze Menge über die Rote Armee; aber ob alles wirklich so war? Daß es nicht wirklich so war, hat sich ja dann später herausgestellt. Dennoch: wir waren eigentlich alle überzeugt, daß im Moment vielleicht gar nicht so sehr die Gefahr eines russischen Angriffes bestand, daß aber eine grundsätzliche Gefahr vom militärisch immer stärker und aggressiver werdenden Kommunismus der Sowjetunion ausging.

Nun war der »aggressive« sowjetische Kommunismus damals nicht annähernd so stark wie der tatsächliche Aggressor. Sind die Russen damals überrollt worden?

Überrascht ja, aber nicht überrollt. Am Abend des 23. Juni, nach sehr harten Kämpfen mit sehr harten russischen Soldaten, habe ich zu meinem Divisionskommandeur gesagt: Herr General, das wird ein ganz anderer Krieg als in Polen oder Frankreich. Tatsächlich lief der deutsche Angriff bis September keineswegs so glatt, wie man es auch aus dem Film glauben könnte. Das Glatte liegt zwischen zwei Abschnitten. Der erste waren die Kämpfe unmittelbar an der Grenze — die waren sehr hart. Dann ging es eine Weile verhältnismäßig rasch vorwärts. Doch dann kam der nächste Stopp an der sogenannten Stalinlinie; da waren russische Verstärkungen herangekommen. Von Überrollen, selbst wenn das Goebbels behauptet haben mag, war von Anfang an keine Rede.

Der Film vermittelt den Eindruck, auf deutscher Seite habe man geglaubt, den Rußlandfeldzug in wenigen Wochen beenden zu können.

Das war wohl die allgemeine Vorstellung »oben«, wie man so schön sagt, und nach meiner Kenntnis auch bei einem großen Teil der militärischen Führung. Der Film stellt das ungenau dar. Für einen Zuschauer, der das alles zum ersten Mal sieht, ist das schwer durchschaubar. Der Film springt in seiner Schilderung mit den Daten derart hin und her, daß es selbst mir schwerfiel, überhaupt zu folgen, obwohl ich den Ablauf im Kopfe habe. Gleich am Anfang wird das Datum des 8. Oktober genannt. Im Film heißt es, da hätten Hitler oder Goebbels bekanntgegeben, Moskau sei gefallen. Tatsächlich wurde verlautbart, Rußland sei geschlagen. Wir hörten das in unseren Rundfunkgeräten, schüttelten gewaltig den Kopf und sagten, was wissen die Leute da oben eigentlich? Denn daß Rußland, trotz einer Reihe von gewonnenen Schlachten, am 8. Oktober nicht geschlagen war, das wußten wir inzwischen ganz genau.

Denn im Oktober, so Graf Kielmansegg, veränderte sich etwas Entscheidendes: Die deutsche Vorwärtsbewegung kam im ganzen mittleren Frontbereich zum ersten Mal zum Stillstand. Daten aus jenen Oktobertagen:

Am 7. Oktober Ernennung von Schukow, der zweifellos für den ganzen Verteidigungsbereich Moskau ein hervorragender militärischer Führer war. Am 8. Oktober die erwähnte deutsche Verlautbarung. Ebenfalls am 8. Oktober wurde die Schlacht von Wiasma abgeschlossen. Sinn und Aufgabe dieser Schlacht war es gewesen, die Tür nach Moskau aufzuschlagen. Am 9. Oktober, als wir uns nun — nördlich, südlich und in der Mitte — in Richtung Moskau in Bewegung setzten, fing es an kalt zu werden und zu regnen.

Diese Schlammperiode — die ja in Rußland zweimal, im Frühjahr und im Herbst, eintritt — verhinderte für uns die operative Ausnutzung des Sieges von Wiasma. Ausnutzung hätte bedeutet, wir wären vier Wochen vorher gegenüber einem sehr erschütterten und geschlagenen Feind vor Moskau gewesen. Und das hätte wiederum geheißen, daß bestimmte russische Reserven, die später für die Wende mit ausschlaggebend waren, noch nicht dagewesen wären . . .

Sie wußten aus geographischen Beschreibungen, daß eine Schlammperiode kommen würde.

Dazu muß man sagen, nicht als Entschuldigung, sondern als Tatsache: Sowohl die Schlammperiode im Herbst 1941 wie der Winter 41/42 gehörten klimatisch zu den schlimmsten Ereignissen in Rußland in einer ganzen Reihe von Jahren. Keine Schlammperiode, kein Rußlandwinter nachher sind so gewesen. Die Straßen, sofern es sie im westlichen Sinne überhaupt gab, verschwanden im Schlamm. Kniehoher Schlamm, in dem auch das geländegängigste Kettenfahrzeug steckenblieb. Große Kampfbewegungen waren also nicht mehr möglich. Unser Glück war nur, daß natürlich auch die Russen dadurch gehemmt waren. Aber sie kannten das aus Erfahrung; sie machten zum Beispiel nicht den Fehler, immer den gleichen Radspuren entlang zu fahren. Entscheidend war, daß zu diesem Zeitpunkt die Verlangsamung und der teilweise Stillstand des deutschen Vorgehens begann, und das setzte sich fort. Der »General Schlamm« — im Film wird immer vom »General Winter« gesprochen — war im Spätherbst 1941 der noch wirksamere Verbündete der Russen als später ab Dezember der »General Winter«.

Um ein Beispiel zu geben: Meine Division, die zunächst nicht auf Moskau angesetzt war, sondern nördlich vorgehen sollte, blieb zwei, drei Tage stecken, nachdem der Regen angefangen hatte. Und sie wurde auseinandergezogen auf eine Länge von 300 Kilometer. Die normale Länge einer Division war damals etwa 40 Kilometer.

Wir sprechen über die sowjetische Militärtechnik. Die sowjetische Luftwaffe, so Graf Kielmansegg, habe zwar nicht annähernd die Rolle gespielt, die der Film ihr zuweist; auf dem Boden aber stellte sich den deutschen Truppen ein bedeutender technischer Vorsprung in den Weg: der schon bald legendäre Panzer T 34.

Meine Division, die ja zunächst auf Leningrad vorrückte, hat dort die ersten T 34 gesehen. Sie kamen direkt aus den Fabriken; die allerersten waren zum Teil noch mit Arbeitern und Testfahrern besetzt. Und dann kamen laufend mehr. Das Auftauchen dieses T 34 war eine vollkommene Überraschung. Nicht nur unser Nachrichtendienst, auch kein westlicher Nachrichtendienst hatte zu diesem Zeitpunkt gewußt, daß er gebaut

Der legendäre Panzer T 34 der Sowjets war deutschen Panzern überlegen.

wurde. Der T 34 hatte einen in der Wirkung noch größeren Bruder; ich weiß nicht mehr genau, wie er hieß. Der hatte 52 Tonnen Gewicht und einen für alle damaligen deutschen Waffen mit Ausnahme der 8,8-Flak undurchschlagbaren Panzer. Und er hatte ein 12,5-cm-Geschütz, das es bei keinem anderen Panzer gab, weil man glaubte, das ginge gar nicht. Dieser Riese war faktisch der stärkste Panzer der Welt. Er und der T 34 waren den deutschen Panzern weit überlegen, schon allein in ihren Fahreigenschaften. Dadurch hatten die Russen damals einen waffentechnischen Vorteil, der sich laufend vergrößerte. Und er hatte, wie ich meine, entscheidenden Anteil an dem allmählichen Übergang der Initiative von uns auf die Rote Armee, der mit der Schlacht um Moskau und ihrem Ausgang seinen Anfang genommen hatte. (Rein technisch haben wir auf deutscher Seite bis in den Winter 42/43 hinein gebraucht, bis wir den »Tiger«, und bis zum Sommer 1943, bis wir den »Panther« hatten, mit denen wir qualitativ den Anschluß an die russischen Panzer erreichten. Quantitativ haben wir den Anschluß nie mehr geschafft.)*

* Es handelte sich um die Typen *KW I* und *KW II* mit 8 cm starker Panzerung und ca. 52 Tonnen Gewicht.

Die Hauptstadt Moskau blieb dem deutschen Zugriff verwehrt; so viel war am Ende des ersten Kriegsjahres gegen die Sowjetunion völlig klar.

Und es war schwer vorstellbar, ob man diese Aktion gegen Moskau noch einmal wiederholen konnte, obwohl sich dies dem Beurteilungsvermögen eines Offiziers in einem Divisionsstab entzog. Was die Schlacht um Moskau nun bedeutete? Den Beginn der Wende. Stalingrad war schon der zweite Akt und zugleich der endgültige. Danach ging es ja geradezu zwangsläufig rückwärts. Aber Moskau war die Wende des Krieges. Die Eroberung von Moskau hätte für die deutsche Seite auch psychologisch viel bedeutet. Rußland wäre dann allerdings immer noch nicht geschlagen gewesen. Daß man vor dem Winter mit diesem Krieg nicht zu Ende kommen würde, hatte man gemerkt. Aber jetzt hätte man sich eine Situation gewünscht, die sehr vereinfacht ausgedrückt darin bestand: Das haben wir erreicht, und nun ist Winter, da gehen wir in die warmen Löcher, warten das Frühjahr ab, und dann geht es wieder weiter. Die warmen Löcher hätten bedeutet: Auffrischung, Erholung, keine großen Kampfhandlungen. Und so wäre es wahrscheinlich gewesen, wenn die Schlacht um Moskau zu deutschen Gunsten ausgegangen wäre.

Der allen Plänen und Erwartungen entgegengesetzte Ablauf hatte psychologische Auswirkungen.

Es war das erste Mal in diesem Krieg, daß deutsche Truppen in großem Ausmaß irgendwo geschlagen wurden. Von da ab wurde das Aufrechterhalten dessen, was man damals Moral nannte und heute vielleicht Motivierung, auf der deutschen Seite schwieriger, auf der russischen leichter.

Graf Kielmansegg endet unser Gespräch mit einer bezeichnenden Episode. Bevor seine Division in die Nähe von Moskau kam, seien Gefangene genommen worden, unter ihnen der Kommandeur eines russischen Panzerregiments, den er dann in seinem Divisionsstab selbst verhören wollte. Dieser Oberstleutnant sei für seinen Rang und seine Dienststellung relativ alt gewesen. Denn die meisten russischen Truppenoffiziere seien damals sehr jung gewesen, eine Folge der großen Säuberungen in den Vorkriegsjahren. Der sowjetische Offizier habe ihm dann seinen Lebenslauf geschildert: Geboren vor der Revolution von 1917, Eltern als Bourgeoise von den Kommunisten erschlagen. Heimatlos, wie er gewesen sei, habe er sich in die Armee geflüchtet, obwohl sie »rot« gewesen sei. Er habe dort eine neue Heimat gefunden, sei aber im Zuge der Säuberungen nach Sibirien geschickt worden. Jetzt, angesichts der starken russischen Verluste, habe man ihn wieder gebraucht.

Er war ein sehr kluger, sehr angenehmer Mann. Ich sagte, wenn alles so ist, dann fällt es mir schwer, zu verstehen, daß Sie über Ihre soldatische Pflicht hinaus so gekämpft, sich so eingesetzt haben für Stalin. Er sah mich an und sagte, Herr Major, ich kämpfe nicht für Stalin, ich kämpfe für Rußland. Ich habe das Gefühl, daß die Deutschen das noch nicht gemerkt haben.

Die Belagerung Leningrads

Von Wilhelm Pagels

22. Juni 1941	Die deutschen Truppen dringen in Richtung Leningrad vor. Sie sollen die Stadt innerhalb von vier Wochen erobern und zerstören.
Juli 1941	1 Million Leningrader Bürger bauen Verteidigungsanlagen im Vorfeld der Stadt.
10. August 1941	Die deutschen Truppen haben die Luga-Linie, 200 km südlich von Leningrad erreicht.
Ende August 1941	Leningrad ist von Süden her vom Festland abgeschnitten. Im Norden versperren finnische Truppen den Landweg. Nur über den Ladoga-See kann Nachschub in die Stadt gebracht werden.
4. September 1941	Die Deutschen beginnen, Leningrad mit Artilleriefeuer zu beschießen.
8. bis 10. September 1941	Schwere deutsche Luftangriffe. Die großen Lebensmittellager werden zerstört.
Ende September 1941	Hitler läßt die Panzer der Heeresgruppe Nord auf Moskau schwenken und stellt sich auf eine Belagerung Leningrads ein. Eine Kapitulation wird in einer Weisung des OKW grundsätzlich abgelehnt. Leningrad und seine Bevölkerung sollen vernichtet werden.
Winter 1941/1942	Hunderttausende Leningrader verhungern in der eingeschlossenen Stadt.
Januar 1942	Die Massenevakuierung über das Eis des Ladoga-Sees beginnt.
Mai 1942	Fast eine Million Leningrader ist verhungert. Weitere 900.000 Leningrader können evakuiert werden. Die verbleibenden 1.100.000 Einwohner können durch den Weg über den Ladoga-See versorgt werden.
Sommer 1942	Eine Unterwasserleitung wird verlegt, die Leningrad mit Treibstoff versorgt.
Januar 1943	Am südlichen Ufer des Ladoga-Sees wird eine 15 km breite Zone freigekämpft. Auch die Versorgung auf dem Landweg ist jetzt wieder möglich. Der deutsche Artilleriebeschuß hält weiter an.
27. Januar 1944	Die deutschen Truppen werden endgültig in südlicher Richtung verdrängt. Die Blockade ist beendet.

Leningrad nahm im *Plan Barbarossa* einen wichtigen Platz ein. Als erste sowjetische Großstadt sollte es von deutschen Truppen erobert und dem Erdboden gleichgemacht werden. Zunächst schien auch alles nach Plan zu verlaufen. Schon Anfang August standen die deutschen Truppen 200 km südlich von Leningrad an der *Luga,* einem Fluß, der in ost-westlicher Richtung in den Finnischen Meerbusen fließt. Hitler hatte befohlen, Leningrad innerhalb von vier Wochen einzunehmen. Die Stadt, in der die Oktoberrevolution begonnen hatte, sollte vom Erdboden verschwinden.

Mitte Juli hatte man in Leningrad damit begonnen, Hunderttausende von Männern und Frauen zum Bau von Befestigungsanlagen aufzubieten. In unterschiedlicher Entfernung zur Stadt wurden mehrere konzentrische Verteidigungslinien errichtet. Ende Juli/ Anfang August waren beinahe eine Million Menschen aller Berufs- und Altersgruppen damit beschäftigt, Panzer- und Schützengräben auszuheben, Stacheldrahthindernisse aufzustellen und Feuernester aus Stahl und Beton zu errichten. Zwar war dies alles nur Notbehelf, denn die deutschen Truppen waren hoch überlegen, doch an den Verteidigungslinien konnte der deutsche Vormarsch immer wieder verzögert werden. Erst Ende August standen die Deutschen vor Leningrad. Sie hatten die Stadt von Süden her eingeschlossen und die Eisenbahnverbindungen ins russische Hinterland gekappt. Doch der Versuch, Leningrad im Sturm zu nehmen, scheiterte. Die letzte Verteidigungslinie vor Leningrad hielt stand. Von nun an verlief die Front in den Vororten der Stadt.

Am 4. September 1941 begann die Beschießung Leningrads mit schwerem Artilleriefeuer, und vom 8. bis 10. September flogen die Deutschen schwere Luftangriffe. Die Landenge von Leningrad wurde zum Schauplatz erbitterter Gefechte. In dieser Situation sandte Stalin General Schukow nach Leningrad. Er reorganisierte in nur drei Tagen die Verteidigung von Grund auf und erreichte so eine Stabilisierung der Fronten.

Hitler ließ die Panzerverbände der Heeresgruppe Nord nach Süden zum Angriff auf Moskau schwenken. Ende September, Anfang Oktober 1941 hatten sich die Deutschen auf eine Belagerung Leningrads eingestellt. In einem Befehl des Oberkommandos der Wehrmacht (OKW) vom 29. September 1941 hieß es:

Eine Kapitulation von Leningrad oder später von Moskau (ist) nicht anzunehmen, auch wenn sie später von der Gegenseite angeboten würde . . . Der Führer ist entschlossen,

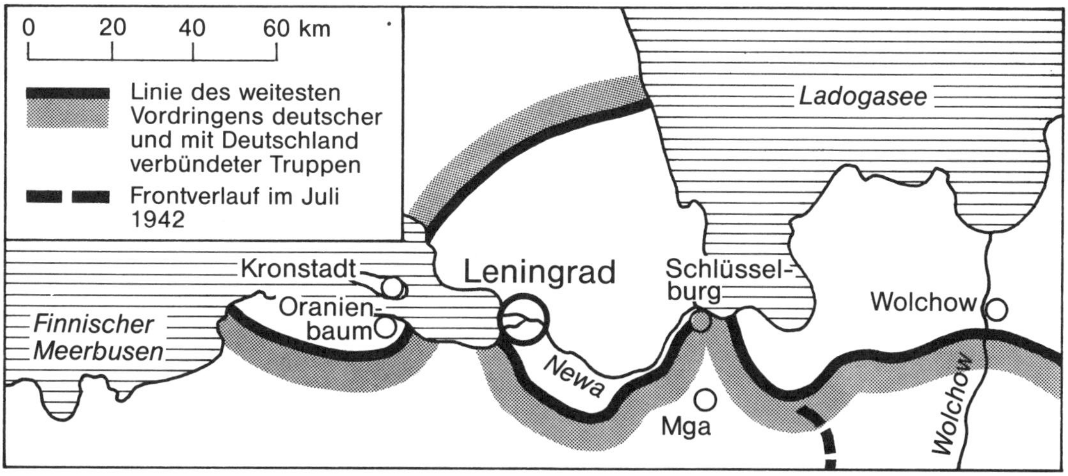

Die Belagerung von Leningrad.

die Stadt Petersburg (Leningrad) vom Erdboden verschwinden zu lassen. Es besteht nach der Niederwerfung Sowjetrußlands keinerlei Interesse an dem Fortbestand dieser Großsiedlung ... Es ist beabsichtigt, die Stadt eng einzuschließen und durch Beschuß mit Artillerie aller Kaliber und laufendem Lufteinsatz dem Erdboden gleichzumachen ... und ihre Bevölkerung zu vernichten ... Sich aus der Lage in der Stadt ergebende Bitten um Übergabe werden abgeschlagen werden, da das Problem des Verbleibens und der Ernährung der Bevölkerung von uns nicht gelöst werden kann und soll. Ein Interesse an der Erhaltung auch nur eines Teiles der Bevölkerung besteht in diesem Existenzkrieg unsererseits nicht.

Am Beispiel von Leningrad wird der verbrecherische Charakter der deutschen Kriegsführung deutlich. Leningrad sollte aber auch zeigen, mit welch unbeugsamem Willen sich die sowjetische Zivilbevölkerung den Eroberern entgegenstellte.

Die unmittelbare Gefahr einer Besetzung Leningrads war zunächst abgewendet, doch die Stadt war vom Festland abgeschnitten. Im Süden standen die Deutschen, im Norden die Finnen, deren Angriff zwar zurückgeschlagen worden war, die aber dennoch den nördlichen Landweg versperrten. In Leningrad wußte man nur zu gut, daß der Seeweg über den Ladoga-See nicht ausreichte, um die innerhalb des Blockaderings lebenden 3.000.000 Menschen zu ernähren. Doch die verzweifelten Versuche, die deutsche Blockade am südlichen Ufer des Ladoga-Sees zu durchbrechen, scheiterten unter großen Verlusten.

Daß sich in Leningrad überhaupt so viele Menschen aufhielten, lag an der mangelnden Voraussicht der Militärs und der Zivilverwaltung. Sie hatten es versäumt, rechtzeitige Evakuierungsmaßnahmen einzuleiten. Erst im Januar 1942 konnte die Massenevakuierung der Zivilbevölkerung über das Eis des Ladoga-Sees beginnen. Zu diesem Zeitpunkt waren jedoch schon Hunderttausende verhungert. Die Lebensmittelvorräte Leningrads reichten nicht aus, zumal die Badejew-Lebensmittellager am 8. September 1941 durch einen deutschen Luftangriff zerstört worden waren.

Bis zum 20. November mußten die Lebensmittelrationen fünfmal herabgesetzt werden. Die Menschen begannen zu verhungern. Es mangelte in Leningrad aber nicht nur an Lebensmitteln, sondern auch an Öl und Kohle. Heizmaterial konnte nur beschafft werden, indem man alle innerhalb des blockierten Gebietes erreichbaren Holzvorräte verfeuerte. Der Gebrauch elektrischen Lichts war seit Oktober nur noch dem Generalstab und den zivilen Verwaltungsgebäuden vorbehalten. Winter 1941/1942 – das hieß für die Leningrader: keine Lebensmittel, keine Heizung, kein Licht. Über den zugefrorenen Ladoga-See wurden zwar in endlosen Lastwagenkolonnen Lebensmittel herbeigeschafft, doch um Leningrad mit Lebensmitteln zu versorgen, hätten dreimal so viele Lastwagen den See überqueren müssen.

Um den nagenden Hunger des Blockadewinters zu lindern, kochten die Leningrader Fladen aus Sägemehl. Als Fett benutzten sie Haaröl, Vaseline, Rizinusöl. Sie kratzten den Kleister von den Tapeten und bereiteten daraus Suppe zu. Die Menschen starben überall, auf den Straßen, in ihren Häusern. Sie fielen einfach um oder schliefen ein und erwachten nicht wieder. Die Krankenhäuser konnten den Sterbenden nicht helfen. Ärzte und Krankenschwestern litten selbst unter dem Hunger, und ihre Patienten brauchten keine Medikamente, sondern Lebensmittel. Im Dezember froren auch noch die Wasserleitungen ein. Mühsam mußte nun das Wasser aus Löchern in der Eisdecke der Newa geholt werden.

Bei 30 Grad Frost fiel im belagerten Leningrad die Strom- und Wasserversorgung aus. Wasser gab es nur noch aus Eislöchern auf dem Fluß Newa.

Die Leningrader hielten auch unter solchen Bedingungen die Ordnung aufrecht. In vielen Schilderungen der Leningrader Blockade wird der folgende Vorfall berichtet:

Eine Granate traf einen Lastwagen und tötete den Fahrer, der gerade Brot an eine Bäckerei ausliefern wollte . . . Die Brotlaibe lagen über das Pflaster verstreut. Man hätte gut plündern können. Doch schlugen die Leute, die sich um das zerstörte Fahrzeug sammelten, Alarm und bewachten das Brot, bis ein anderer Lastwagen kam. Alle diese Menschen waren hungrig, und die Versuchung, einen frisch gebackenen Laib Brot zu ergattern, war fast unwiderstehlich. Und doch wurde kein einziges Stück Brot gestohlen.

Während der Blockade von Leningrad verhungerten etwa 900.000 Menschen, das bedeutet ein Drittel der Bevölkerung. Bisweilen werden noch höhere Zahlen genannt. Niemand führte genau Buch. Als im April 1942 die Stadt aufgeräumt wurde, um im Frühling Seuchen zu verhindern, entdeckte man Tausende von Leichen, die monatelang in Unterständen, in Gräben oder unter Schneehaufen gelegen hatten.

Im Frühjahr 1942 verbesserte sich die Lage der Stadt. Fast eine Million Menschen waren verhungert, fast ebensoviele konnten evakuiert werden. Im April 1942 betrug die Einwohnerzahl Leningrads nur noch 1,1 Millionen. Die Lebensmittel, die jetzt mit Schiffen über den Ladoga-See in die Stadt kamen, reichten aus. Außerdem war eine Ölleitung auf dem Boden des Ladoga-Sees verlegt worden, die die Versorgung Leningrads mit Energie sicherstellte. Doch obwohl die Menschen seit Juni 1942 nicht mehr an Hunger starben, wirkten die Strapazen der Blockade fort.

In der 900 Tage währenden Blockade hatte die Leningrader Bevölkerung ein von den Belagerern sicherlich unerwartet hohes Maß an Geschlossenheit und Verantwortungsgefühl unter Beweis gestellt. Geplagt von Hunger und Kälte, die Zeichen des Todes ständig vor Augen, konnte sie den unbeugsamen Willen zum Widerstand nur bewahren, wenn jeder in Solidarität mit dem anderen lebte. Auf sich allein gestellt, von wirksamer Hilfe von außen lange Zeit abgeschnitten, war diese Haltung eine Voraussetzung dafür, keinen Fußbreit vor dem Gegner zu weichen. In diesem Bewußtsein hatten die Leningrader schon die Verteidigungsgräben rund um ihre Stadt ausgehoben.

Leningrad, das heute von der sowjetischen Bevölkerung »Heldenstadt« genannt wird, ist auch ein Symbol der Oktoberrevolution. Nicht zuletzt deshalb sollte es ebenso wie Moskau fallen. Der Wille, die Stadt zu verteidigen, wurde aber gerade dadurch gefestigt.

Im Zusammenwirken der staatlichen Organe, der kommunistischen Partei, der Massenorganisationen und der Bevölkerung liegt die Erklärung dafür, daß die Durchführung gemeinschaftlicher Aufgaben wie das Verteilen der Lebensmittelrationen, der Zivilschutz, aber auch die Produktion von Waffen und Munition, nie ernsthaft gefährdet war.

Der Selbstbehauptungswille zeigt sich aber auch in anderen Bereichen. Die Theater spielten weiter, Konzerte wurden gegeben, und der Komponist D. Schostakowitsch schrieb in der belagerten Stadt seine Leningrad gewidmete Symphonie und führte sie auch auf.

Auch der Schulunterricht wurde während der Blockade fortgesetzt. Eine sechzehnjährige Schülerin, Luba Tereschenkowa, berichtete im Frühjahr 1942 in einem Aufsatz:

Im Januar und Februar setzte neben der Blockade noch ein schrecklicher Frost ein und half Hitler. Nie zuvor war es kälter als minus 30° gewesen! Unser Unterricht wurde nach dem »Rund-um-den-Ofen«-Prinzip durchgeführt... Man setzte sich und wurde plötzlich von einem herrlichen Gefühl des Wohlseins erfaßt. Die Wärme durchdrang die Haut bis auf die Knochen. Sie machte einen ganz müde und schlaff. Man wollte am liebsten an nichts denken, nur dösen und die Wärme aufnehmen. Es war eine Qual, sich zu erheben und zur Tafel zu gehen... Die Wandtafel war so kalt und dunkel, und die Hand, gefangen im dicken Handschuh, wurde ganz starr und steif und verweigerte den Dienst.

Der Nievsky Prospect in Leningrad während der Beschießung durch deutsche Truppen.

Im Januar 1943 konnten die Truppen der Leningrader Front endlich eine etwa 15 km breite Zone östlich von Schlüsselburg am südlichen Ufer des Ladoga-Sees erobern und so eine Landverbindung in die Stadt herstellen. Zwar stand Leningrad auch jetzt noch im Bereich der deutschen Artillerie, doch die Versorgungslage verbesserte sich so weit, daß die Stadt wieder Einwohner aufnehmen konnte und das Leben sich normalisierte. Erst im Januar 1944 konnten die Deutschen endgültig vor Leningrad vertrieben werden. Die deutschen Verteidigungslinien hielten dem gemeinsamen Ansturm der Leningrader und der Wolchow-Front nicht stand. Am 27. Januar 1944 war die Blockade zu Ende, doch sie lebt bis heute im Bewußtsein der Leningrader fort.

Historisches Stichwort: Harald Brand befragt deutsche Besucher in Leningrad

Es klingt fast ein wenig trotziger Stolz durch, wenn Marina auf den Marmorstufen der mächtigen Isaac-Kathedrale erklärt:

Und sehen Sie, das haben wir alles selbst wieder aufgebaut. Leningrad ist heute genauso schön, wie vor dem brutalen Überfall der Hitler-Faschisten.

Marina ist Führerin des Staatlichen *Intourist*-Büros in Leningrad. Sie hat Leningrad vor der Zerstörung zwar nicht mit eigenen Augen gesehen – sie wurde erst geboren, als der Wiederaufbau der Stadt bereits in vollem Gange war –, aber ihre Eltern, die den Krieg überlebten, haben ihr davon erzählt. Sie betreut deutschsprachige Touristengruppen, vor allem solche aus der Bundesrepublik Deutschland. Bundesdeutsche Touristen stellen neben den Finnen aus dem benachbarten Helsinki den größten Anteil der rund 60.000 Ausländer, die alljährlich das »Venedig des Nordens« besuchen.

Lange Zeit waren Deutsche hier nicht gern gesehen. Inzwischen scheinen die schlimmsten Wunden vernarbt zu sein; seit den sechziger Jahren ist der Touristenstrom aus der Bundesrepublik ständig gestiegen. Die Leningrader begegnen dem Feind von früher ohne Ressentiments.

Die Reisegruppe aus zumeist jüngeren Leuten, unter denen aber auch einige sind, die den Krieg gegen die Sowjetunion noch mitgemacht haben und die zum Teil sogar vor Leningrad lagen, hören Zahlen und Fakten über die 900tägige Belagerung der Stadt:

Sie dauerte von September 1941 bis 27. Januar 1944.

Zerstört wurden:
180 historische Gebäude, wie Kirchen etc.
800 Fabriken,
ein Drittel des Wohnraums der Stadt,
es starben durch unmittelbare Kriegseinwirkung oder durch Hunger über eine Million Menschen.

Ich frage Marina, wie die deutschen Touristen reagieren, wenn sie hier mit der Geschichte konfrontiert werden. Marina:

Die meisten schweigen, sie sagen gar nichts. Manche erzählen, sie wären überhaupt nicht im Krieg gewesen, oder wenn doch, dann in Afrika oder im Westen. Nur einige wenige zeigen wirkliche Betroffenheit. Es gilt vor allem für junge Leute, wenn sie zum erstenmal über das schreckliche Leid hören, das die Deutschen hier angerichtet haben.

Auf die an einen deutschen Reiseleiter gerichtete Frage, ob die von ihm betreuten Touristen in Leningrad Schuldgefühle zeigten, antwortet er:

Bei den jüngeren Leuten finden sich bestimmt keine Schuldgefühle. Es gibt bei ihnen keine Solidarschuld oder etwas ähnliches. Bei den älteren allerdings findet man Betroffenheit, weil sie über all diese Dinge, die hier geschehen sind, so wenig gewußt haben. Wenn ganze Gruppen von alten Frontkämpfern hierher kommen, dann fragen die sich heute natürlich, welchen Sinn es überhaupt hatte, diese Stadt 900 Tage lang zu belagern und zu zerstören.

Ein 65jähriger deutscher Tourist, Amtmann aus einer süddeutschen Stadt, der Leningrad zusammen mit seiner Frau besucht, antwortet auf die Frage, wie die sowjetische Darstellung der Belagerung von Leningrad auf ihn gewirkt habe:

Wir haben es ja zum Teil mitgemacht während des Krieges; wenn ich auch nicht direkt hier war bei der Belagerung. Wir wußten zwar, daß Leningrad 900 Tage lang belagert war, aber vorbereitet auf das, was wir hier sehen und hören würden, waren wir nicht. Schuldgefühle? So sehe ich die Sache nicht. Ich meine, es ist zu bedauern, daß das alles hier passiert ist. Aber was können wir jetzt noch ändern?

Leningrad ist heute zum allergrößten Teil wieder aufgebaut; kaum eines der historischen Gebäude – Glanzstücke russischer Architektur des 18. und 19. Jahrhunderts – hat die Belagerung unbeschädigt überstanden. Man sieht heute noch die Einschlagstellen von Granatsplittern; vieles ist aber restauriert. Einige Schäden hat der Staat bewußt zur Mahnung erhalten. Es gibt in Leningrad rund 200 Gedenkstätten an den Krieg. Straßen und Plätze, die die Namen von Soldaten tragen, die diese Stadt verteidigt haben. So gibt es z. B. die *Straße der Flak-Schützen* und die *Allee der Unbeugsamen.* An manchen Hauswänden kann man heute noch alte Schilder finden mit der Aufschrift: »Bürger, benutzen Sie die andere Straßenseite. Hier sind Sie ein allzu offenes Ziel für die Faschisten.«

Auf der Straße nach Moskau erhebt sich am Ortsausgang von Leningrad ein 48 Meter hoher Obelisk. Er steht inmitten eines durchbrochenen Ringes, der die Blockade symbolisiert. Das Denkmal ist zum 30. Jahrestag des »Sieges über den Faschismus« am 9. Mai 1975 enthüllt worden. Hierhin führt die Jungvermählten Leningrader der erste Weg. Diese jungen Paare kennen zwar den Krieg und die Belagerung nur aus Erzählungen ihrer Eltern und Großeltern; sie haben auch keinen unmittelbaren Haß mehr gegen die Deutschen. Es sei vielmehr gute Tradition, am Hochzeitstag derer zu gedenken, die ihr Leben für das Glück der Nachkommen gaben, die den Frieden, die Freiheit und die Unabhängigkeit verteidigten. Ihr Spruch: Vergeben, aber nicht vergessen. Deutsche Touristen kommen zu diesem Denkmal selten.

Eine knappe Bus-Stunde vom Zentrum Leningrads entfernt liegt Petrodworez, eine der schönsten Sommerresidenzen des russischen Zarenhofes. Auf dem Weg dorthin passiert man die ehemalige Frontlinie um Leningrad. Wo früher die Front verlief, ist heute ein Wanderweg.

Petrodworez – früher Peterhof – war 200 Jahre lang Sommersitz der Zaren. Während der Belagerung wurde es fast völlig zerstört, das große Palais und die Kaskaden gesprengt und verwüstet. Jeden Tag um 11 Uhr werden die wieder aufgebauten Fontänen angestellt: Samson reißt dem Löwen den Rachen auf, aus dem ein 20 Meter hoher Wasserstrahl schießt. Ein viel bewundertes Touristenschauspiel.

Ich frage einen ehemaligen Obergefreiten der 9. Luftwaffen-Feld-Division, der 1941 hier Soldat war, was er heute beim Anblicken dieses Ortes empfindet:

Es ist wieder sehr schön geworden. Die Russen haben alles sehr schnell wieder aufgebaut. Ich bin hier an den Wasserspielen gewesen. Wir lagen mit unserer Division in diesem Kessel, unten in Schlüsselburg. Ein Schuldgefühl habe ich aber nicht. Es war doch Krieg damals. Wir mußten kämpfen, genauso wie jeder russische Soldat. Und die Russen haben genauso heldenhaft gekämpft wie wir auch.

Aber war es nicht unsinnig, diese Stadt 900 Tage lang zu belagern?

Natürlich war das unsinnig. Wir haben ja nicht nur gegen die Russen gekämpft; auch die Winter haben uns sehr zu schaffen gemacht. Deshalb kamen wir damals ja auch nicht weiter. In den ersten Jahren wurde Leningrad jeden Tag bombardiert. Die Stadt hat gebrannt; jeden Tag und jede Nacht. Wir haben das Feuer ständig gesehen. Auf die Einnahme Leningrads konnte nicht verzichtet werden, weil dies auch für uns eine symbolische Stadt war. Es war wichtig, daß die Stadt fiel. Dann wäre praktisch der gesamte nördliche Abschnitt in unserer Hand gewesen. Aber es war schon schwer für uns. Ich war ja ein Freiwilliger, ich hatte mich für 12 Jahre verpflichtet. Wir haben für ein System gekämpft, genauso wie die Russen für ihr System gekämpft haben. Aber ich bin heute froh und glücklich, daß ich zu jeder Zeit hierher kommen kann. Das russische Volk ist sehr gut, ich komme gut mit denen aus.

Haben Sie den Eindruck, daß die russische Bevölkerung vergessen hat?

Die russische Bevölkerung hat vergessen – ich habe mit sehr vielen Leuten gesprochen. Dabei hat diese Stadt ja über 1 Million Menschen allein in der Zivilbevölkerung verloren. Ich gehe jedesmal, wenn ich hier bin, zu den Gedenkstätten und dem Grabmal des Unbekannten Soldaten. Ich besuche auch Gräber von unseren Soldaten.

Im Hinblick auf das Vergessen ist dieser ehemalige Obergefreite sicher im Irrtum. Daß er Friedhöfe der Sowjets besucht, ist wohl eine Ausnahme. Früher gehörte der Piskarjow-Friedhof zu jeder Stadtrundfahrt für ausländische Touristen. Heute verzichten die sowjetischen Gastgeber darauf. Jedem ist es selbst überlassen, ob er die Gedenkstätte aufsuchen will oder nicht. Die meisten wollen nicht.

Auf dem 26 Hektar großen Areal liegen über 500.000 Leningrader begraben – Opfer der Belagerung. 1960 wurde diese Totenstadt als Gedenkstätte eingeweiht. Alljährlich am 9. Mai, dem Tag des Sieges, pilgern Hunderttausende von Leningradern auf den Friedhof, um die Gräber zu pflegen und – wie es russischem Brauch entspricht – auf das Seelenwohl der Toten zu essen und zu trinken. Doch die meisten Toten liegen in Massengräbern, über denen lediglich die Jahreszahlen angebracht sind: 1941, 1942, 1943, 1944.

An der Mauer des Denkmals auf diesem Friedhof steht der Spruch der Dichterin Olga Bergholz:

Nichts und niemand ist vergessen.

Nach Osten – Die Evakuierung der sowjetischen Industrie

Von Wilhelm Pagels

22. Juni 1941	Deutsche Truppen dringen in die Sowjetunion ein und erobern in wenigen Tagen die Industriezentren Minsk und Riga (28. Juni 1941).
24. Juni 1941	Bildung des Rates für die Evakuierung. Seine Aufgabe: Auslagerung der vom Gegner bedrohten industriellen Anlagen in die östlichen Landesteile.
3. Juli 1941	Stalin befiehlt, industrielle Anlagen, die dem Gegner in die Hände fallen könnten, unbrauchbar zu machen. Beispiel: Dnjeprstaudamm.
	Waffenfabriken aus Moskau, Leningrad, Tula werden nach Osten verlagert.
4. Juli 1941	Die deutsche Front nähert sich Leningrad bis zur Luga. Einige kriegswichtige Industrien werden evakuiert. Abbruch der Aktion, nachdem die Eisenbahnlinien durch die Deutschen blockiert werden.
9. August bis 24. Dezember 1941	Demontage der Röhrenfabriken von Dnjepropetrowsk; Verlagerung und Wiederaufnahme der Produktion in Perwuralsk/Ural.
10. Oktober 1941	Die deutschen Truppen stehen wenige Kilometer vor Moskau. Beginn großangelegter Evakuierungsmaßnahmen: Bis Ende November verlassen auf 71.000 Eisenbahnwagen 210.000 Arbeiter mit den Anlagen von 498 Fabriken Moskau.
Juli bis November 1941	Rund 1.500 Fabriken, in ihrer Mehrheit Anlagen der Kriegsindustrie, werden ins Wolgagebiet, in den Ural, nach Westsibirien, Ostsibirien, nach Kasachstan und Zentralasien evakuiert. Dies entspricht ungefähr der Ladung von 1,5 Millionen Eisenbahnwaggons.
	Die Anlagen werden unter zum Teil extremen klimatischen Bedingungen wiederaufgebaut und nehmen nach kürzester Frist die Produktion wieder auf.

Als die deutsche Wehrmacht am 22. Juni 1941 die Sowjetunion überfiel, traf sie auf einen Gegner, der seine Kräfte noch nicht voll entfalten konnte. Dies war auf eine Reihe militärischer, ökonomischer und politischer Faktoren zurückzuführen. Zwar hatte die sowjetische Führung angesichts der drohenden Aggression Maßnahmen in die Wege geleitet, die Rote Armee organisatorisch, personell und materiell besser auf ihre Aufgaben vorzubereiten, zum Zeitpunkt des Überfalls war dieser Prozeß jedoch noch nicht abgeschlossen. So hatte die Ausrüstung der Truppen mit modernen Kampfmitteln wie dem Panzer T 34 gerade erst begonnen. Veraltete Panzer und Flugzeuge, die in Bewaffnung und Kampfeigenschaften den in der Wehrmacht eingeführten Typen unterlegen waren, bildeten das Rückgrat der Roten Armee.

Darüber hinaus verfügte die deutsche Rüstungsindustrie über ein Wirtschafts- und Arbeitskräftepotential, dem die sowjetische Seite noch nichts Ebenbürtiges entgegensetzen konnte. Die Zeitspanne zwischen Abschluß des deutsch-sowjetischen Nichtangriffspaktes und dem Überfall auf die Sowjetunion war zu kurz, um die Industrie angemessen auf die Bedürfnisse der Kriegsführung umzustellen. Schließlich kam erschwerend hinzu, daß Stalin der Illusion erlegen war, durch politische und diplomatische Mittel den Zeitpunkt des erwarteten deutschen Angriffs verzögern zu können. Dies verschloß ihm die Augen vor der sich abzeichnenden Bedrohung am Vorabend des 22. Juni 1941.

Die objektiven Entwicklungsrückstände in kriegswichtigen Bereichen und die konkrete Gefährdung der sowjetischen Industriegebiete westlich des Urals durch die deutsche Wehrmacht machen deutlich, welchen Belastungen die Verteidigungsfähigkeit der Roten Armee ausgesetzt war. In den Wochen und Monaten nach dem 22. Juni stand ihr eine um das vier- bis fünffache überlegene Wehrmacht gegenüber.

Eine rasche Erhöhung der Kriegsproduktion und die Reorganisation der gesamten Kriegsproduktion auf einer neuen Basis konnte nur gewährleistet werden, wenn es gelang, wichtige Industrieanlagen möglichst schnell aus dem europäischen Teil der Sowjetunion weit ins Hinterland zu verlagern, um sie dem Zugriff der deutschen Armeen, aber auch der Luftwaffe zu entziehen.

Welche Bedeutung diese notwendige Maßnahme hatte, zeigen folgende Zahlen: Als die Wehrmacht im November 1941 weite Teile der Sowjetunion erobert hatte, okkupierte sie ein Gebiet, in dem vor dem Krieg rund 40% der Gesamtbevölkerung des Landes lebten und 68% des Roheisens, 58% des Stahls, 60% des Aluminiums, 63% der Kohle gefördert wurden. Die Landwirtschaft dieses Gebietes versorgte vor dem Überfall das Land mit 84% des gesamten Zuckers und mit 38% des Getreides.

Am 24. Juni 1941 wurde der *Rat für die Evakuierung der Industrie* unter dem Vorsitz von N. M. Schwernik gebildet. Der spätere sowjetische Ministerpräsident A. N. Kossygin war sein Stellvertreter. Dieser Rat leitete in der zweiten Jahreshälfte 1941 und Anfang 1942, unterstützt von regionalen Komitees, die Verlegung kriegswichtiger Industrien nach Osten. Diese Operation kann zu Recht als eine der erstaunlichsten organisatorischen Leistungen während des Krieges bezeichnet werden.

In den ersten Kriegstagen waren mit *Riga* und *Minsk* zwei wichtige Industriezentren verlorengegangen. Daneben existierten im Raum Litauen/Lettland, Weißrußland und Westukraine keine weiteren Objekte von besonderer Bedeutung. Alle Anstrengungen der sowjetischen Führung mußten auf die wichtigen Industrieanlagen der Mittel- und Ostukraine – *Charkow, Dnjepropetrowsk, Kriwoi Rog, Mariupol, Nikopol,* das *Donezbecken* – und auf Moskau und Leningrad gerichtet sein. Man durfte es nicht darauf ankommen lassen, die industriellen Kapazitäten dieser Regionen in die Hände des Gegners fallen zu lassen. So rollten ab Juli 1941 Hunderttausende von Eisenbahnwaggons mit demontierten Werksanlagen nach dem Ural, dem Wolgagebiet, Sibirien und Zentralasien. Je nach den Bedingungen der neuen Standorte wurden die evakuierten

Unternehmen mit ortsansässigen verschmolzen oder auf verschiedene Standorte verteilt.

Die neu entstandene Situation nach dem Überfall machte es natürlich nötig, eine Reihe von Industrien auf Kriegsproduktion umzustellen. So stellten die Gorkij-Automobilwerke jetzt Panzermotoren her. Die Tscheljabinsker Traktorenfabrik verschmolz mit den evakuierten Charkower Dieselmotorenfabriken und Teilen der Leningrader Kirow-Werke zum Großbetrieb »Tankograd«, der Produktionsstätte verschiedener sowjetischer Panzertypen.

Ende 1941 war die Verlagerung der Werksanlagen abgeschlossen. Jede auch noch so zügige Evakuierung von Industrien und Menschen bedeutet jedoch einen zeitweiligen Produktionsstopp. So war es unvermeidlich, daß insgesamt gesehen die Produktionsziffern in der zweiten Jahreshälfte 1941 absanken und trotz gewaltiger Anstrengungen im Panzer- und Flugzeugbau die Rote Armee bis zum Frühsommer 1942 unter einem erheblichen Mangel an Ausrüstung litt. Dies hatte aber noch andere Ursachen als nur organisatorische.

Die Evakuierung der Industrie, besonders aus Weißrußland, stand nicht nur unter einem erheblichen Zeitdruck, sondern wurde zusätzlich durch gegnerische Luftangriffe gefährdet. Da der »Marsch nach Osten« hauptsächlich auf der Schiene verlief, entstanden zwangsläufig auch Staus an den Hauptknotenpunkten.

Außerdem setzte die Wiederaufnahme der Produktion an den neuen Standorten häufig die Erschließung neuer Rohstoffquellen voraus. Waren vor dem Kriege Kohle, Stahl, Mangan im Donezbecken, in der östlichen Ukraine oder um Nikopol gefördert worden, so mußten nach dem Verlust dieser Regionen erst einmal neue Gruben im Ural, in Kasachstan, im Kusbas oder in Karaganda angelegt werden. Bodenbeschaffenheit und extreme klimatische Bedingungen setzten dieser Arbeit oft natürliche Grenzen.

Ein besonderes Problem entstand dadurch, daß im Verlauf des Jahres 1941 ein erheblicher Arbeitskräftemangel entstand, und dies sowohl in der Industrie als auch in der Landwirtschaft. Anfang 1941 arbeiteten 31,5 Millionen Menschen in der Industrie. Diese Zahl war im November des gleichen Jahres auf 18,5 Millionen gesunken. Aus den unterschiedlichsten Gründen mußten Industriezweige ihre Produktion im Osten mit nur 50% bis 60% der ursprünglichen Belegschaft aufnehmen. Da die männliche Bevölkerung in der Regel zur Armee eingezogen war, wurden die verwaisten Arbeitsplätze immer mehr von Frauen, aber auch von Kindern und Alten eingenommen.

Die Geschichte der Evakuierung der sowjetischen Industrie, der rund 10 Millionen Menschen folgten, ist aber vor allem die Geschichte einer fast unvergleichlichen menschlichen Opferbereitschaft. Männer und Frauen, die oft körperliche Arbeit nicht gewohnt waren, arbeiteten in extremer Kälte nicht selten 12 bis 15 Stunden am Tag. Viele mußten kilometerlange Fußmärsche auf sich nehmen, um die Arbeitsstätte zu erreichen. Berichte wie folgender aus der *Prawda* vom 18. September 1942 standen in jenen Tagen in vielen Zeitungen:

Es war bereits Winter, als Swerdlowski die Anweisung des Genossen Stalin erhielt, für eine aus dem Süden evakuierte Fabrik zwei Gebäude zu errichten. Die Züge mit den Maschinen und den Arbeitern waren unterwegs. Die Rüstungsfabrik hatte in ihrem neuen Heim die Produktion aufzunehmen – und zwar in nicht mehr als zwei Wochen. Vierzehn Tage, und keine Stunde mehr! Damals erschienen die Leute des Ural mit

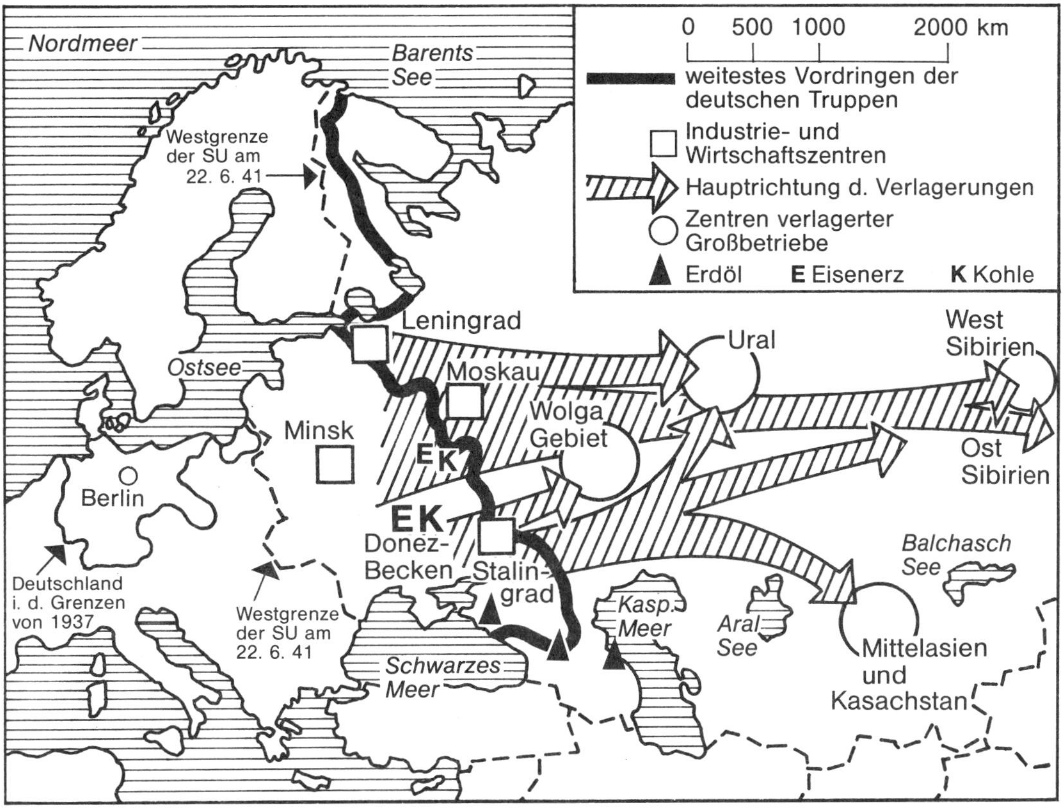

Die Verlagerung der sowjetischen Industrie nach Osten.

Schaufeln, Eisenstangen und Spitzhacken: Studenten, Büroangestellte, Buchhalter, Kaufleute, Hausfrauen, Künstler, Lehrer. Die Erde war wie Stein, hartgefroren von unserem strengen sibirischen Frost. Äxte und Spitzhacken konnten den steinernen Boden nicht aufbrechen. Im Lichte von Bogenlampen versuchten die Leute jede Nacht, dem hartgefrorenen Boden beizukommen. Sie sprengten die Steine und die gefrorene Erde und legten die Fundamente . . . Ihre Füße und Hände waren vom Frost geschwollen, aber sie blieben an der Arbeit. Über die Karten und Pläne, die auf den Pappkisten ausgebreitet lagen, fegte der Schneesturm. Hunderte von Lastwagen rollten unentwegt mit Baumaterial heran. Am zwölften Tag zogen die Maschinen, eisüberzogen, in die neuen Gebäude mit ihren Glasdächern ein. Feuer wurde angezündet, um die Maschinen vom Eis zu befreien . . . Zwei Tage später nahm die Fabrik die Produktion auf.

Auch an dieser »Front« starben viele Menschen. Unterernährt, in elenden Wohnverhältnissen lebend, hielten sie den Strapazen nicht stand. Sie und die Überlebenden zeugen jedoch von dem Willen der Zivilbevölkerung, ebenso wie die Soldaten der Roten Armee, ihren Beitrag zur Befreiung ihres Landes zu leisten.

A. N. Kossygin, einer der Organisatoren der Evakuierung und später Ministerpräsident der UdSSR, erinnert an sie mit folgenden Worten:

Unser Hinterland lieferte . . . den Hauptanteil aller Arten von Waffen und Munition für den

Sieg – mehr als 95%. Damit schmälern wir nicht unsere Achtung vor unseren Verbündeten, die uns in den Kriegszeiten mit Waffen und Munition geholfen haben. Aber in unseren Herzen leben vor allem die Menschen des sowjetischen Hinterlandes und die Erinnerung an ihre unvergeßlichen Taten weiter. Sie, die sich im Sommer 1941 als schier endloser Strom von Menschen aus den westlichen Gebieten der Sowjetunion nach Osten bewegten, und mit ihnen Lebensmittel und die Ausrüstungen tausender Werke.

Historisches Stichwort: Richard Lorenz über die Evakuierung der sowjetischen Rüstungsindustrie

Obwohl der Industrialisierungsprozeß in der Sowjetunion seit den 30er Jahren zum Teil auch die östlichen Landesgebiete erfaßt hatte, lagen 1941 die wichtigsten Industriezentren immer noch im Westen. Nach wie vor befanden sich auch die meisten Rüstungsbetriebe im Zentrum, im Nordwesten und im Süden der europäischen Sowjetunion. Die zentralen Gebiete lieferten mehr als drei Viertel der Kampfflugzeuge, Leningrad und Charkow fast alle Panzer, und Tula war die Produktionsbasis für Schützenwaffen. Alle diese Städte und Gebiete waren durch den raschen deutschen Vormarsch sehr gefährdet.

Die Verlagerung von etwa 1.500 kompletten Industriebetrieben, die mehr als 1,5 Millionen Eisenbahnwaggons füllte, ist eine organisatorische Leistung, wie sie bis dahin kein anderer Staat vollbracht hat.

Aber diese Verlagerung hatte auch Konsequenzen, die über die Rettung und Erhaltung der Rüstungsindustrie – sie wird im vorangegangenen Abschnitt beschrieben – weit hinausging. Zum einen gehörte zum Verlagerungskonzept die Zerstörung von Anlagen, die nicht nach Osten transportiert werden konnten. Diese Tatsache ist nicht zu vergessen, wenn das Ausmaß der Zerstörung in den von deutschen Truppen besetzten Gebieten beziffert wird. Zum anderen war Bestandteil des Konzepts, daß die umquartierten Menschen in ihre alte Heimat nicht wieder zurückkehren sollten.

Zu diesen beiden Gesichtspunkten im einzelnen:

Den sowjetischen Organisationen gelang es nicht, sämtliche wirtschaftlichen Werte vor den rasch vorrückenden deutschen Truppen in Sicherheit zu bringen. Soweit sich ein rechtzeitiger Abtransport als unmöglich erwies, wurden Produktionsanlagen, Eisenbahnlinien, Rohstoffe, Vorräte und Nahrungsmittel vernichtet. Unter allen Umständen wollte man verhindern, daß die eigenen Ressourcen zur Stärkung der deutschen Wirtschaftskraft genutzt wurden. So arbeiteten etwa sowjetische Gelehrte ein spezielles System zur Vernichtung von Getreidekulturen aus. Besondere Sprengkommandos waren im Einsatz, um zurückgelassene Produktionsnanlagen unbrauchbar zu machen. Sie zerstörten auch einen Teil des riesigen Dnjepr-Wasserkraftwerks sowie Werke und Fabriken im Donez-Becken. In einem deutschen Bericht über ein in diesem Gebiet befindliches Steinkohlenkombinat vom November 1941 heißt es:

Es gibt keinen Betrieb, in dem nicht umfangreiche Sprengungen an allen Teilen durchgeführt oder wenigstens angelegt worden sind. Die Schachtgerüste, Hängebänke, Wagenumläufe und Verladungen, die Fördermaschinen, Schaltanlagen, Kesselhäuser, Turbinen, der größte Teil der Ventilatoren usw. sind durch Sprengungen der Maschinen oder Gebäude auf jeder einzelnen Schachtanlage zum allergrößten Teil unbrauchbar ge-

macht. Ein Teil der Tagesgebäude ist durch Brand zerstört. Die Werkstätten auf den Zechen sind vernichtet. Elektrischer Strom und Wasser sind nicht vorhanden. Die Schienenstränge sind auf weiten Strecken abgebaut oder die Köpfe und Mittelstücke der Schienen gesprengt. Die wenigen aufgefundenen Lokomotiven und Waggons sind von der Truppe beschlagnahmt. Es gibt somit keine einzige Zeche, die unmittelbar – selbst bei Vorhandensein von Energie – betriebsfähig wäre. (Bericht Nr. 2 des Sonderbeauftragten für Bergbau der Wirtschaftsinspektion Süd . . . vom 13.11.1941)

So fanden die deutschen Truppen in den eroberten Industriegebieten in der Regel nur Trümmer vor. Wenn einzelne Werke und Fabriken erhalten geblieben waren, fehlten meist schwer ersetzbare Ausrüstungsgegenstände, so daß auch hier die Produktion de facto lahmgelegt war. Soweit es während des Krieges gelang, bestimmte Betriebe wieder in Gang zu setzen, war der Effekt gering. Die Arbeit der unterernährten Bevölkerung und der terrorisierten Kriegsgefangenen gab wenig her; häufig verhinderten Arbeitsverweigerungen und Sabotageakte einen normalen Produktionsablauf.

Die Inbetriebnahme der evakuierten Industrien in den sowjetischen Ostgebieten stieß auf große Schwierigkeiten. Es fehlte an Werkgelände und Infrastruktur, an Roh- und Brennstoffen sowie Elektroenergie, vor allem aber an qualifizierten Arbeitskräften, da in der Regel nur ein Teil der ehemaligen Belegschaft zur Verfügung stand.

Bei der Umsiedlung von Menschen gelangten in erheblichem Maße auch Zwangsmittel zur Anwendung. Nach Beginn des Krieges hatte die sowjetische Regierung ein verschärftes Arbeitsregime eingeführt. Alle Werke und Fabriken der Rüstungsindustrie sowie ihre Zulieferfirmen waren einer militärischen Ordnung unterstellt; eigenmächtiges Verlassen des Arbeitsplatzes galt als Fahnenflucht, die von Militärgerichten geahndet wurde. Niemand konnte sich der Arbeitsverpflichtung in die östliche Rüstungsindustrie entziehen. Die katastrophalen Lebensbedingungen bewirkten jedoch, daß viele Arbeiter in ihre Heimatorte zurückströmten, nachdem sie von der Roten Armee zurückerobert worden waren. Die sowjetische Presse kritisierte solche spontanen Rückwanderungen und wies immer wieder darauf hin, daß die meisten ausgelagerten Betriebe auch nach dem Kriege an ihrem neuen Standort bleiben würden. Im Leitartikel der *Prawda* vom 7. September 1944 heißt es hierzu:

Nach dem Uralgebiet, nach Sibirien, nach Mittelasien sind Betriebe mit einer bedeutenden Anzahl von Arbeitern, Ingenieuren und Technikern evakuiert worden. Diese Betriebe bleiben im Osten. Die Menschen sind nicht für ein oder zwei Tage dorthin gekommen. Der Drang der Moskauer und Leningrader, der Charkower und Odessaer in ihre Heimatorte ist wohl verständlich. Aber die Interessen des sozialistischen Staates verlangen die Erhaltung der evakuierten Betriebe im Osten.

Ob es allerdings gelingen würde, die Arbeiterschaft auch künftig in den Ostgebieten festzuhalten, hing im wesentlichen davon ab, inwieweit hier die Arbeits- und Lebensbedingungen verbessert werden konnten.

Mit der Inbetriebnahme der evakuierten Technik ging ein umfangreicher industrieller Neubau einher, der während des ganzen Krieges hindurch systematisch fortgesetzt wurde und die wirtschaftliche Erschließung der östlichen Landesteile sprunghaft voranbrachte. Zwar waren hier auch schon früher eine ganze Reihe großer Werke und Fabriken entstanden. Bereits Anfang der 30er Jahre hatte man einen riesigen Industriekomplex – das Ural-Kusnezk-Kombinat – gebaut, das auf der Verbindung der ausgedehnten Kohlefelder im westsibirischen Kusnezk-Becken mit den Eisenerzvorkommen des Ural basierte. Ende der 30er Jahre war die Erdölförderung zwischen Wolga und Ural in Angriff genommen worden. An der Wolga, im Ural und in Sibirien waren auch Rüstungsbetriebe entstanden, die hier vor jedem feindlichen Luftangriff geschützt lagen. Selbst im Fernen Osten hatte man eine kleinere Rüstungsbasis aufgebaut, die die dort stationierten Streitkräfte im Falle eines Krieges mit Japan mit Waffen und technischen Kampfmitteln versorgen sollte.

Die neuen Hüttenwerke, Maschinenbaubetriebe, Kraftwerke und Rüstungsfabriken wurden – trotz katastrophaler Arbeits- und Lebensbedingungen – meist in Rekordzeit, oft zwei- bis dreimal so rasch wie vor dem Kriege gebaut und in Gang gesetzt. So errichteten beispielsweise die Arbeiter von Magnitogorsk während des strengen Uralwinters innerhalb von vier Monaten den größten Hochofen Europas. Insgesamt entstanden von 1942 bis 1944 im Osten der UdSSR 2.250 neue Großbetriebe.

Der forcierte Ausbau der östlichen Industrie- und Rüstungsbasis ermöglichte es, die benötigten Roheisensorten, Qualitätsstähle, Hartmetalle, Panzerplatten und andere militärische Güter bald in genügenden Mengen zu erzeugen. Durch die Einführung neuer Techniken konnte die industrielle Leistungsfähigkeit erheblich gesteigert werden. So wurden Spezialstähle, für deren Herstellung man früher Elektroöfen benötigt hatte, nun in gewöhnlichen Martinöfen erzeugt. Es gelang, auf einfachen Walzstraßen Panzerplatten und anderes Walzgut für militärische Zwecke herzustellen. Zum ersten Mal wurden in Hochöfen Ferrochrom und weitere Ferrolegierungen, Spiegeleisen, Nickelroheisen und andere Gußeisenlegierungen gewonnen. Außerdem ging man dazu über, den Panzerbau auf das Fließband zu übernehmen, und das automatische Schweißen löste das Schweißen von Hand ab. Die einzelnen Panzerteile wurden nicht mehr gegossen und geschnitten, sondern durch Pressen und Wärmebehandlung mit Hilfe von Hochfrequenzströmen hergestellt. Sogar relativ komplizierte Teile wie Panzertürme wurden nun gepreßt, was ein ganz neues technisches Verfahren bedeutete. Die Qualität der produzierten Ausrüstungen und Waffen konnte von Jahr zu Jahr erhöht werden.

Das kriegswirtschaftliche Potential der sowjetischen Ostgebiete nahm auf diese Weise rasch zu. Während im Sommer 1941 hier nicht einmal ein Fünftel der sowjetischen Rüstungsbetriebe gelegen hatte, lieferten diese Betriebe ein Jahr später bereits mehr als drei Viertel des gesamten Kriegsmaterials. In den folgenden Jahren wurde dieser Anteil noch erheblich gesteigert. Obwohl sich ein so wichtiges Industriezentrum wie die Ukraine in feindlichen Händen befand, produzierte die sowjetische Industrie mehr technische Kampfmittel als die deutsche.

Moderne Panzer und Flugzeuge hat die Sowjetunion erst 1940 in Serie zu produzieren begonnen. Bis zum deutschen Überfall war also kaum Zeit für eine ausreichende Ausrüstung der Roten Armee geblieben. Abgesehen von diesem mehr quantitativen Nachteil hatte die sowjetische Rüstungsindustrie einen technischen Standard, den die Deutschen unterschätzten.

Im *Flugzeugbau* gingen 1940 die Jagdflugzeuge *Jak 1* und *MiG 3* und das Kampfflugzeug *Pe 2* in Serie. 1941 kam die *Iljuschin 2* hinzu, die deutschen Flugzeugen durch ihre Panzerung überlegen war, die sie gegen MG- und leichtes Flak-Feuer schützte. Durch neue Motoren war es gelungen, Geschwindigkeit, Reichweite und Steigfähigkeit der Kampfflugzeuge zu erhöhen. Bis Kriegsbeginn wurden von diesen Flugzeugtypen etwa 2.800 Maschinen fertiggestellt. Rund 2.000 wurden in den ersten Kriegstagen – zumeist am Boden – zerstört.

Einen besonders hohen Stand hatte die Fertigungstechnik von *Panzern.* Während es den sowjetischen Streitkräften nie gelang, eine wirkliche Luftüberlegenheit zu erringen, waren sie den deutschen Truppen mit ihren Panzern an Zahl und Qualität relativ bald überlegen.

1940 waren die schweren Panzer des Typs *KW I* und *KW II* sowie der mittelschwere *T 34* in Serie gegangen. Während von diesen Typen 1940 nur insgesamt 358 Stück hergestellt wurden, waren es im Kriegsjahr 1941 bereits 1.503 Panzer. Nach Plan hätten sie bereits 1940 produziert werden sollen. Dies ist um so erstaunlicher, als in dieses Jahr die Verlagerung der Fabriken nach Osten fällt. Der *T 34* war den deutschen Panzern überlegen. Er hatte einen sparsamen 500-PS-Dieselmotor, war trotz 26 t Gewicht über 50 km/h schnell, hatte eine Reichweite von 300 bis 450 km, eine 7,62-cm-Langrohrkanone, starke Panzerung und eine geschoßabweisende Form. Sein Einsatz traf die deutschen Truppen unvorbereitet; denn gegen den T 34 vermochte die deutsche 3,7-cm-Panzerabwehr-Kanone nichts auszurichten.

Auch die *Artillerie- und Schützenwaffen* waren schon vor dem deutschen Angriff modernisiert worden. Vor allem arbeitete man an der Entwicklung einer besonders effektiven Raketenartillerie, über die damals noch keine Armee verfügte. Das erste Modell einer Raketenanlage, die *BM-13,* ist später von den sowjetischen Soldaten *Katjuscha* und von den deutschen *Stalinorgel* genannt worden. Sie bestand aus einem auf Lastwagen montierten und schwenkbaren Paket von 32 oder 36 Schienen, von denen gleichzeitig dieselbe Zahl von Raketen abgeschossen werden konnten.

Insgesamt waren die sowjetischen Streitkräfte im Juni 1941 noch überwiegend mit einer veralteten Kampftechnik ausgerüstet. Die Luftstreitkräfte verfügten nur zu einem geringen Teil über moderne Maschinen; die Panzertruppen hatten gerade mit der Umrüstung begonnen; und die Raketenwerfer lagen erst in einzelnen Versuchsmodellen vor.

Während des gesamten Krieges lieferte die sowjetische Rüstungsindustrie der Front insgesamt 445.700 Geschütze, 136.000 Flugzeuge sowie 102.400 Panzer und Selbstfahrlafetten. Hinzu kamen 9.600 Geschütze, 18.700 Flugzeuge, 10.800 Panzer sowie vieles andere Kriegsmaterial aus den USA und Großbritannien.

Die berühmten russischen *Stalinorgeln.*

Die Verteidigung von Stalingrad

Von Wilhelm Pagels

3. Januar 1942	Hitler erklärt dem japanischen Botschafter Oshima in Berlin, er wolle »die Offensive in Richtung Kaukasus wiederaufnehmen« und betont, daß ein Angriff im Süden der Sowjetunion die wichtigste Aufgabe des Jahres sei, »um an das Öl und an den Iran und Irak heranzukommen«.
5. April 1942	Weisung Nr. 41 des OKW: Der Angriff im Süden soll »die den Sowjets noch verbliebene lebendige Wehrkraft endgültig vernichten und ihnen die wichtigsten kriegswirtschaftlichen Kraftquellen soweit als möglich entziehen.«
20. Mai 1942	Eroberung der Halbinsel Kertsch durch die 11. Armee. Am 4. Juli wird die Festung Sewastopol nach langen schweren Kämpfen eingenommen.
23. Mai 1942	Einkesselung dreier angreifender sowjetischer Armeen im Raum Charkow.
28. Juni 1942	Beginn der deutschen Großoffensive. Die sowjetischen Armeen ziehen sich unter hinhaltendem Widerstand zurück.
24. Juli 1942	Rostow wird von den Sowjets geräumt. Es gibt auch hier keine vernichtende Kesselschlacht.
25. Juli 1942	Deutscher Angriff in Richtung Kaukasus.
31. Juli 1942	Abschwenken der 4. deutschen Panzerarmee aus der Kaukasusfront. Sie soll nun den Angriff auf Stalingrad unterstützen.
19. August 1942	Hauptangriff auf Stalingrad.
23. August 1942	Durchstoß zur Wolga nördlich der Stadt bei Rynok. Schwerste Luftangriffe auf Stalingrad.
13. September 1942	Erneuter Großangriff auf die von den Sowjets erbittert verteidigte Stadt.
14. Oktober 1942	Eine Kampfgruppe der 6. Armee erreicht im Stadtgebiet die Wolga. Die sowjetische Verteidigung ist gespalten und auf einen 200 bis 300 Meter breiten Streifen zusammengepreßt. Doch die Offensivkraft der Deutschen ist endgültig erschöpft.

Der deutsche »Blitzkrieg« war vor Moskau gescheitert. An die Möglichkeit eines Sieges über die Sowjetunion glaubte man aber immer noch. Die Grundlagen dieses Sieges sollte die Heeresgruppe Süd im Sommerfeldzug 1942 schaffen. In der *Weisung Nr. 41* des Oberkommandos der Wehrmacht (OKW) wurde am 5. April 1942 die Großoffensive am Südabschnitt der deutsch-sowjetischen Front zur Hauptaufgabe des zweiten Kriegssommers erklärt.

Zur unteren Wolga auf Stalingrad vorstoßend sollte die auf fast 70 Divisionen verstärkte *Heeresgruppe Süd* die Verteidigungskräfte der Roten Armee in Umfassungsschlachten vernichten. Damit wäre der Weg frei gewesen zu den Erdölfeldern des Kaukasus und zu den Bodenschätzen des Donezbeckens. Der Sieg im Süden könnte – so hoffte man – noch einmal das Tor aufstoßen in das Herz der Sowjetunion, das vor Moskau und Leningrad versperrt worden war. Der erhoffte Sieg sollte den Weg ebnen zum mittleren Osten, die Türkei an die Seite Deutschlands bringen und langfristig die Möglichkeit einer Landverbindung mit dem fernen Bündnispartner Japan eröffnen.

Die Stärke der deutschen Wehrmacht und ihrer Verbündeten entsprach von Anfang an nicht diesen weitgesteckten strategischen Zielen. Bedenken in dieser Hinsicht wurden jedoch mit dem Hinweis auf die überlegene deutsche Führungskunst weggewischt. An die Stelle realistischer Einschätzungen trat Wunschdenken. Die Planung des OKW für den Sommerfeldzug 1942 ging davon aus, ». . . daß der Russe die äußersten Anstrengungen gemacht und einen wesentlichen Teil seiner verfügbaren Kräfte bereits verbraucht habe«. Wie schon im Sommer 1941, wurden die wirtschaftlichen und militärischen Reserven der UdSSR weit unterschätzt. Der Feldzug mußte so zum Fiasko werden.

Nach der *Weisung Nr. 41* sollten im Frühling 1942 die »Vorbedingungen für die Hauptoperation« geschaffen werden. In Teilangriffen war die strategische Initiative im Süden zu erkämpfen.

Dies gelang vor allem im Gegenzug zu der mit zu geringen Kräften geführten Offensive der sowjetischen Südwestfront bei *Charkow.* Am 23. Mai waren drei sowjetische Armeen eingekesselt worden. Nur mit Mühe konnten Teile von ihnen die deutsche Umklammerung wieder durchbrechen. In der Gegenoffensive eroberten die Deutschen günstige Ausgangspositionen für den geplanten Sommerfeldzug. Ganz im Süden der deutsch-sowjetischen Front konnte am 20. Mai die Schwarzmeer-Halbinsel Kertsch genommen werden. Am 4. Juli gaben die letzten sowjetischen Verteidiger die Stadt und Festung Sewastopol nach 250tägigen Kämpfen auf. Zur Einnahme der Stadt mußten die Deutschen allerdings eine ganze Armee einsetzen. Auch diese Siege auf der Krim hatten die deutsche Ausgangsposition für die große Offensive des Sommers 1942 erheblich verbessert.

Am 28. Juni 1942 – fast genau ein Jahr nach dem Überfall auf die Sowjetunion – traten die Soldaten der 2. und 6. Armee sowie der 4. Panzerarmee der Heeresgruppe Süd zu dieser Großoffensive an. Sie wurden unterstützt durch die 2. Armee des verbündeten faschistischen Rumänien.

Der Angriff kam anfangs zügig voran. Halder notierte am 3. Juli in sein Kriegstagebuch: »Gesamtverlauf recht befriedigend«. Tatsächlich wurde am 5. Juli bei *Woronesch* der Don erreicht, am 24. Juli *Rostow* erneut eingenommen, das bei der sowjetischen Gegenoffensive im Winter hatte aufgegeben werden müssen. Am 9. August fielen an der Kaukasusfront *Krasnodar* und *Maikop* mit seinen Erdölquellen in deutsche Hand.

Doch das Hauptziel dieser Phase des Feldzuges, die Vernichtung der Masse der sowjetischen Truppen, konnte nicht erreicht werden. Immer wieder entzogen sich die sowjetischen Soldaten unter hinhaltendem Widerstand den Umfassungsversuchen der deutschen Armeen. Die Deutschen liefen ihren eigenen Kesselschlachten hinterher, ohne die Sowjets entscheidend schlagen zu können. Der komplizierte Plan des gesamten Feldzuges geriet durcheinander.

Die deutsche Führung reagierte in weitgehender Unterschätzung der gegnerischen Möglichkeiten immer hektischer. Am 23. Juli wurde in der *Weisung Nr. 45* befohlen, daß entgegen der ursprünglichen Planung, zuerst Stalingrad und dann den Kaukasus zu erobern, nun beide Aufgaben gleichzeitig gelöst werden sollten. Die Heeresgruppe B sollte mit der 6. Armee die Wolgametropole erobern, die Heeresgruppe A den Kaukasus besetzen und auf das Erdölgebiet von *Baku* vorstoßen. Damit setzte der endgültige Plan des Sommerfeldzuges alles auf eine Karte. Einsatz in diesem »Spiel« der Generäle war das Leben von Hunderttausenden von Soldaten.

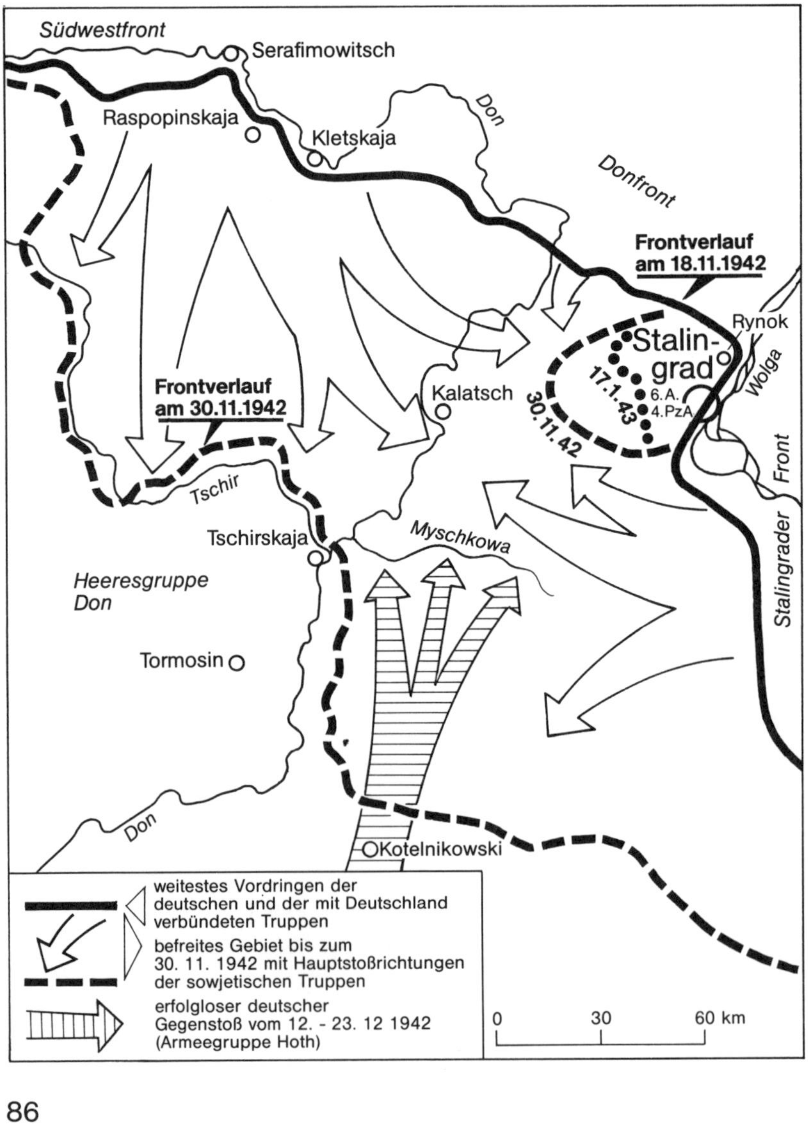

Die Schlacht um Stalingrad.

Nach anfänglichen Erfolgen wurde der Vormarsch der 6. Armee auf Stalingrad immer langsamer. Auch im Kaukasus kam der Angriff gegen den hinhaltenden Widerstand der Sowjets nicht recht voran. Die deutsche Führung zog daraufhin die 4. Panzerarmee aus dem Kaukasus ab und ließ sie am 31. Juli in Richtung Stalingrad angreifen. Die Stadt sollte um jeden Preis genommen werden.

Für beide Seiten – Angreifer wie Angegriffene – wurde Stalingrad nun zum Dreh- und Angelpunkt des Krieges im Jahr 1942. Die Bevölkerung der Riesenstadt baute die Wolgametropole zur Festung aus. Stalin hatte am 28. Juli seinen Soldaten befohlen: »Keinen Schritt zurück!«

Es entbrannte die Schlacht an der Wolga. Die deutsche Hoffnung, Stalingrad im schnellen Vorstoß aus der Bewegung heraus nehmen zu können, erwies sich als haltlose Wunschvorstellung. Um die restlichen 50 bis 70 Kilometer, die sie noch von der Stadt trennten, zu überwinden, benötigte die Heeresgruppe B einen ganzen Monat. Erst Mitte August standen die Soldaten der 6. Armee nach schweren Kämpfen endlich vor den äußeren Verteidigungsanlagen der Stadt. Am 19. August mußten sie erneut zum Angriff antreten. Nach erbitterten Kämpfen sahen die Fahrer des Panzerkorps der Armee bei *Rynok* nördlich von Stalingrad durch ihre Sehschlitze die Wolga vor sich. Als Ende August auch am südlichen Stadtrand deutsche Panzer in Stellung gehen konnten, entstand für die sowjetischen Verteidiger eine äußerst bedrohliche Situation. Die im westlichen Vorfeld der Stadt kämpfenden Verbände der 62. und 64. Armee mußten sich, um der deutschen Umfassung zu entgehen, auf die Stadt zurückziehen. Die Deutschen waren vor Stalingrad nun nur noch 3 bis 5 km von der Wolga und damit dem Sieg entfernt.

Beide Seiten warfen jetzt alle Reserven in den Kampf. Am 13. September gelang es den Soldaten der 6. Armee, in die Stadt einzudringen. Dieser Großangriff, der bis zum Ende des Monats dauerte, wurde zum Kampf um jedes Haus, jeden Keller, jeden Meter Boden. Die Verluste auf beiden Seiten waren grauenhaft. Von Mitte August bis Mitte September hatte die 6. Armee fast 50.000 Mann verloren. Jetzt fielen noch mehr. Auf der Gegenseite starben kaum weniger.

Während die deutschen Soldaten in den Mauerresten Stalingrads verbluteten, verkündete der *Völkische Beobachter:*

Die Festung der Bolschewiken zu Füßen des Führers! Stalingrad vor dem Fall! Die Stadt durchlebt ihre letzten Stunden!

Anfang Oktober ging das deutsche Oberkommando dazu über, die sowjetische Verteidigung in einzelnen begrenzten Stoßunternehmen zurückzudrängen. Am 14. Oktober konnte die Wolga an einer weiteren Stelle erreicht werden. Die Verteidigung der Stadt war in diesem letzten Anlauf gespalten und auf einen nur noch 200 bis 300 Meter breiten Streifen auf dem Westufer der Wolga zusammengepreßt worden. Doch die ausgebluteten deutschen Truppen waren am Ende.

Das deutsche Oberkommando hatte fast alle verfügbaren Reserven in die Schlacht um Stalingrad geworfen, ohne den Sieg erringen zu können. Aus dem geplanten Sommerfeldzug war ein Herbstfeldzug geworden, ohne daß man die Hauptziele des Angriffs erreicht hatte. Stand die Heeresgruppe Süd Mitte 1942 an einer Frontlinie von 600 km, so hatten die aus ihr hervorgegangenen Heeresgruppen A und B nun 2.300 km zu verteidigen. Die Flanken der in Stalingrad liegenden 6. Armee waren beim Angriff auf

Die Werkshallen der Fabrik *Roter Oktober* in Stalingrad wurden besonders hart umkämpft.

die Stadt immer mehr ausgedünnt worden. Sie mußten jetzt von den schlechter ausgerüsteten rumänischen Verbündeten geschützt werden.

Der Befehlshaber der 6. Armee, General Paulus, wies auf diese bedrohliche Situation seit Mitte Oktober mehrfach hin. Doch der *Operationsbefehl Nr. 1* des OKH vom 14. Oktober 1942 stellte in vollständiger Verkennung der Lage fest:

Der Russe selbst ist durch die letzten Kämpfe sehr geschwächt und wird im Winter 1942—1943 nicht mehr die Kräfte wie im vorhergehenden aufbringen.

Wenn überhaupt, erwartete man eine sowjetische Offensive im Bereich der Heeresgruppe Mitte.

Der deutschen Aufklärung blieb verborgen, daß das sowjetische Oberkommando über eine Million Soldaten, fast 900 Panzer und weit mehr als 10.000 Geschütze im Raum Stalingrad konzentrierte.

Historisches Stichwort: Willy Reschl befragt Victor Nekrassow; Michael Eickhoff befragt Manfred Kehrig über die Verteidigung von Stalingrad

Wolgograd ist eine Heldenstadt. Für alle Völker dieser Erde ist der Name dieser Stadt ein Symbol des größten Muts und eines unvergänglichen Ruhms. 1942—1943 vollbrachten hier die sowjetischen Soldaten eine in der Geschichte nie dagewesene Heldentat – sie trugen einen entscheidenden Sieg über die faschistischen Heerscharen davon, der den Ausgang des Zweiten Weltkrieges vorausbestimmte.

Zitat aus einer Broschüre der staatlichen sowjetischen Touristen-Agentur *Intourist*, mit der um Besucher für eine Stadt geworben wird, die bis 1925 Zarizyn hieß. Als Stalingrad machte das bedeutende Industriezentrum an der Wolgs Geschichte. Heute heißt es Wolgograd.

Der sowjetische Schriftsteller Victor Nekrassow diente damals in der Roten Armee. Heute lebt er im Westen und erinnert sich:

Mir als Teilnehmer der Schlacht von Stalingrad will es scheinen, daß sie tatsächlich ein Wendepunkt war. Aber das Entscheidende war wohl der Gegenschlag bei Moskau. Als es so aussah, als ob Moskau schon in den Händen der Deutschen war – am 16. Oktober 1941, als die Moskauer glaubten, sie würden jeden Augenblick Deutsche auf dem Roten

Platz erscheinen sehen –, da wurden die feindlichen Truppen plötzlich unter großen Verlusten für sie vertrieben. Das war ein erstes Warnsignal für die Deutschen. Und Stalingrad brachte die Wende. Wir kamen nach Stalingrad als fast Zerschlagene und haben trotzdem fünfeinhalb Monate ausgehalten. Zum ersten Mal konnte sich das deutsche Oberkommando in diesen Monaten davon überzeugen, daß es keine demoralisierten Einheiten vor sich hatte. Sicher, wir waren schwächer, auch technisch schlechter ausgerüstet. Aber dann kam, als Überraschung für die Deutschen, die Gegenoffensive. Irgendwie waren von Sibirien Reserven herangezogen worden, ohne daß die Deutschen das richtig merkten. Doch auch wir wußten nichts von ihnen. Der Gegenschlag am 19. November 1942, der Beginn der Einkesselung der Armee von Paulus, war auch für uns eine Überraschung – und selbstverständlich für die deutsche Führung.

Nach rund 40 Jahren ist Stalingrad noch immer ein unerschöpfliches Thema – für Legenden wie für Sachdarstellungen. Wir hielten es für richtig, zu diesem Thema – und nach diesem Film – einen Militärhistoriker zu befragen, der vor 5 Jahren eine mit wissenschaftlicher Akribie zusammengetragene *Analyse und Dokumentation einer Schlacht* herausgegeben hat. Dr. Manfred Kehrig, Oberst der Bundeswehr i. G., war Dozent an der Führungsakademie der Bundeswehr in Hamburg, ist seit kurzem Leitender Direktor des Militärarchivs in Freiburg i. Br., in dem sich die wohl umfangreichste Sammlung von Dokumenten über den Kriegsverlauf auf deutscher Seite finden läßt.

Wie konnte es eigentlich dazu kommen, daß eine ganze deutsche Armee in Stalingrad eingekesselt wurde? Dazu Kehrig:

Die deutsche Operationsführung für den Sommer 1942 sah den Hauptstoß in den Kaukasus vor, um sich den Besitz der sowjetischen Ölquellen zu sichern. Diese Operation mußte an der linken Flanke an den Flüssen Don und Wolga durch entsprechende militärische Kräfte abgesichert werden. Im Juli 1942 wurde dieser Hauptstoß in den Kaukasus aufgesplittert. Es wurden zwei Schwerpunkte gebildet. Der zweite Schwerpunkt zielte auf Stalingrad an der Wolga, um einmal dieses bedeutende Industriezentrum einzunehmen, zum anderen den Verbindungsweg aus dem sowjetischen Erdölgebiet in den Raum Moskau über die Wolga zu sperren. Man wußte auf deutscher Seite, daß die deutschen Kräfte zur Abdeckung dieser langen Flanke nicht ausreichen würden und hatte deshalb von Anfang an geplant, hier die Armeen der Verbündeten – also Italiener, Ungarn und Rumänen – einzusetzen. Mit der hauptsächlich rumänischen Flankensicherung sollte der eigentliche Stoß auf Stalingrad von einer deutschen, der 6. Armee, geführt werden. Nach Abschluß der Kämpfe in Stalingrad, nachdem man die Stadt und das Industriegebiet eingenommen hatte, sollten die rumänischen und die italienischen Armeen, die sich an sie anschlossen, durch die dann in der Stadt freigewordenen deutschen Motorisierten- und Panzerverbände verstärkt werden. Sie sollten als bewegliche Eingreifreserven hinter die Front der Verbündeten gelegt, als sogenannte »Korsettstangen« in deren Front miteinbezogen werden. Doch der Fall von Stalingrad verzögerte sich immer mehr. Damit konnten auch die vorgesehenen deutschen Kräfte nicht zur Unterstützung der rumänischen und italienischen Armeen bereitgestellt werden.

Auf die Frage nach dem Zeitraum, in dem sich diese Überlegungen auf deutscher Seite abspielten, antwortete Kehrig:

Seit August 1942, und zwar im Generalstab des Heeres und beim Generalstab der Heeresgruppe B in Starobejtsk, der die deutsche 6. Armee, die 4. rumänische Armee, die 3. rumänische Armee, die italienische 8. Armee, die ungarische 2. sowie die deutsche 2. Armee unterstanden. Diese Heeresgruppe wurde deshalb auch die Völkerbund-Heeresgruppe genannt. Die deutschen Stellen – also Heeresgruppe B, aber auch der Generalstab der 6. Armee – haben seit September 1942 mit aller Entschiedenheit darauf gedrungen, die Fronten der Verbündeten durch deutsche Kräfte zu stützen.

Stalingrad fiel nicht. Es wurden keine deutschen Kräfte frei, um die Verbündeten zu entlasten. Diese blieben, so Kehrig,

auf ihre eigene Schlagkraft angewiesen. Erst am 9. November 1942, als es sich zeigte, daß die sowjetischen Streitkräfte sowohl am Don wie auch vor der Heeresgruppe Mitte Winteroffensiven vorbereiteten, wurde hinter der 3. rumänischen Armee das 48. Panzerkorps mit einer deutschen Panzerdivision – der 22. – und einer rumänischen Panzerdivision bereitgestellt. Diese Kräfte reichten allerdings nicht aus, um einen russischen Schwerpunktangriff an der Don-Front auffangen zu können.

Zur Einschließung der 6. Armee in Stalingrad kam es dann letztlich dadurch, daß die deutsche militärische Führung es nicht fertiggebracht hat, in den Fronten der Verbündeten ausreichende deutsche Verstärkungskräfte bereitzustellen, daß die deutsche Funkaufklärung einen sowjetischen Panzerschwerpunkt im Raum Kletskaja an der Don-Front nicht aufklären konnte, und weil die schlechten Witterungsverhältnisse einen weitreichenden Einsatz deutscher Luftaufklärung verhinderte.

Warum ließ nun die deutsche Heeresführung die 6. Armee trotz der veränderten Lage in Stalingrad?

Am 19. November begann der sowjetische Angriff an der Don-Front gegen die Front der 3. rumänischen und einen Tag später, am 20., gegen die 4. rumänische Armee im Süden von Stalingrad. Das Stehenlassen der 6. Armee im Raum von Stalingrad hing ursprünglich zusammen mit der operativen Situation der Heeresgruppe A im Kaukasus. Wegen des Stoßes in den Kaukasus war ja seinerzeit die lange Abdeckung an der Don- und an der Wolga-Front erfolgt. Wollte man nun die deutsche 6. Armee und die anschließenden verbündeten Armeen aus dem Raum von Stalingrad herausnehmen und sie auf den Don und Tschirr zurückfallen lassen, hätte das nur in einem koordinierten Zusammenwirken mit der Heeresgruppe A im Kaukasus geschehen können.

Sowjetische Soldaten in den Trümmern von Stalingrad.

Die Heeresgruppe A hätte aus dem Kaukasus zurückgenommen werden müssen. Das aber wollte man zum damaligen Zeitpunkt noch nicht; zumindest wollte das Hitler nicht, der den gewonnenen Raum im Kaukasus halten wollte. Voraussetzung für das Halten des Kaukasus war aber das Halten des Raumes von Stalingrad in der linken Flanke der Heeresgruppe A.

Im Dezember 1942 wurde sichtbar, daß Stalingrad nicht zu halten war. Ließ man nun die deutsche 6. Armee offenen Auges ihrem Untergang entgegengehen?

Ende Dezember 1942, als deutlich wurde, daß die 6. Armee ihre Kessel-Fronten nicht würde halten können, ein Ausbruch dieser Armee auf die Entsatzkräfte der Panzergruppe Hoth aber auch nicht möglich war, hat Hitler dann tatsächlich den Rückzug der Heeresgruppe A aus dem Kaukasus entschieden. Es besteht also eine Abhängigkeit zwischen dem Entschluß, die Heeresgruppe A aus dem Kaukasus herauszuziehen und sie auf den Kuban-Brückenkopf zurückzunehmen, und der Erkenntnis, daß die 6. Armee ihre Bindungsfunktion für die russischen Angriffskräfte nicht würde erfüllen können . . .

Hätte eine frühere Zurücknahme der Heeresgruppe A die Tragödie von Stalingrad aufhalten können? Dazu Kehrig:

Das hätte bedeutet, daß der Rückzug der Heeresgruppe A vier Wochen früher, also bereits Ende November, hätte befohlen werden müssen. Zu diesem Zeitpunkt aber waren Hitler und auch ein Teil der Heeresführung noch der Auffassung, die im Raum von Stalingrad eingeschlossenen deutschen und rumänischen Einheiten könnten durch den Entsatzangriff der Gruppe Hoth herausgeholt werden.

Dieser Versuch, die Eingeschlossenen zu befreien, blieb ohne Erfolg. Was hatte man sich von ihm versprochen, warum blieb er stecken?

Die Armeegruppe Hoth sollte mit der 6. und der 23. Panzerdivision aus dem Raum Kotelnikowo, mit einer weiteren Kräftegruppierung aus dem Brückenkopf am Tschirr über Kalatsch auf die 6. Armee zustoßen. Ziel dieses Entsatzstoßes sollte es sein, im Raum von Stalingrad wieder zu einer einheitlichen Operationsführung zu kommen. Der alte Frontverlauf am Morgen des 19. November sollte wiederhergestellt werden, also die alte Front an Don in der Steppe südlich der Stadt. Doch die bereitgestellten Kräfte waren für ein solches Unternehmen viel zu schwach. Die 23. Panzerdivision verfügte nur über 50 Prozent ihrer Kampfkraft. Ein zweiter Stoß aus dem Brückenkopf am Tschirr auf die Südwest-Nase des Kessels kam nicht zum Tragen, weil die sowjetische Führung gerade diesen Raum als neuralgischen Punkt erkannt hatte und hier einen Kräfteschwerpunkt bildete, um diesen Stoß auf Stalingrad von vornherein zu verhindern. In dem Moment, in dem die Entsatzgruppe Hoth ihre nördlichste Stellung erreichte, verstärkten die Sowjets ihre Fesselungsangriffe auf die Südwestflanke des Kessels. Sie verhinderten damit, daß die deutschen Kräfte der 6. Armee, die der Gruppe Hoth aus dem Kessel entgegenstoßen sollten, überhaupt antreten konnten.

Wann hat man auf deutscher Seite erkannt, daß die Lage aussichtslos war?

Als am 16. Dezember bei der italienischen 8. Armee der sowjetische Großangriff losbrach. Das war die Armee, die sich an die rumänische 3. Armee am Don nach Norden hin anschloß. Die italienische Front wurde in wenigen Tagen völlig aufgerissen. Damit bestand die Gefahr, daß die sowjetischen Kräfte ihr Ziel – Rostow am Asowschen Meer

– tatsächlich erreichten und damit nicht nur die Heeresgruppe Don und Teile der Heeresgruppe B, sondern auch die gesamte Heeresgruppe A abschnitten. Dieser Gefahr glaubte man auf deutscher Seite nur dadurch begegnen zu können, daß man die für den Entsatzstoß nach Stalingrad vorgesehenen Kräfte abzog, um die aufgerissene Frontenlücke zu schließen. Es wurden also zu Beginn der 3. Dezemberwoche die im Angriff befindlichen Teile der 6. Panzerdivision abgezogen, um den sowjetischen Durchbruch bei der italienischen 8. Armee abzufangen.

War damit nicht das Schicksal von Stalingrad besiegelt?

Nachdem der Entsatzstoß fehlgeschlagen war und damit auch eine Versorgung der 6. Armee durch den »Schlauch«, den man mit ihm schlagen wollte, mußte man nun die Armee über längere Zeit, möglicherweise über Monate, durch die Luft versorgen. Alles hing nun davon ab, ob man die notwendigen Fliegerkräfte dafür bereitstellen konnte. Auf deutscher Seite konnte es zu diesem Zeitpunkt, um den 24. Dezember, keinen Zweifel geben, daß man nicht genügend Fliegerkräfte zusammenbekam.

Von diesem Zeitpunkt ab hatte die 6. Armee eine ausschließliche Fesselungsfunktion für die sowjetischen Einschließungskräfte. Sie fehlten der sowjetischen Führung, um ihren Stoß durch die 8. italienische Armee hindurch auf Rostow mit Erfolg führen zu können. Es ist ein Ergebnis deutscher militärgeschichtlicher Forschung, daß das Fehlen der sowjetischen Einschließungskräfte den Stoß auf Rostow letztlich verhindert hat. Dieses Ergebnis wird durch eine Reihe von Veröffentlichungen der Sowjets aus den Jahren 1972 und 1973 bestätigt.

Nun wird ja in der sowjetischen Geschichtsschreibung – auch in diesem Film – Stalingrad als psychologischer Sieg der Sowjets dargestellt, als die große Wende dieses Krieges.

Die Wende zugunsten der Sowjets trat im Dezember 1941 vor Moskau ein. Damit scheiterte der »Fall Barbarossa«, damit scheiterte das deutsche Operationsziel: Moskau. Stalingrad ist ein weiteres Glied in der sowjetischen Erfolgskette. Ein hochbedeutsames Glied deshalb, weil nun erstmals deutsche Armeen im Felde geschlagen und vernichtet wurden. Das ist das große psychologische Moment derSchlacht um Stalingrad für die sowjetische Seite, daß sie die anfänglich für schwer überwindlich gehaltenen deutschen Kräfte tatsächlich bis zur Vernichtung besiegen konnte.

Und die psychologischen Auswirkungen auf die deutsche Seite?

Es gab Überlegungen bei der Generalität, besonders bei von Manstein, dem Oberbefehlshaber der Heeresgruppe Don und im Generalstab des Heeres, die darauf hinausliefen, Hitler von der Führung der Operationen abzudrängen und sie wieder ausschließlich in die Hand militärischer Fachleute zu legen. Allerdings ist es zur großen Vertrauenskrise der Generalität gegenüber Hitler auch nach Stalingrad nicht gekommen. Eine zweite psychologische Auswirkung hat es beim deutschen Widerstand gegeben. Das Fiasko der 6. Armee war für Generaloberst Beck – das militärische Haupt des Widerstands – Anlaß, seine Gesinnungsgenossen aufzufordern, doch jetzt schon loszuschlagen und gegen Hitler vorzugehen. Auch im Verband der 6. Armee selbst gab es Aktionen des deutschen Widerstandes. An ihrer Spitze stand der Chef des Generalstabes des 11. Armeekorps, Oberst Großkurth.

Hitler blieb. Doch das Ende von Stalingrad signalisierte auch das Ende seines Regimes.

Überleben in Stalingrad

Von Wilhelm Pagels

19. bis 23. November 1942	Die Sowjets durchbrechen nördlich und südlich Stalingrads die Flanken der 6. Armee und vereinigen sich im Rücken der Deutschen bei Kalatsch am Don.
24. November 1942	Das OKW befiehlt das Halten des sich bildenden Stalingrader Kessels.
27. November 1942	v. Manstein übernimmt den Oberbefehl über die inzwischen aus den Resten der Heeresgruppe B gebildete Heeresgruppe Don.
12. Dezember 1942	Entsatzoffensive der Armeegruppe Hoth aus dem Raum Kotelnikowo in Richtung Stalingrad.
16. Dezember 1942	Angriff der Roten Armee an der Nordflanke der Heeresgruppe Don.
19. Dezember 1942	Der Angriff der Panzer Hoths bleibt 40 km vor Stalingrad stecken.
24. Dezember 1942	Gegenangriff der Sowjets in Richtung Kotelnikowo. Die Armeegruppe Hoth muß umkehren.
26. Dezember 1942	Die Material- und Nahrungsmittelreserven der 6. Armee sind trotz strengster Rationierung erschöpft. Die Soldaten sind auf den spärlichen Nachschub aus der Luft angewiesen.
8. Januar 1943	Das sowjetische Oberkommando fordert die 6. Armee auf, ehrenvoll zu kapitulieren. Die Deutschen lehnen ab.
10. Januar 1943	Sowjetischer Durchbruch an der westlichen Kesselfront.
17. Januar 1943	Zweite Kapitulationsaufforderung.
22. Januar 1943	Beginn der letzten sowjetischen Angriffsoperation gegen den Kessel von Stalingrad.
26. Januar 1943	Die Reste der 6. Armee werden in zwei Kessel gespalten.
31. Januar 1943 u. 2. Februar 1943	Die Überlebenden der 6. Armee kapitulieren.

Mitte 1942 hatte die sowjetische »Heimatfront« Tritt gefaßt. Die riesige Wirtschaftskraft der UdSSR war auf Kriegsproduktion umgestellt. Von den rund 1.500 nach Osten verlagerten Betrieben arbeiteten ca. 1.200 wieder, viele noch notdürftig untergebracht, aber mit voller Kraft. Aus den östlichen Gebieten lieferten sie nun, unangreifbar für die Deutschen, mehr als Dreiviertel des sowjetischen Kriegsmaterials: moderne Flugzeuge, Panzer und Artillerie, die den deutschen Waffen zumindest ebenbürtig und teilweise sogar überlegen waren. Schon im zweiten Jahr dieses Krieges überflügelte die sowjetische Rüstungsproduktion die des Deutschen Reiches. Während sich die Angriffskraft der Wehrmacht vor Stalingrad endgültig brach, flossen der Roten Armee immer neue Reserven an Soldaten und Kriegsmaterial zu. (Einzelheiten vgl. Seite 80 ff.).

Am Morgen des 19. November hörten die deutschen Soldaten, die in den Ruinen von Stalingrad ihren Gegnern immer noch auf Wurfweite gegenüberlagen, aus nordwestlicher Richtung das ferne Grollen von über 3.000 feuernden Geschützen. Der sowjetische Gegenangriff hatte begonnen. Die Rote Armee durchbrach die Front dort, wo General Paulus es befürchtet hatte: in dem von der rumänischen Armee gehaltenen Abschnitt. In massiven Panzereinsätzen waren die rumänischen Verteidigungsstellungen bis zum Mittag überwunden. Die Sowjets bewegten sich schnell auf den *Don* zu, in den Rücken der 6. Armee.

Am nächsten Tag griffen starke sowjetische Kräfte die südlich von Stalingrad die Flanke der 6. Armee deckenden rumänischen Verbände an. Auch hier war die Front schnell durchbrochen. Am 23. November schloß sich die riesige Zange um die 6. Armee und große Teile der 4. Panzerarmee. Die beiden sowjetischen Stoßgruppierungen trafen sich bei Kalatsch am Don, weit im Rücken der Deutschen.

Am Don staute sich der fluchtartige Rückzug deutscher und rumänischer Verbände, die dem Kessel entkommen waren. Der ehemalige Adjudant der 6. Armee erinnert sich später:

Es war ein Bild des Schreckens. Von Angst vor den sowjetischen Panzern gepeitscht, jagten Lkw, Befehlswagen, Pkw, Kräder, Reiter und pferdebespannte Fahrzeuge nach Westen, prallten aufeinander, fuhren sich fest, stürzten um, versperrten den Weg. Zwischendurch stießen, drückten, schoben, wälzten sich Fußgänger. Wer stolperte und zu Boden fiel, kam nicht wieder auf die Beine. Auf der Jagd zur Rettung des nackten Lebens wurde alles zurückgelassen, was das Rennen behinderte.

Am 30. November lagen an der engsten Stelle bereits über 50 km zwischen dem sich bildenden Kessel von Stalingrad und der deutsch-sowjetischen Front.

Zu diesem Zeitpunkt stand für die Deutschen fest, daß Stalingrad gehalten werden sollte und an einen Rückzug nicht zu denken sei. Hitler hatte alle Vorschläge, die 6. Armee zurückzunehmen, abgelehnt. Er wurde in diesem Entschluß vom OKW unterstützt. Generalfeldmarschall von Manstein, einer der fähigsten Strategen der Wehrmacht, wurde damit beauftragt, die Front am Don zu stabilisieren und sobald als möglich den Kessel von Stalingrad zu entsetzen.

Kaum an der Front angekommen, lehnte v. Manstein die Bitte General Paulus', ihm für einen Asubruch der 6. Armee freie Hand zu lassen, ab. Er verwies Paulus auf den *Führerbefehl* und tröstete ihn: »Was wird, wenn die Armee in Erfüllung des Befehls des Führers die letzte Patrone verschossen haben sollte, dafür sind Sie nicht verantwortlich«.

Im Kessel dachten bis dahin nur wenige an diese letzte Konsequenz. Weitgehend im dunkeln gelassen über ihre tatsächliche Lage, waren die deutschen Soldaten davon überzeugt, den eisernen Ring der Roten Armee bald wieder aufbrechen zu können. Doch in dieser Hinsicht war auf Unterstützung von außen kaum zu hoffen; v. Manstein

Reste der Stadt Stalingrad.

war mit seinen vorhandenen Kräften vollauf damit beschäftigt, die deutsche Front am Don zu festigen.

Auch die von Göring großspurig zugesagte Versorgung aus der Luft war unzureichend. Statt der benötigten 700 t Nachschub täglich kamen im Schnitt nur 100 t; zu wenig, um 250.000 Mann zu ernähren und kampffähig zu halten. Verpflegung, Munition und Treibstoff wurden immer knapper.

Doch die Wehrmachtsführung sah sich immer noch siegen. Hitler erklärte am 12. Dezember zur Lage in Stalingrad: »Wenn wir das preisgeben, geben wir eigentlich den ganzen Sinn des Feldzugs preis«. Tatsächlich konnte v. Manstein nach der erfolgreichen Stabilisierung der Don-Front starke Kräfte freimachen, die den Stalingrader Kessel freikämpfen sollten. Um jeden Preis sollten noch im ausgehenden Jahr 1942 die strategischen Voraussetzungen für den »endgültigen Sieg über die Sowjetunion« errungen werden.

Am 12. Dezember traten 150.000 Soldaten der eigens für diese Aufgabe gebildeten Armeegruppe unter Generaloberst Hoth zur Offensive in Richtung Stalingrad an. Ihnen standen an diesem Frontabschnitt nur 100.000 sowjetische Soldaten gegenüber. Mit einer erheblichen Überlegenheit an Panzern und Flugzeugen kämpften sich die Soldaten Hoths bis auf 40 Kilometer an den Kessel von Stalingrad heran. Doch am letzten natürlichen Panzerhindernis vor Stalingrad, dem Flüßchen *Myschkowa,* wurden die Deutschen von den mit äußerster Verbissenheit kämpfenden Sowjets aufgehalten. Bedingt durch die am 16. Dezember erneut losbrechende Offensive der Roten Armee gab es keine Möglichkeiten für v. Manstein, Hoth weitere Reserven zur Verfügung zu stellen. Am 24. Dezember wurden seine Panzer in verlustreichen Kämpfen endgültig zurückgeworfen. Der Entsatzversuch war gescheitert.

Die Rote Armee drängte die Front bis zum Ende des Jahres weit über 200 km nach Westen. Der Stalingrader Kessel rückte für die Deutschen in weite Ferne. Die wichtigsten für die spärliche Luftversorgung der eingeschlossenen 6. Armee notwendigen

Flugplätze gingen verloren. Die im Kessel verbreitete Propaganda-Parole »Der Führer haut uns schon raus« sollte sich nun als schlimmer Selbstbetrug erweisen.

Ende Dezember waren die Lebensmittelvorräte im Kessel fast aufgebraucht. Bald sollten die Soldaten von weniger als 50 g Brot am Tag leben – und kämpfen. Dieser letzte sinnlose Kampf hätte ihnen erspart werden können. Am 8. Januar 1943 forderte das sowjetische Oberkommando den mittlerweile zum Generaloberst beförderten Paulus auf, ehrenvoll zu kapitulieren. Er lehnte ab. Am 10. Januar 1943 durchbrachen die sowjetischen Soldaten die westlichen Verteidigungslinien des Kessels. Am 13. Januar kam erneut die Aufforderung zur Kapitulation. Doch die Deutschen setzten den vollkommen sinnlos gewordenen Kampf fort, ohne dabei noch allzu starke Kräfte der Sowjets bei Stalingrad binden zu können.

Am 22. Januar traten die Soldaten der Roten Armee zum Sturm auf die Ruinen von Stalingrad an, in denen sich die Reste der 6. Armee verschanzt hatten. Am 26. Januar spalteten sie diese in zwei Kessel auf, von denen der eine am 31. Januar und der andere am 2. Februar kapitulierte.

91.000 Soldaten der 6. Armee überlebten das Grauen von Stalingrad, in das sie als Eroberer gekommen waren. Die meisten von ihnen waren dem Tode nahe. Sie starben in den folgenden Tagen und Wochen an Seuchen, erlagen ihren Verletzungen oder einfach der Erschöpfung (vgl. dazu Seite 98).

Mit einem der letzten Funksprüche nach Stalingrad hatte der »Führer« Paulus zum Feldmarschall befördert. Die Funksprüche, die Paulus in den letzten Tagen des Stalingrader Kessels in die Heimat schickte, dokumentieren den Irrsinn einer Kriegsführung, die dem »Befehl des Führers« bedingungslos folgte:

22. Januar: Verpflegung zu Ende. Über 12.000 unversorgte Verwundete im Kessel. Welche Befehle soll ich den Truppen geben, die keine Munition mehr haben und weiter mit starker Artillerie, Panzern und Infanterie-Massen angegriffen werden? Schnellste Entscheidung notwendig, da Auflösung an einzelnen Stellen schon beginnt.

26. Januar: Verteidigung im engeren Stadtgebiet durch 30.000 bis 40.000 unversorgte Verwundete und Versprengte äußerst erschwert.

28. Januar: Verpflegungslage zwingt dazu, an Verwundete und Kranke keine Verpflegung mehr auszugeben, damit Kämpfer erhalten bleiben.

31. Januar: Nach Meldung zahlreicher Truppenführer ist die Widerstandskraft ihrer zusammengewürfelten Männer so am Ende, daß sie sich nach Verschuß ihrer Munition trotz schärfster Gegenmaßnahmen willenlos gefangengeben.

Die Wehrmachtsberichte, die aus solchen Nachrichten im Reichspropagandaministerium für das deutsche Volk zurechtgezimmert wurden, lasen sich anders. Während am 16. Januar vom ». . . heldenmütigen Abwehrkampf gegen den von allen Seiten angreifenden Feind« die Rede war, ließ man am 22. Januar verlauten:

Die vom Gegner eng umschlossene und dem starken feindlichen Druck hartnäckig Widerstand bietende deutsche Kräftegruppe in Stalingrad hatte auch gestern schwere Kämpfe gegen die mit weit überlegenen Kräften anrennenden Sowjets zu bestehen.

Generalfeldmarschall Paulus geht in Betekovka bei Stalingrad in Gefangenschaft.

Trotz heldenmütiger Abwehr konnten die Verteidiger von Stalingrad einen Einbruch vom Westen her nicht verhindern, was zu einer Rücknahme der eigenen Stellungen um einige Kilometer zwang. Im Nahkampf wurde eine größere Anzahl von Panzerkampfwagen der Sowjets vernichtet.

Die Niederlage von Stalingrad wurde von der deutschen Propaganda umgemünzt in den Anstoß zu noch größeren »Opfern für den Endsieg«. Am 23. Januar gab der Reichspressechef die Parole aus:

Das große und ergreifende Heldenopfer, das die bei Stalingrad eingeschlossenen deutschen Truppen der deutschen Nation darbringen, wird in Zusammenhang mit der unmittelbar bevorstehenden Arbeitspflicht für Frauen und anderen durchgreifenden Organisationsmaßnahmen für die totale Kriegsführung die moralische Antriebskraft zu einer wahrhaft heroischen Haltung des ganzen deutschen Volkes und zum Ausgangspunkt eines neuen Abschnitts deutschen Siegeswillens und der Erhebung aller Kräfte werden.

Doch mit diesem »Siegeswillen« war es im Februar 1943 nicht mehr so gut bestellt. Der Stimmungsbericht des deutschen Sicherheitsdienstes vom 24. Februar vermerkte u. a.: »Die Meldungen vom Ende des Kampfes in Stalingrad haben im ganzen Volke noch einmal eine tiefe Erschütterung ausgelöst. (...) Allgemein ist die Überzeugung vorhanden, daß Stalingrad einen Wendepunkt des Krieges bedeute.«

Jene, die noch nicht am Endsieg zweifelten oder ihre Anfälligkeit für die Jubelveranstaltungen des Nationalsozialismus auch im 4. Kriegsjahr noch nicht verloren hatten, bestellte Goebbels am 18. Februar 1943 in den Berliner Sportpalast, und fragte sie:

Seid ihr und ist das deutsche Volk entschlossen, wenn der Führer es befiehlt, zehn, zwölf und, wenn nötig, vierzehn und sechzehn Stunden täglich zu arbeiten und das Letzte herzugeben für den Sieg? ...

Ich frage euch: Wollt ihr den totalen Krieg? Wollt ihr ihn, wenn nötig, totaler und radikaler, als wir ihn uns heute überhaupt noch vorstellen können?

Überall im Reich tönten diese Fragen aus den Volksempfängern. Ihre fanatische Bejahung im Sportpalast wurde zuhause vor den Radios zur düsteren Ahnung der sich abzeichnenden Niederlage und der damit verbundenen ungeheuren Opfer.

Historisches Stichwort: Dirk Gerhard zur Frage der Kriegsgefangenen auf beiden Seiten

»Uranus« lautete der Deckname einer der bedeutendsten sowjetischen Großoffensiven. Sie begann am 19. November 1942 in den frühen Morgenstunden. Über eine Million sowjetischer Soldaten der Donfront, der Südwest- und der Stalingrad-Front griffen die Heeresgruppe B der deutschen Wehrmacht zwischen Don und Wolga an. Innerhalb weniger Tage schloß sich ein stählerner Ring um die 6. Armee unter General Paulus und Teile der 4. Panzerarmee. Über 300.000 Soldaten der Wehrmacht und ihrer Verbündeten saßen in der Falle.

72 Tage dauerte der Untergang der 22 eingeschlossenen Divisionen. Seit dem 8. Dezember 1942 betrug die Durchschnittsverpflegung nur noch 200 g Brot täglich. Als am 2. Februar 1943 die Kampfhandlungen eingestellt wurden, schleppten sich höchstens noch 90.000 Mann in Gefangenschaft. Ausgehungert, erschöpft, mit Erfrierungen und Verwundungen, zogen sie durch die tiefverschneiten Steppen Südrußlands. Tausende starben in den folgenden Wochen und Monaten an Typhus und Ruhr, an Fleckfieberseuchen, deren Ursachen in der wochenlangen Mangelernährung und dem verlausten Leben in den Ruinen von Stalingrad zu suchen sind. Nach Deutschland zurückgekehrt sind von diesen 90.000 schließlich nur noch 6.550 Mann.

Zum erstenmal seit Kriegsbeginn hatten die deutschen Soldaten eine entscheidende Niederlage hinnehmen müssen. Zum erstenmal wanderten Zehntausende in sowjetische Kriegsgefangenschaft.

Jahrelang hatte die NS-Propaganda die sowjetischen Menschen als »slawische Untermenschen« dargestellt. Hatte man den deutschen Soldaten eingehämmert, daß die Völker des Ostens dem deutschen »Herrenmenschen« als Sklaven zu dienen hätten. Nie ist in der modernen Geschichte ein Krieg erbarmungsloser ausgetragen worden als an der Ostfront in den Jahren 1941 bis 1945. Gefangenschaft im Osten war für die deutschen Soldaten ein fast undenkbarer Gedanke geworden. Waren nicht die Frontzeitungen voll von Berichten über die Greuel der Sowjets an deutschen Soldaten und Offizieren? Dann doch lieber bis zur letzten Patrone kämpfen, auch wenn es dadurch häufig »Fünf Minuten nach Zwölf« wurde. »Die pessimistischen Phantasien jedes einzelnen waren grenzenlos . . .«, schreibt der Ex-General Walther von Seydlitz in seinen Erinnerungen über den Marsch in die Gefangenschaft.

Die deutschen Kriegsgefangenen in der Sowjetunion

Bis zum Kriegsende gerieten 3,3 Millionen deutsche Soldaten in sowjetische Gefangenschaft. Von diesen Gefangenen starben in der Sowjetunion über 1 Million; das sind etwa 30 Prozent. Die meisten von ihnen gingen bis zum Jahre 1948 zugrunde; dann »normalisierte« sich die Sterblichkeitsrate. Die Hauptursachen des Sterbens waren zum einen der allgemeine Erschöpfungszustand, der zum Teil noch aus den Entbehrungen des Krieges resultierte, zum überwiegenden Teil aber die mangelhafte Ernährungssituation in der Sowjetunion. Der Hunger forderte die meisten Opfer, weil unter normalen Bedingungen harmlose Krankheiten in den Lagern schnell zum Tode führten. Neben dem Hunger kamen noch psychische Faktoren hinzu, die daraus resultierten, daß die Gefangenen in jahrelanger Ungewißheit und Unkenntnis über ihr zukünftiges Schicksal leben mußten. Dies führte zu Resignation und Apathie. Gefangenenärzte behaupten sogar, daß zahlreiche Krankheiten – besonders die Dystrophie – sehr stark psychische Ursachen gehabt hätten. Typischerweise waren jene Kriegsgefangenen weniger für diese Mangelkrankheit anfällig, die sich in irgendeiner Form am kulturellen Lagerleben beteiligten.

Bei einem Urteil über die Behandlung der deutschen Kriegsgefangenen in der Sowjetunion, muß man sich die Ausgangslage dieses Siegerstaates von 1945 vor Augen halten. Von allen Ländern, die Hitlerdeutschland überfallen hatte, war die Sowjetunion am nachhaltigsten in ihrer Existenzgrundlage getroffen. Zweimal war die Front mit mehr als 10 Millionen Soldaten, mit Zehntausenden von Panzern und Artilleriegeschützen durch den europäischen Teil der UdSSR gewalzt. In den von deutschen Truppen vorübergehend besetzten Gebieten hatten vor Kriegsbeginn 88 Millionen Menschen gelebt. Das waren fast 45 Prozent der Gesamtbevölkerung. Nach vorsichtigen Schätzungen wurden durch die deutsche Gewaltherrschaft mindestens 17 Millionen Sowjetbürger getötet, davon allein etwa 10 Millionen Zivilisten. Rechnet man die Verluste durch den Geburtenausfall hinzu, so summieren sich die Bevölkerungsverluste auf etwa 40 Millionen Menschen (vgl. dazu die Auffassung von Harrison E. Salisbury auf Seite 170). Aber auch ökonomisch war der europäische Teil der UdSSR buchstäblich am Boden zerstört.

Das Verkehrsnetz war praktisch nicht mehr vorhanden. 13.000 Brücken, 41.000 Bahnhöfe, 65.000 km Schienenstrecke waren zerstört. 15.000 Lokomotiven und etwa eine halbe Million Eisenbahnwagen wurden schwer beschädigt oder zerstört. Etwa 32.000 Industriebetriebe, darunter etwa 800 Maschinenbaukombinate, wurden von den Deutschen gesprengt oder demontiert; außerdem waren 61 Großkraftwerke vernichtet worden. 1.700 Städte und 70.000 ländliche Ortschaften waren zumeist bis auf die Grundmauern verwüstet worden. Fast 100.000 landwirtschaftliche Produktionsstätten hatten aufgehört zu existieren. Der gesamte Viehbestand war auf ein Viertel bis ein Drittel des Vorkriegsbestandes dezimiert worden.

Zum Kriegsende besaß die Nahrungsmittel- und Konsumgüterindustrie der UdSSR noch nicht einmal die Hälfte des Produktionsniveaus von 1940. Rechnet man nur die Verluste durch direkte Zerstörung zusammen, so ergibt sich eine Schadenssumme von 700 Milliarden Rubel (= ca. 340 Milliarden Reichsmark in Preisen von 1941)!

Dieses Ausmaß an menschlichen und wirtschaftlichen Verlusten der UdSSR war nicht nur die Folge von Kriegshandlungen. Es war vielmehr die Konsequenz einer bis dahin einmaligen Okkupations- und Kriegspolitik. Der Nationalsozialismus hatte sich das Ziel gesetzt, das Land im Osten von der einheimischen Bevölkerung »frei« zu machen und als Kolonie und Rohstoffbasis eines Großdeutschen Reiches rücksichtslos auszuplündern (vgl. dazu Seite 35 ff.). Als nach der Niederlage von Stalingrad sich abzeichnete, daß diese Kriegsziele nicht erreicht werden konnten, begannen die deutschen Truppen eine in der Geschichte nie dagewesene Taktik der »verbrannten Erde« anzuwenden. Die Rückzugswege der Deutschen waren gesäumt mit brennenden Dörfern, zerstörten Verkehrs- und Versorgungseinrichtungen, gesprengten Städten und Betrieben. Wo man es nur konnte, wurden alle männlichen Einwohner erschossen, das Vieh weggetrieben.

In dieses Land kamen 1945 die deutschen Soldaten zurück – diesmal als Kriegsgefangene. »Was uns in sowjetischer Kriegsgefangenschaft bevorstand, hatte man uns ja durch die Nazipropaganda eingehämmert. Wir waren also auf das Schlimmste vorbereitet«, schreibt Willi Holtzer in seinen Erinnerungen an die Kriegsgefangenschaft 1945 bis 1948, und der ehemalige Flakartillerist Arthur Stukenholz sagte im Interview mit dem WDR: »Für mich war es keine Überraschung, daß die Bevölkerung uns einen heißen Empfang bereitete. Wir wurden mit einem Steinhagel ›begrüßt‹. Überraschend war vielmehr, daß die Bewachungsmannschaften energisch dagegen einschritten und uns vor der Wut der Menschen schützten.«

Noch überraschender war, daß in allen Lagern der Gesundheitszustand der Gefangenen von Ärztekommissionen überwacht wurde. Zehntausende deutscher Gefangener wurden wegen Unterernährung in sogenannte Erholungslager mit besserer Verpflegung und leichterer Arbeit geschickt. Auch sonst wurden die Gefangenen humaner behandelt, als es die vorangegangene deutsche Kriegsführung erwarten ließ. Weder lagen die Arbeitsnormen der Kriegsgefangenen höher als die der sowjetischen Zivilbevölkerung, noch war ihre Ernährung schlechter. Die deutschen Gefangenen teilten das Los der sowjetischen Bevölkerung: schwere, harte Arbeit und mangelhafte Ernährung.

Damit soll nicht behauptet werden, daß in den Kriegsgefangenenlagern alles – vor allem die Verpflegungsfrage – korrekt gehandhabt worden sei. Ebenso wie man weiß, daß zahlreiche »Natschalniks« (sowjetische Lagerführer) auf Kosten der deutschen Kriegsgefangenen »schoben«, weiß man freilich auch, daß dies von den häufigen staatlichen Kontrollkommissionen geahndet wurde. Unabhängig davon war es für viele Bewachungssoldaten nur sehr schwer einzusehen, warum sie hungern sollten, nur damit die verhaßten Deutschen ihre korrekte Zuteilung bekamen.

Staatliche Politik war es jedenfalls nicht, die deutschen Soldaten verhungern zu lassen. Im Gegenteil, sie wurden als Arbeitskräfte für den Wiederaufbau dringend gebraucht. Nur so ist zu erklären, weshalb die sowjetischen Behörden jenen Kriegsgefangenen, die ihr Arbeitssoll erfüllten, Geldbeträge auszahlten, damit sie sich Zusatzverpflegung kaufen konnten.

Obwohl etwa 30 Prozent der deutschen Kriegsgefangenen aus der UdSSR nicht zurückkehrten, bleibt die Tatsache, daß es keine systematische Vernichtung durch Arbeit in den sowjetischen Lagern gegeben hat. Es kann auch niemand nachweisen, daß es sich die siegreichen Sowjets erlaubt hätten, an den Gefangenen systematisch Rache zu üben. Wo haben in der Sowjetunion jemals Gefangene einen Graben ausheben müssen, der ihnen zum Massengrab wurde? Wann sind jemals Tausende von deutschen Soldaten in Gefangenschaft einfach mit Maschinengewehrsalven umgemäht worden? Wurde jemals ein einziger deutscher Kriegsgefangener vergast? Wenn von Prügeln, Mißhandlungen und auch von Morden an deutschen Kriegsgefangenen die Rede ist, muß man diese Taten leider auch mit dem Maß messen, das Deutsche im Namen Deutschlands gesetzt haben.

Die sowjetischen Kriegsgefangenen in Deutschland 1941 bis 1945

Bevor 1943 in Stalingrad zum erstenmal große Massen deutscher Kriegsgefangener in sowjetische Lager gingen, hatten die Deutschen schon über 2 Millionen sowjetische Kriegsgefangene in deutschen Lagern systematisch umgebracht. Der Chef des Ober-

Sowjetische Gefangene in einem Sammellager, 1941.

kommandos der Wehrmacht, Generalfeldmarschall Wilhelm Keitel, hielt die Situation der sowjetischen Kriegsgefangenen im März 1942 in einer internen Denkschrift fest:

... Von den 3,6 Millionen Kriegsgefangenen sind heute nur noch einige Hunderttausend voll arbeitsfähig. Ein großer Teil von ihnen ist verhungert oder durch die Unbilden der Witterung umgekommen. Tausende sind auch dem Fleckfieber erlegen. Es versteht sich von selbst, daß die Ernährung derartiger Massen von Kriegsgefangenen auf Schwierigkeiten stieß. Immerhin hätte ... ein Sterben und Verkommen in dem geschilderten Ausmaß vermieden werden können. Innerhalb der Sowjetunion war z. B. nach vorliegenden Nachrichten die einheimische Bevölkerung durchaus gewillt, den Kriegsgefangenen Lebensmittel zur Verfügung zu stellen ... In der Mehrzahl der Fälle haben jedoch die Lagerkommandanten es der Zivilbevölkerung untersagt, den Kriegsgefangenen Lebensmittel zur Verfügung zu stellen und sie lieber dem Hungertod ausgeliefert. Auch auf dem Marsch in die Lager wurde es der Zivilbevölkerung untersagt, den Kriegsgefangenen Lebensmittel darzureichen ... In zahlreichen Lagern wurde für eine Unterkunft der Kriegsgefangenen überhaupt nicht gesorgt. Bei Regen und Schnee lagen sie unter freiem Himmel. Ja, es wurde ihnen nicht einmal das Gerät zur Verfügung gestellt, um sich Erdlöcher oder Höhlen zu graben ... Es sind Äußerungen vernommen worden wie: »Je mehr von diesen Gefangenen sterben, desto besser für uns.«

Wer den wahren Grund dieses Massensterbens verstehen will, muß sich den Kontext nationalsozialistischer Kriegszielpolitik vergegenwärtigen.

Die Kohlevorkommen des Donezbeckens wie die kaukasischen Erdölfelder waren begehrte Objekte. Die Ukraine sah man als unschätzbare Kornkammer eines »Großdeutschen Reiches« an.

Da die im Land lebende Bevölkerung die Pläne einer ökonomischen und politischen Weltherrschaft behinderte, erklärten führende Nazis ganz ungeniert, Ziel ihrer Politik sei die Dezimierung der slawischen Bevölkerung um 30 bis 40 Millionen Menschen.

Aus diesen Grundvoraussetzungen der Kriegszielplanung leiteten sich letzten Endes die »verbrecherischen Befehle« ab, mit denen der Feldzug im Osten eingeleitet wurde. Von Anfang an hatte Hitler seinen Militärs die Richtlinie gegeben:

Wir müssen von dem Standpunkt des soldatischen Kameradentums abrücken. Der Kommunist ist vorher kein Kamerad und nachher kein Kamerad. Es handelt sich um einen Vernichtungskampf.

Und auch der Generalstabschef des Heeres, Halder, notierte in seinem Tagebuch:

Koloniale Aufgaben! ... Es handelt sich um einen Vernichtungskampf ... Wir führen nicht Krieg, um den Feind zu konservieren ... Im Osten ist Härte mild für die Zukunft.

Die Wehrmacht leistete gegen diese verbrecherischen, dem allgemeinen Völkerrecht widersprechenden Befehle und Erlasse keinen Widerstand. Ein Angebot der sowjetischen Regierung, ein dem allgemeinen Völkerrecht entsprechendes Abkommen über die beiderseitige Behandlung von Kriegsgefangenen zu treffen, wurde schroff sowohl von der politischen wie auch von der Wehrmachtsführung abgelehnt. Im Gegenteil, mit Unterstützung und Zustimmung von Wehrmachtsorganen wüteten die SS-Einsatzgruppen gegen alles, was als »jüdisch-bolschewistisches Untermenschentum« definiert wurde. So besaßen deutsche Soldaten und Offiziere keine Hemmungen, Kriegsgefangene der Roten Armee statt in Gefangenenlager in KZs der SS zu überstellen. Die Folgen für die sowjetischen Kriegsgefangenen waren Massenerschießungen wie in den KZs Sachsenhausen und Dachau, Massenvergasungen wie im KZ Auschwitz. Millionen starben den gezielt herbeigeführten Hungertod. Ihre durchschnittliche Lebenserwartung in der Rüstungsindustrie und in den deutschen Bergwerken betrug etwa 6 Monate. Es lag in der verbrecherischen Logik des NS-Regimes, der eigenen Bevölkerung als den »Herrenmenschen« das an Lebensmitteln mehr zuzugestehen, was man den Menschen der besetzten Gebiete als den »Untermenschen« mit Gewalt entzog. So erklärt sich auch, daß die den sowjetischen Kriegsgefangenen zugestandene tägliche Kalorienmenge nur etwa die Hälfte der Kalorienmenge ausmachte, die der deutschen Bevölkerung zugestanden wurde, was faktisch unter dem Existenzminimum lag. Wie anders ist es zu erklären, daß zum Beispiel im Gefangenenlager Stalag 326 in Stukenbrock bei Paderborn innerhalb von knapp vier Jahren 65.000 sowjetische Soldaten meist an Entkräftung und damit verbundenen Krankheiten starben, während in derselben Zeit die im Nachbarlager befindlichen Franzosen und Engländer keine Hungertoten zu beklagen hatten?

Es war das Ergebnis dieser verbrecherischen Politik, daß von den 5,7 Millionen sowjetischen Kriegsgefangenen in deutschem Gewahrsam etwa 3,3 Millionen sterben mußten. Ein Drittel davon wurde erschossen oder vergast.

Die Panzerschlacht bei Kursk

Von Wilhelm Pagels

1. Februar 1943	In einer Lagebesprechung lehnt Hitler kategorisch den Vorschlag einiger Generäle ab, im Sinne einer beweglichen Verteidigung vorübergehend das Donezgebiet zu räumen. Er erklärt die Ausbeutung dieses Industriezentrums als unabdingbar für die deutsche Kriegswirtschaft.
5. März 1943	Im Operationsbefehl Nr. 5 ergehen an die Heeresgruppen Mitte und Süd erste Anweisungen für einen konzentrischen Angriff auf den Kursker Bogen.
15. April 1943	Operationsbefehl Nr. 6 für den Plan *Zitadelle.*
Mai 1943	Die deutschen Truppen an der Ostfront erreichen zahlenmäßig ihren höchsten Stand seit Beginn des Krieges. Die Einheiten werden mit neuentwickelten *Panther-* und *Tiger-*Panzern und dem Sturmgeschütz *Ferdinand* ausgerüstet. Das sowjetische Oberkommando entschließt sich, den erwarteten gegnerischen Angriff in einem tiefgestaffelten Verteidigungssystem abzuwarten, den Gegner aufzureiben und dann zur Offensive überzugehen.
5. Juli 1943	Der Angriff der deutschen Truppen wird durch einen überraschenden sowjetischen Feuerschlag der Artillerie verzögert.
5. Juli bis 9. Juli 1943	Der Versuch der Heeresgruppe Mitte, von Norden her in Richtung Kursk vorzustoßen, scheitert. Die Einbruchstiefe beträgt am 9. Juli lediglich 9 km. Die Heeresgruppe Süd dringt vom Süden her kommend nur 35 km in Richtung Kursk vor.
12. Juli 1943	Die sowjetische West- und Brjansker Front eröffnen ihre Offensive im Raum Orel. Die 9. Armee der Heeresgruppe Mitte muß ihren Vorstoß nach Kursk abbrechen und ihre Kräfte in Richtung Orel werfen.
	Die Angriffsspitzen der Heeresgruppe Süd werden in einem Gegenschlag der Woronesher Front und der Steppenfront in der Panzerschlacht bei Prochorowka vernichtet.
15. Juli bis 17. Juli 1943	Die Heeresgruppe Süd stellt ihre Angriffe ein und tritt den Rückzug an. Nach dem Scheitern der nördlichen Angriffskeile markiert dieser Rückzug das Scheitern des Versuchs, die im Kursker Bogen operierenden sowjetischen Truppen einzukreisen und zu vernichten.

Mitte Juli 1943 bis *Ende August 1943*	Alle sowjetischen Fronten eröffnen ihre Offensive. Im Norden zwingen Westfront, Brjansker Front und Zentralfront die 9. Armee zum Rückzug und befreien die Stadt Orel. Im Süden tragen Woronesher Front, Steppenfront und Südwestfront ihren Angriff in Richtung Belgorod-Charkow vor, befreien am 5. August Belgorod, am 23. August Charkow. Die Voraussetzungen für die Befreiung der Ukraine sind geschaffen.

Die Autoren der Dokumentarserie *Der unvergessene Krieg* haben der Darstellung der militärischen Operationen im Kursker Bogen im Sommer 1943 einen zentralen Platz eingeräumt. Sie schildern ausführlich die verschiedenen Etappen der Kriegsführung in diesem Raum, der nicht zuletzt am 12. Juli 1943 Schauplatz der größten Panzerschlacht des Zweiten Weltkrieges war. Es kommt ihnen entschieden darauf an zu zeigen, daß im Ergebnis der Kursker Schlacht die strategische Initiative an die Rote Armee überging und von ihr nie mehr aus der Hand gegeben wurde. Wichtiger als die minutiöse Darstellung der nur wenige Tage dauernden Materialschlacht ist daher die Frage, welchen Stellenwert *Kursk* beanspruchen kann und welche Absichten die deutschen und sowjetischen Oberkommandos mit dieser Operation verbanden.

Ungeachtet unterschiedlicher Einschätzungen des deutsch-sowjetischen Kräfteverhältnisses an der Ostfront und besonders im südlichen Abschnitt am Vorabend der Schlacht, ungeachtet unterschiedlicher Gewichtungen von Stalingrad und Kursk im Gesamtzusammenhang der Bewertung der militärischen Leistungen der Kriegsgegner, sind sich deutsche und sowjetische Historiker darin einig, daß der Schlacht um Kursker Bogen ein zentraler Platz in der Geschichte des Zweiten Weltkrieges zukommt. Kursk setzte fort und festigte, was sich in Stalingrad ankündigte: Die Wende des Krieges. Im Frühjahr 1943 hatte die deutsch-sowjetische Front eine Gesamtlänge von etwa 2.600 km erreicht. Sie verlief in nord-südlicher Richtung relativ gradlinig vom Ladoga-See bis zum Asowschen Meer. Nur westlich von Kursk wies sie diese charakteristische Ausbuchtung auf, die der *Kursker Bogen* genannt wird. Die Tatsache, daß diese Linie mehrere Monate lang stabil blieb, kann nicht darüber hinwegtäuschen, daß inzwischen das militärische Kräfteverhältnis sich zugunsten der Sowjetunion entwikkelt hatte. Dem Handlungsspielraum des deutschen Oberkommandos waren neue Grenzen gesetzt.

Konnten die deutschen Truppen 1941 ihren Angriff auf einer Breite von 2.000 Kilometern vortragen und stießen sie in der Sommeroffensive noch auf einer Breite von 600 km vor, so mußten sie sich jetzt auf eine Frontlinie von ca. 150 km beschränken, wollten sie nicht unkalkulierbare Risiken eingehen. Die im Konzept des Sommerfeldzugs 1943 ursprünglich vorgesehenen Aktionen im Raum Leningrad und Moskau mußten aufgegeben werden, um die Aussichten auf einen Erfolg im Kursker Bogen nicht von vornherein aufs Spiel zu setzen. Alle langfristigen Prognosen über die weitere Entwicklung an der Ostfront waren somit vom Ausgang der Operationen um Kursk abhängig. Auch von daher bezieht diese Schlacht ihren hohen Stellenwert.

Die Panzerschlacht am Kursker Bogen.

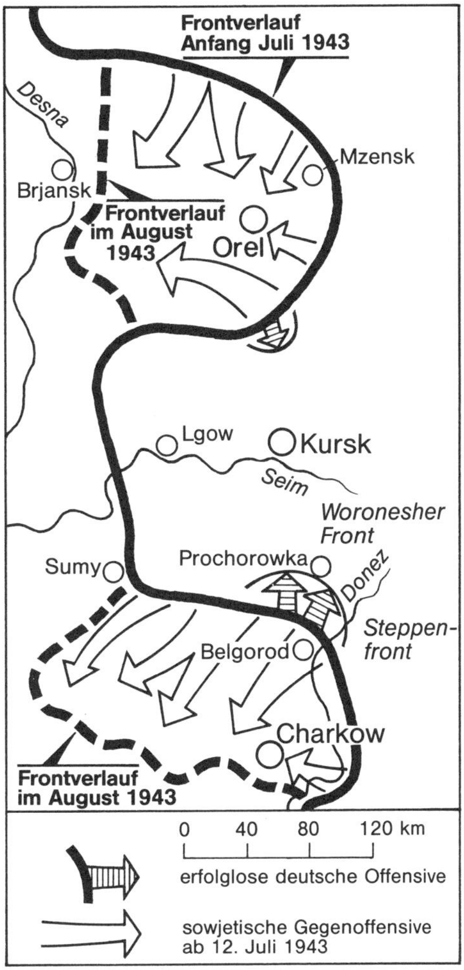

Das deutsche Oberkommando hatte die politische und militärische Zielsetzung für die Operationen im Kursker Bogen in seinem *Operationsbefehl Nr. 6* vom 15. April 1943 folgendermaßen beschrieben:

Es muß uns die Initiative für dieses Frühjahr und Sommer in die Hand geben. Deshalb sind alle Vorbereitungen mit größter Umsicht und Tatkraft durchzuführen. Die besten Verbände, die besten Waffen, die besten Führer, große Munitionsmengen sind an den Schwerpunkten einzusetzen. Jeder Führer, jeder Mann muß von der entscheidenden Bedeutung dieses Angriffs durchdrungen sein. Der Sieg von Kursk muß für die Welt wie ein Fanal wirken.

So waren große militärische Vorbereitungen durchaus folgerichtig und entsprachen der strategischen Bedeutung der Aktion, die den Decknamen *Zitadelle* erhielt: Es gelang, die personelle Stärke der Wehrmacht auf den Höchststand seit Beginn des Krieges zu bringen. Zuwachsraten von mehreren hundert Prozent in der Produktion von Kriegsgerät von einem Jahr zum anderen widerspiegelten das von Goebbels proklamierte Konzept des »totalen Krieges«.

Hitler versprach sich von einem Sieg bei Kursk Wirkungen und Ergebnisse verschiedener Art. Zwar hatte er gegenüber dem rumänischen Staatschef eingestanden, er wisse nicht, »wie und wann das Ende des Krieges herbeigeführt werden könne«, aber der Einsicht in die Hoffnungslosigkeit der Lage verschloß er sich.

700.000 deutsche Soldaten hatten bei Stalingrad ihr Leben verloren. Zehntausende sollten allein in der wenige Tage währenden Schlacht um Kursk sterben. Ihr Opfer und das Tausender sowjetischer Menschen war einkalkuliert, um eine politische Demonstration zu vollführen: Nach der Niederlage bei Stalingrad war allenthalben das Vertrauen in die Kampfkraft der sieggewohnten deutschen Armee geschwunden. Ein eindrucksvoller Sieg sollte diesen Prestigeverlust vergessen machen.

Bedenken über den richtig gewählten Zeitpunkt des Angriffs, über den Ausbildungsstand neu herangeführter unerfahrener Soldaten, Zweifel an der Richtigkeit des Angriffskonzepts hatten keinen Bestand. Der Chef des Oberkommandos der Wehrmacht, Keitel, erklärte kategorisch: »Wir müssen aus politischen Gründen angreifen.«

Ein Stoßtrupp der Waffen-SS bei Kursk.

Die Verbündeten, die zu wanken begannen, sollten von der Überlegenheit der deutschen Kriegsmaschinerie überzeugt, in der deutschen Bevölkerung sollte der Glaube an einen »Endsieg« neu belebt werden. Das deutsche Oberkommando glaubte aber auch, daß ein Sieg eine nicht unbeträchtliche Wirkung auf das westliche Ausland ausüben würde. Die Errichtung einer zweiten Front im Westen stand ja drohend über dem deutschen Kriegskonzept. Am 10. Juli 1943, dem fünften Tag der Schlacht am Kursker Bogen, traf die Meldung von der Landung der Alliierten in Sizilien im Führerhauptquartier ein. Hitler glaubte nun, daß ein Sieg über die Rote Armee die Niederlagen auf dem südeuropäischen Kriegsschauplatz ausgleichen müsse.

Diese unterschiedlichen Zielsetzungen zeigen, daß der Plan *Zitadelle* im wesentlichen politisch motiviert war.

Die Begradigung der Front am Kursker Bogen hatte natürlich daneben auch unmittelbare militärische und ökonomische Zielsetzungen. Die im Bogen operierenden sowjetischen Truppen stellten eine permanente Gefahr für die Flanken der nördlich und südlich stehenden deutschen Heeresgruppen Mitte und Süd dar. Wollte man den Verlust der für die deutsche Kriegsführung so wichtigen Bodenschätze des Donezbeckens verhindern, wollte man der Roten Armee den Zugang zum Balkan und somit den rumänischen Ölfeldern wirkungsvoll versperren, dann mußte die Bedrohung, die vom Kursker Bogen ausging, ausgeschaltet werden. Gerade angesichts der wachsenden Überlegenheit der Roten Armee auf allen Gebieten war auch mit der Sommeroffensive 1943 die Hoffnung verbunden, die Kraft der sowjetischen Truppen nachhaltig zu schwächen, wenn nicht zu brechen.

Deutscher Soldat neben einem Gefallenen in einer zusammengeschossenen Artillerie-Stellung bei Kursk.

Im Gegensatz zur Roten Armee besaß die deutsche Wehrmacht am Vorabend der Kursker Schlacht nur geringe Reserven, denn fast alle Truppen hatten operative Aufgaben. Eine Begradigung der Front hätte es somit erlaubt, Kräfte freizusetzen und Reserven zu bilden. Die Überlegenheit der Roten Armee war nicht zuletzt darauf zurückzuführen, daß die sowjetische Rüstungsproduktion seit der zweiten Jahreshälfte 1942 die deutschen Ziffern übertroffen hatte. Die Einziehung neuer Jahrgänge für den Krieg im Osten war aber dazu angetan, den Vorsprung der Sowjetunion auf diesem Gebiet zu vertiefen, wenn es nicht gelang, die verwaisten Arbeitsplätze in der deutschen Rüstungsindustrie u. a. durch verschleppte sowjetische Bürger zu besetzen. Wie in vorangegangenen Fällen spielte dieser Aspekt der Besatzungspolitik auch im Zusammenhang mit dem Plan *Zitadelle* eine große Rolle: Alle Männer im Alter zwischen 21 und 24 sollten sofort zur »Arbeitsleistung im Reich« deportiert werden.

Das Scheitern all dieser Pläne, auch wenn es wiederum durch unermeßliche Opfer erzwungen werden mußte, eröffnete ohne jeden Zweifel zum ersten Mal ganz deutlich die Perspektive einer Beendigung des Krieges.

Anders als in den Sommerschlachten der Jahre 1941 und 1942 war die Rote Armee nicht mehr in die ausschließliche Defensive gedrängt. Ein verändertes Kräfteverhältnis, eine produktive Auswertung positiver wie negativer Erfahrungen der vergangenen Etappen, besonders aber das seit Stalingrad gewachsene Bewußtsein von der Besiegbarkeit des Gegners gaben der sowjetischen Führung die Handlungsfreiheit, eine wirksame Strategie zu entwickeln und dem Feind aufzuzwingen.

Historisches Stichwort: Michael Eickhoff befragt Andreas Hillgruber zur Panzerschlacht bei Kursk

Die Deutschen nannten es »Unternehmen Zitadelle«. Es war eine Panzerschlacht von einem gigantischen Ausmaß, wie es die Kriegsgeschichte vorher nicht kannte. Mit ihr habe Hitler – so heißt es in dieser Folge der Filmserie *Der Unvergessene Krieg* – im Jahr 1943 in einer letzten Kraftanstrengung bei Kursk die Russen schlagen wollen, um so doch noch den Sieg im Osten zu erringen.

Dies sei eine Übertreibung, meint Professor Andreas Hillgruber, Historiker und einer der besten Kenner des Kriegsverlaufs.

Die historische Forschung hat nachgewiesen, daß es nicht mehr darum gehen konnte, aufgrund der Kräfteverhältnisse die Sowjetunion wirklich entscheidend zu schlagen, sondern durch eine Initiative in einem begrenzten Raum den Verbündeten, den Neutralen zu zeigen, daß das Dritte Reich noch die Kraft besaß, wenigstens einzelne Schläge auszuteilen. Kursk war also eine begrenzte Kraftanstrengung mit einem begrenzten Ziel.

Die Ausgangslage für die Deutschen hatte sich seit Kriegsbeginn gegen die Sowjetunion erheblich verändert. Hatte man 1941 noch auf einen kurzen Krieg spekuliert, so waren schon 1942 große Zweifel aufgekommen, ob man die Sowjetunion als Ganzes aus dem Felde schlagen könne.

Das Jahr 1943 begann für die Deutschen mit der großen Niederlage bei Stalingrad. Nach Stalingrad – so die Filmreihe *Der Unvergessene Krieg* – lag die Initiative in diesem Krieg überwiegend bei der Roten Armee.

Auch dies – meint Hillgruber – sei nur für einen bestimmten Zeitraum so richtig. Entscheidend war, daß die Deutschen die Front noch einmal stabilisieren konnten. Es entstand für sie eine Front, die relativ geradlinig verlief, aber im Raum Kursk eben jene Ausbuchtung – den »Kursk-Bogen« – übrigließ, die dann zum Ansatzpunkt für das »Unternehmen Zitadelle« werden sollte.

Diese Operation sollte eigentlich schon Anfang Mai 1943 beginnen; tatsächlich fand sie aber erst im Juli statt. Bei jedem Angriff im Osten stellte sich die Frage, wann man damit beginnen konnte. Auch in diesem Fall verhinderte die berühmt-berüchtigte Frühjahrs-

Der schwere deutsche Panzerkampfwagen *Tiger* — eine Neuentwicklung, von der man sich bei Kursk die Wende erhoffte.

schlammperiode einen zeitigen Anfang. Es gab wieder einmal Auseinandersetzungen zwischen Hitler und seinen Generälen. Auseinandersetzungen über Ansatzpunkte und Ausweitung dieser Operation – das Übliche, so sieht es Hillgruber. Wichtiger war schon, daß die Panzerproduktion auf deutscher Seite gerade auf vollen Touren anlief, und Hitler unbedingt die modernsten Panzertypen *Tiger* und *Panther* bei Kursk einsetzen wollte.

Der Film über »Kursk« nennt Zahlen über die auf beiden Seiten eingesetzten Stärken an Truppen und Gerät: es handelt sich um sowjetische Angaben. Wieweit kann man diesen Zahlenangaben vertrauen? Dazu Hillgruber:

Die Zahlen sind ein grundsätzliches Problem. Seit den 50er Jahren haben sich deutsche, englische und amerikanische Historiker bemüht, die allseits im Kriege verbreiteten Propagandazahlen beiseite zu lassen und durch intensives Quellenstudium die tatsächlichen jeweiligen Stärken zu ermitteln. Die sowjetische Geschichtsschreibung ist bisher immer noch bei den Propagandazahlen, die sie im Kriege publiziert hat, geblieben. Es ist also eine große Diskrepanz zu konstatieren zwischen dem, was die deutsche Seite, die deutsche Forschung, ermittelt hat, und den Zahlen, an denen die Sowjetunion immer noch festhält.

Es sei, so beklagt der Geschichtswissenschaftler, bisher leider nicht gelungen, hier echte historische Arbeit zu leisten und Klärungen herbeizuführen. Gegenüberstellungen von Zahlen, von Truppen- und Materialstärken, tauchen in fast jeder Folge der Filmserie auf, die sich ja weitgehend auf die sowjetische Geschichtsschreibung stützt. Ich frage noch einmal nach den Propagandazahlen. Kann ihnen zugrundegelegt worden sein, die Stärke des Gegners absichtlich zu übertreiben, um dann den Sieg über ihn auch entsprechend groß herauszustellen?

Hillgruber bejaht dies. Das lasse sich bei der gesamten sowjetischen Geschichtsschreibung von 1941 bis zur Schlacht um Berlin feststellen. Die angeblich auf deutscher Seite vorhandenen Zahlen werden jeweils gewaltig überhöht, um den sowjetischen Triumph zu vergrößern. Dabei, so der deutsche Historiker, hätte es die sowjetische Historiographie gar nicht nötig, die unbestritten großen Leistungen der Roten Armee und der Sowjetunion insgesamt durch Überhöhung der Zahlen unglaubwürdig zu machen. Die tatsächlichen Zahlen würden der Sache nur dienen.

Unser Gespräch kommt auf das »Unternehmen Zitadelle«, die Panzerschlacht von Kursk, zurück. Sie ging für die Deutschen verloren. Hatten sie auch hier wieder die Kraft des Gegners unterschätzt? Hillgruber:

Unterschätzt hatten die Deutschen die tiefgestaffelten Verteidigungsstellungen der Sowjets und die gewaltigen Massen an Truppen und Material, die die andere Seite bereitgestellt hatte. Doch war dies nicht entscheidend für den Ausgang der Schlacht gewesen. Einige der deutschen Offiziere haben die Situation durchaus realistisch eingeschätzt. Aber Hitler hat aus den bereits erwähnten Gründen durchaus den ersten Schlag führen wollen, um nicht den Sowjets die Initiative zu überlassen. Mitentscheidend war auch nicht – wie es der Film darstellt – die Landung der Amerikaner und Briten am 10. Juli 1943 in Frankreich. Zu diesem Zeitpunkt war »Zitadelle« im Grunde schon gescheitert.

Was hat dieser Fehlschlag nun für den weiteren Kriegsverlauf bedeutet?

Ganz sicher ist die Schlacht um Kursk ein bedeutendes Ereignis im Verlauf des deutsch-

sowjetischen Krieges. Von da an ist in der Tat die Initiative vollständig auf die sowjetische Seite übergegangen. Die deutsche Front ist, nachdem die Russen zur Generaloffensive zunächst im Süden antraten, niemals zum Stillstand gekommen; abgesehen von einem vorübergehenden Halt in einzelnen Abschnitten. Aber im Grunde genommen war der Rückzug permanent und der Ausgang des Ostkrieges damit eigentlich voraussehbar. Nur die Zeitfrage blieb noch offen.

Stalingrad, so heißt es in der Filmserie, sei ein psychologischer Sieg der Sowjets gewesen, Kursk aber ein Triumph sowjetischer Waffen und sowjetischer Führung. Hillgruber will diese scharfe Unterscheidung nicht ganz einleuchten:

Zweifellos war Stalingrad ein psychologischer Erfolg für die Sowjets. Zum ersten Mal war es gelungen, eine ganze deutsche Armee einzuschließen, aufzureiben, den Rest in Gefangenschaft zu führen. Das war etwas, was man im Winter 1941/42 vor Moskau nicht geschafft hatte. Psychologisch war es für die Sowjets also durchaus ein großer Erfolg. Aber ich würde es eben auch als einen Sieg der sowjetischen operativen Führung ansehen. Die Einkreisung der 6. deutschen Armee in dem Dreieck zwischen Wolga-Knick und Don war ja eine Zangenoperation gegen die Verbündeten der Deutschen – also hauptsächlich die Rumänen –; aber dann auch gegen die Ungarn und Italiener. Dieser Erfolg war schon eine große operative Leistung der Sowjets, wenn man sie mit den noch schwachen Leistungen 1941 und Anfang 1942 vergleicht. Auch die sowjetischen Waffen haben ja schließlich gesiegt. Ich habe ein wenig den Eindruck, als ob die Sowjets im Film Stalingrad zurückstufen und Kursk zum absoluten militärischen Wendepunkt des Krieges hochstilisieren wollen. Das erscheint mir als eine Überzeichnung. Kursk, das war eine Etappe für die Sowjets auf dem Wege von der Beinahe-Katastrophe 1941 bis zum Triumph 1945. Eine Etappe, die man in ihrer Bedeutung erfassen, aber nicht überbewerten sollte.

Wenn man die Memoiren deutscher Offiziere aus jener Zeit nachliest – etwa die des Generalfeldmarschall Erich von Manstein *(Verlorene Siege)* –, dann gewinnt man den Eindruck, daß gerade die Deutschen sehr stolz darauf waren, in ihrer Führung besser, beweglicher als die Sowjets zu sein. Das hat sich, so Hillgruber, im Laufe des Krieges objektiv geändert. Die Sowjets sind von einer reinen Verteidigung abgekommen und haben operiert, das heißt: geschickte Ansätze vorgenommen. Hillgruber:

Zu den Memoiren Mansteins und auch anderer Militärs: Es gibt ja bei den deutschen Militärs insgesamt die Tendenz, den Sieg der Sowjets, der Roten Armee über die Deutschen herabzustufen und die Katastrophe Deutschlands im Zweiten Weltkrieg stärker auf den Sieg der Briten und vor allem der Amerikaner zurückzuführen. Mit anderen Worten und etwas überspitzt formuliert: Man möchte nicht so gern von den Sowjets besiegt worden sein.

Ich komme noch einmal auf die Panzerschlacht bei Kursk zurück. In der Film-Darstellung heißt es, hier seien zum ersten Mal auf sowjetischer Seite die Waffen vorgeführt worden, die den Krieg nach Deutschland hineintragen sollten. Hat man, frage ich den Historiker, erst zu diesem Zeitpunkt die Strategie entwickelt, den Krieg über die Sowjetunion hinaus zu führen? Hillgruber:

Diese Strategie gab es zweifellos immer schon. Das führt uns zur Frage der sowjetischen Kriegsziele überhaupt. Sie waren niemals auf eine bloße Abwehr der deutschen Offensive begrenzt, sondern immer auf eine Ausweitung des Sowjet-Imperiums nach Ost- und Mitteleuropa, wenn möglich nach Zentraleuropa hinein angelegt.

Die Schlacht um den Kaukasus

Von Wilhelm Pagels

25. Juli 1942	Angriff der Heeresgruppe A in Richtung Kaukasus.
6. August 1942	Besetzung der Erdölfelder von Maikop.
Mitte August 1942	Der Kuban wird erreicht. Bis zum Ende des Monats fällt die Taman-Halbinsel in deutsche Hand. Einige wichtige Kaukasuspässe werden von deutschen Gebirgsjägern besetzt.
10. September 1942	Eroberung großer Teile von Noworossisk an der Schwarzmeerküste.
25. September 1942	Angriff auf Tuapse. Nach wochenlangen erbitterten Kämpfen um den Schwarzmeerhafen kommen die Deutschen bis auf wenige Kilometer an die Stadt heran, ohne sie jedoch einnehmen zu können.
Ende Oktober 1942	Der Angriff der 1. Panzerarmee auf die Erdölfelder bei Grosny scheitert vor Ordschonikidse am Terek. Am 11. November gehen die Deutschen auch hier zur Verteidigung über.
1. Januar 1943	Die Heeresgruppe A beginnt mit dem planmäßigen Rückzug, um einer möglichen Einschließung durch die vor Stalingrad siegreichen Sowjets zu entgehen.
30. Januar 1943	Die Erdölfelder von Maikop, von denen Hitler gesagt hatte, daß er ohne sie den Krieg nicht weiterführen könnte, müssen geräumt werden.
Anfang Februar 1943	Die sowjetischen Truppen erreichen südlich von Rostow auf breiter Front das Asowsche Meer. Die Deutschen ziehen sich in den sogenannten Kuban-Brückenkopf zurück, der im Laufe des Sommers immer mehr zusammengedrängt wird.
14. Februar 1943	Rostow am Unterlauf des Don, das in diesem Krieg mehrmals den Besitzer wechselte, wird endgültig befreit.

Der Kampf um den Kaukasus dauerte ein gutes Jahr. Er kostete 400.000 deutsche Soldaten das Leben. Wofür sie vor allem starben, machte Goebbels in einer Rede am 18. Oktober 1942 klar, als er angesichts der Anfangserfolge der Wehrmacht an der Südfront feststellte:

Wenn wir über kurz oder lang den Stoß in den Kaukasus fortsetzen, dann haben wir die reichsten Ölgebiete Europas in unserer Hand. Wer das Öl, das Eisen und die Kohle hat, der wird den Krieg gewinnen.

Es ging im Kaukasus jedoch nicht nur um Bodenschätze, für deren Ausbeutung die deutschen Konzerne schon »vorsorglich« sogenannte Ostgesellschaften gegründet hatten, sondern es ging auch um geostrategische Ziele: Die Eroberung des gesamten Südens der UdSSR sollte das Aufmarschgebiet zum mittleren Osten mit seinen Ölschätzen erschließen, die Türkei auf der Seite Deutschlands in den Krieg hineinziehen und über Indien den Brückenschlag zum fernen Verbündeten Japan ermöglichen.

Zusammen mit dem Angriff auf die Wolga, der bei Stalingrad sein Ende fand, war in der *Weisung Nr. 45* des Oberkommandos der Wehrmacht (OKW) die Eroberung des Kaukasus vorgesehen.

Am 25. Juli eröffnete die Heeresgruppe A unter Generalfeldmarschall von Kleist vom Unterlauf des *Don* aus den Angriff. v. Kleist verfügte über 40 gut ausgerüstete Divisionen. Er war damit in seinem Frontabschnitt den Sowjets erheblich überlegen.

Die Deutschen kamen anfangs schnell voran. Doch auch jetzt gelang nicht, was die deutsche Führung im Sommerfeldzug 1942 immer wieder zur Hauptaufgabe erklärt hatte: Die Einkesselung und Vernichtung großer Teile der Roten Armee. Trotzdem glaubte sich der deutsche Generalstab dem Sieg im Kaukasus nahe. Halder notierte am 31. Juli in sein Kriegstagebuch: »Die Feindfront ist zerschlagen. In einzelnen Teilen wird noch Widerstand geleistet«. Wie schon so oft in diesem Krieg hatte man die Kräfte der Sowjets erheblich unterschätzt. An ihnen brach sich letztlich der Angriff der Heeresgruppe A, der in zwei Richtungen verlief. In schnellen Panzerstößen sollten nördlich des Kaukasus die Ölquellen bei *Grosny* und schließlich *Baku* eingenommen werden.

An der Küste des Schwarzen Meeres vorgehend, wollte man im Süden des Kaukasus *Noworossisk* und den Hafen *Tuapse* erobern. Schließlich sollten Gebirgsjäger die *Kaukasuspässe* besetzen. Ende August zeichnete sich ab, daß die Deutschen diese Ziele nicht erreichen konnten. Bis zur Mitte des Monats hatte von Kleist bereits 54.000 Soldaten verloren. Da die Eroberung der Schwarzmeerhäfen auf sich warten ließ, wurde der Nachschub immer schwieriger. In Noworossisk hielten sich erbittert kämpfende sowjetische Kräfte. Auch vor Tuapse kam der deutsche Angriff nicht voran. Im Hochkaukasus war es Mitte August gelungen, einige Pässe in deutsche Hand zu bringen, allerdings unter der Gefahr, daß die Gebirgsjäger von ihren rückwärtigen Verbindungen abgeschnitten wurden. Die Tatsache, daß die »Reichskriegsflagge« auf dem Gipfel des 5.633 Meter hohen Elbrus gehißt wurde, änderte nichts daran, daß auch auf den Höhen des Kaukasus ein durchschlagender militärischer Erfolg nicht zu erringen war.

Am 25. September griffen die Deutschen nach einer Umgruppierung ihrer Kräfte erneut *Tuapse* an. Doch auch den nunmehr 7 eingesetzten Divisionen gelang es nicht, den Widerstand der Verteidiger vor der Stadt zu brechen. Die Hoffnung der deutschen Führung und der deutschen Wirtschaft auf das Kaukasische Öl sollte sich ebenfalls nicht erfüllen.

Anfang August waren zwar die Ölfelder von *Maikop* und *Krasnodar* erobert worden, doch die Förderanlagen wurden von den Sowjets vorher zerstört und mußten erst langwierig instandgesetzt werden.

Als Ende Oktober die Deutschen endlich zum Angriff auf die weitaus ergiebigeren Quellen von Grosny ansetzten, war ihre Kampfkraft bereits erheblich geschwächt. Am 5. November 1942 wurden den Soldaten der 1. Panzerarmee am Terek 100 Kilometer vor Grosny der Weg endgültig versperrt. Eine Woche später erlitten sie im Kampf um

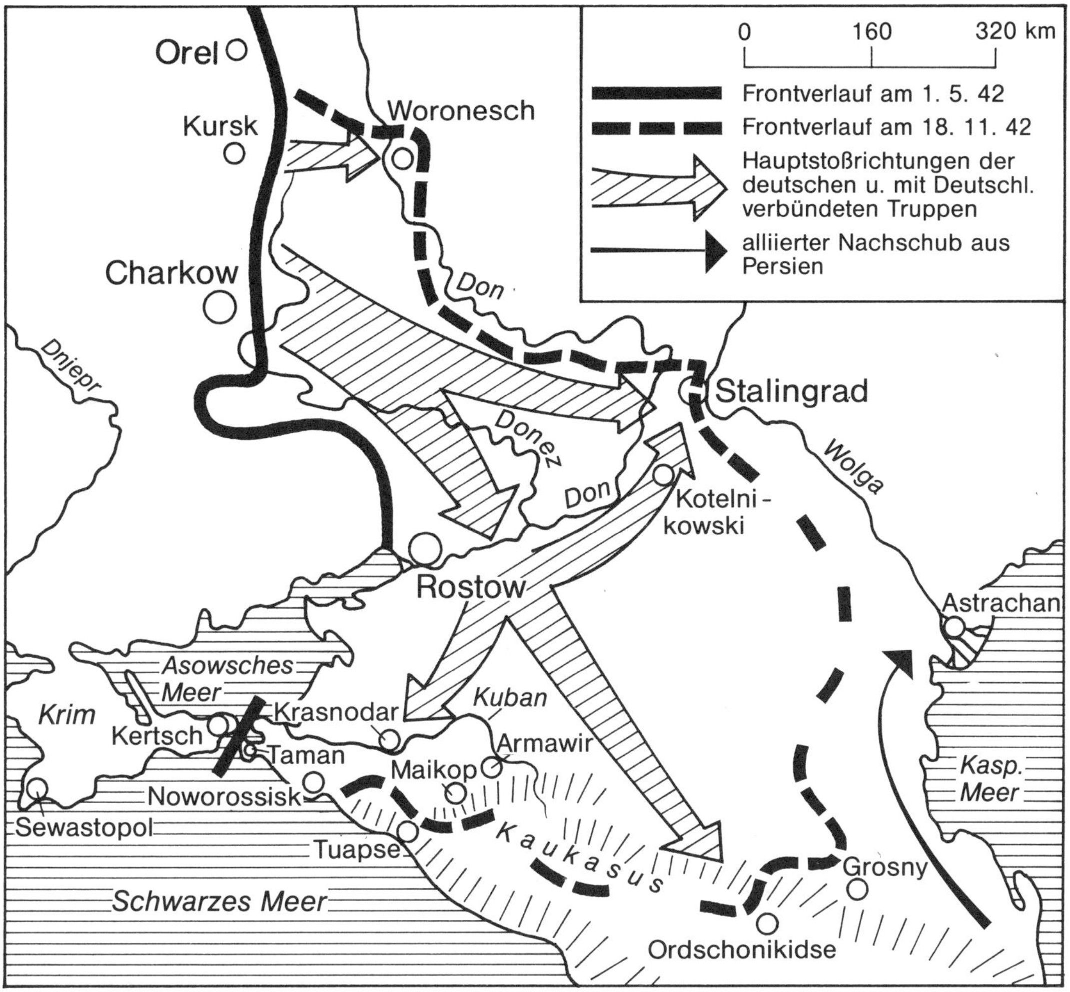

Der Krieg im Kaukasus.

die Stadt *Ordschonikidse* eine Niederlage. An der ganzen Kaukasusfront, die sich nach Norden in der Kalmückensteppe verlor und erst südlich von Stalingrad wieder Anschluß an die Heeresgruppe B fand, gingen die Deutschen nun zur Verteidigung über.

Wiederum eine Woche später, am 19. November, begann die sowjetische Gegenoffensive bei Stalingrad.

Als die 6. Armee in Stalingrad eingeschlossen wurde, standen 750.000 deutsche Soldaten im Kaukasus. Ein schneller sowjetischer Vorstoß zum Asowschen Meer auf Rostow konnte nur ein »Über-Stalingrad« bedeuten, wie v. Manstein es nannte.

Gleichwohl wollte man auf deutscher Seite zumindest die mit so vielen Opfern eroberten Erdölfelder von Maikop nicht ohne weiteres durch einen schnellen Rückzug aus der Hand geben. Angesichts der immer stärker werdenden Bedrohung aus Richtung Stalingrad sollte deshalb die Heeresgruppe A nur langsam zurückgehen und große Teile der eroberten Gebiete am Kaukasus auf jeden Fall halten.

Suche nach Angehörigen auf der Halbinsel Kertsch nach dem Abzug deutscher Truppen.

Am 1. Januar 1943 begann die am weitesten vorgestoßene 1. Panzerarmee mit dem Rückzug. Für diesen war vorgesorgt worden. In vorbereiteten Auffangstellungen wurden die nachdrängenden sowjetischen Verbände immer wieder aufgehalten. Allerdings konnte die letzte wichtigste Verteidigungslinie nicht gehalten werden. Am 24. Januar wurden die deutschen Stellungen bei *Armawir* überrannt. Damit war der Weg auf Maikop frei, das die Wehrmacht am 30. Januar 1943 räumen mußte.

In drei Wochen waren die Deutschen 450 km zurückgegangen. Wollte man beim Vormarsch noch die Bevölkerung des Kaukasusgebietes durch »gute Behandlung« von den Segnungen der deutschen »Neuordnung« überzeugen, so konnte man beim Rückzug jede Rücksicht fallen lassen. Die Deutschen hinterließen ein systematisch verwüstetes Land, »verbrannte Erde« und Zehntausende ermordeter Einwohner.

Die Rote Armee rückte immer weiter nach Westen vor. Mit Müh und Not konnte sich ein Großteil der 1. Panzerarmee in einen Brückenkopf vor dem Don südwestlich Rostows zurückziehen. Alle anderen deutschen Kräfte wurden, nachdem die Sowjets in einem schnellen Vorstoß das Asowsche Meer erreicht hatten, im sogenannten Kuban-Brükkenkopf immer mehr zusammengedrängt. Ein Rückzug war von hier aus nur noch durch ein Übersetzen auf die Halbinsel Kertsch und dann über die Krim möglich.

Diese Hintertür wurde jedoch durch eine sowjetische Landung bei Noworossisk bedroht, die Anfang Februar zur Bildung eines Brückenkopfes, des »Kleinen Landes«, wie die Sowjets es nannten, führte. Zeitweise setzten die Deutschen 5 Divisionen ein, um den sowjetischen Verband, der diesen Brückenkopf hielt, wieder ins Meer zu werfen. Doch die sowjetischen Soldaten, unter ihnen der damalige politische Kommissar Leonid Breschnew, hielten den Angriffen stand. Im September 1943 wurde das »Kleine Land« wichtiger Ausgangspunkt zur endgültigen Befreiung von Noworossisk und der Taman-Halbinsel.

Auf dem Elbrus wehte seit dem 17. Februar 1943 wieder die sowjetische Fahne.

Die Schlacht um den Kaukasus endete für die Deutschen mit einer Niederlage. Der Kampf um den Kuban-Brückenkopf und die Taman-Halbinsel waren nur noch Rückzugsgefechte.

Nördlich von Rostow, das die Sowjets am 14. Februar 1943 befreiten, hatte die deutsche Führung ihre Truppen auf Stellungen am Mius zurücknehmen müssen, die ungefähr der Ausgangslage vor der Schlacht um die Wolga und den Kaukasus entsprachen. Für die deutsche Rüstungswirtschaft ging damit nach dem kaukasischen Öl auch die Kohle des Donez-Beckens wieder verloren.

Der in der *Weisung Nr. 45* so großspurig verkündigte Feldzug hatte Hunderttausenden deutschen und sowjetischen Soldaten das Leben gekostet und ungeheure Verwüstungen angerichtet.

Historisches Stichwort: Michael Eickhoff befragt Andreas Hillgruber über die Schlacht um den Kaukasus

Professor Andreas Hillgruber, der für diese Folge um fachhistorische Anmerkungen gebeten wurde, hält die Darstellung der damaligen Ereignisse durch den Film *Die Schlacht um den Kaukasus* für einigermaßen zutreffend, ihre Proportionen, ihre Gewichtung jedoch für erheblich verschoben. »Wahnsinnig überzeichnet« – so Hillgruber – sei die Rolle des gegenwärtigen sowjetischen Staatspräsidenten Leonid Breschnew und seiner angeblichen damaligen Leistungen auf dem kleinen sowjetischen Brückenkopf südlich von Noworossisk; eine Darstellung, die der eigentlichen kriegshistorischen Bedeutung der Ereignisse nicht gerecht wird.

Ich vermute, daß es sich um einen Trick der Filmemacher handeln könnte, die sich das Wohlwollen des damaligen Obersten der Roten Armee und heutigen Kremlherrn sichern wollten, der ja immerhin in der gleichen Serie die weitaus kriegsentscheidendere Rolle Stalins erneut zur Kenntnis nehmen mußte, den man bisher in Moskau in der Versenkung hatte verschwinden lassen.

Hillgruber sieht in der deutschen Offensive des Jahres 1942 folgenden Zusammenhang:

Anders als 1941, als Hitler davon ausging, man könne die Sowjetunion in einem einzigen großen Zug durch einen Angriff zwischen Ostsee und Schwarzem Meer, ja bis nach Murmansk hinauf besiegen, war man angesichts der erheblichen Verluste während der

Winterschlacht von Moskau 1941/42 nicht mehr zu einer Generaloffensive in der Lage. Die deutsche Seite plante jetzt, durch einen Offensivstoß im Süden zunächst nach Stalingrad ihre Nordflanke abzudecken, dann in den Kaukasusraum vorzustoßen. Das Fernziel: weiter nach dem Iran und in den Irak vorzudringen, um sich so die Ölquellen nicht nur des sowjetischen Kaukasusgebietes, sondern auch dieser ungeheuer ölreichen Länder zu sichern. Dort saßen die Engländer, und ein Erfolg dieser deutschen Planung hätte die gesamte britische Position im Nahen Osten zum Einsturz gebracht.

Hinter diesem Ziel standen noch ehrgeizigere Vorstellungen und Absichten. Die Deutschen planten, sich im Raum Indien/Mittlerer Osten mit den Japanern zu treffen, die am 7. Dezember 1941 mit dem Überfall auf starke amerikanische Flotteneinheiten im pazifischen Pearl Harbour in den Weltkrieg eingetreten waren. Es gab also eine globale Strategie der Dreier-Pakt-Mächte, der Verbündeten Deutschland, Japan und Italien. Um sie in die Tat umsetzen zu können, hatte die Eroberung des Kaukasus-Raumes eine gleichermaßen militärische wie wirtschaftliche Schlüsselfunktion: die Ölquellen wurden dringend benötigt.

Die tatsächlichen Ereignisse hatten mit den begehrlichen Visionen Hitlers nichts mehr zu tun. Anders als auf deutscher Seite vorgesehen, wurde der Name einer Stadt zur Schlüsselerfahrung dieses Krieges Deutscher gegen die Sowjetunion: Stalingrad. Die Verbindung zwischen Stalingrad und dem Kaukasus-Aufmarsch sieht Hillgruber in folgendem:

In Hitlers »Weisung Nr. 41« war geplant, zunächst Stalingrad zu nehmen und erst dann in Richtung Kaukasus vorzustoßen. Ein Unternehmen also in mehreren Phasen. In der Hektik des Sommers 1942 hat Hitler dann allerdings den Vormarsch nach Stalingrad und in den Kaukasus parallel laufen lassen. Das war mit einer enormen Überanstrengung der deutschen Truppen verbunden. Ursprünglich hatte Stalingrad nur die Rolle einer Nebenfront, eines Abdeckens der Hauptoperation spielen sollen. Durch den faktischen Verlauf haben sich die Dinge jedoch umgekehrt.

Die Frage »Was wäre, wenn« ist sicher eher dem Journalisten als dem Geschichtswissenschaftler erlaubt. Ich stelle sie deshalb: Welche veränderte Weltordnung hätte sich ergeben, wenn sich die ehrgeizigen Pläne Hitlers verwirklicht hätten. Eines seiner Hauptziele war ja wohl immer noch, mit dem Feldzug in der Sowjetunion in Wahrheit die Weltmacht England zu treffen. Dazu der Historiker Hillgruber:

Das ist richtig. Durch die Bedrohung Indiens, durch einen deutschen Vorstoß nach Iran und eventuell sogar weiter nach Afghanistan; andererseits durch den Vormarsch der Japaner über Burma hinaus, sollte das – wie Hitler es sah – Herzstück des britischen Imperiums getroffen werden. Bis dahin schwangen bei ihm immer noch die Hoffnungen, die Illusionen mit, er könnte auf diese Weise Großbritannien aus dem Kranz der Gegenmächte herausbrechen. Diese Zielsetzung spielte, teils bewußt, teils unbewußt, noch eine große Rolle bei ihm.

Und wieder machte sich die Geschichte selbständig. Die Japaner stellten ihre auf Indien abzielenden Operationen nach einigen Niederlagen ein. Sie hatten sich auf ihre Auseinandersetzung mit den Vereinigten Staaten im Pazifik zu konzentrieren, denn auch sie nahm einen anderen Verlauf als erwartet. Hillgruber:

Die Schlacht bei den Midwayinseln im Pazifischen Ozean im Juni 1942, die für die Japaner verlorenging, brachte dann schon die Wende auf diesem Schauplatz. Die Japaner waren nicht mehr in der Lage, ihren Vorstoß in Richtung Indien fortzusetzen. Wenn man das Ganze heute überschaut, kann man sagen, daß die deutsche Offensive in Richtung Kaukasus zu einem Zeitpunkt anlief, als der große Plan – Indien – schon nicht mehr realisierbar war.

Doch auch in Indien selbst waren durch diese Begehrlichkeit der damaligen Kriegsmächte Dinge in Bewegung gekommen. Hillgruber zur Frage, welche Haltung die Inder, damals unter britischer Kolonialherrschaft, in dem Pokerspiel der Größeren um ihren Subkontinent selbst einnahmen:

Durch das Vorrücken der Japaner über Burma hinaus rückte das Problem Indien für die Briten in den Mittelpunkt ihrer Politik. Die Führer der indischen Kongreßpartei – Ghandi und Nehru – forderten die sofortige Freigabe Indiens aus dem britischen Empire; die Unabhängigkeit ihres Landes also. Im März/April 1942 verhandelte der britische Außenminister Sir Stafford Cripps mit den indischen Führern. Es kam keine Einigung zustande, denn Großbritannien erklärte sich nur bereit, Indien erst nach einem Ende des Krieges freizugeben. Die Folge war, daß in Indien große Unruhen ausbrachen und die Briten Anfang August 1942 Ghandi und Nehru verhafteten.

Andere indische Politiker erhofften sich Unterstützung für die Loslösung von den Briten bei deren Kriegsgegnern.

Eine sozusagen zweite Zentrale der indischen Unabhängigkeitsbewegung war der Nationalistenführer Subhas Chandra Bose, der Anfang 1941 über die Sowjetunion nach Deutschland gelangt war. Bose glaubte, von Deutschland aus den Unabhängigkeitskampf der Inder organisieren zu können.

Das Verhalten der Führer des Dritten Reiches gegenüber den indischen Nationalisten war alles andere als solidarisch. Hitler selbst empfing Bose erst im Mai 1942 und machte ihm nur halbherzige Zusagen für seine Sache. Auch ließ er ihn nicht – wie Bose es wollte – sofort in den japanischen Machtbereich ausreisen. Erst im Frühjahr 1943 gelangte Bose nach Ostasien. Hitler ging es nicht um die Sache der Inder. Er hoffte, sich auf dem Umweg über Indien doch noch mit Großbritannien arrangieren zu können. Bose war lediglich ein Werkzeug; so sehr er auch von der Goebbels'schen Propagandamaschinerie damals als Sympathisant des Systems in Deutschland herumgezeigt wurde.

Insgesamt aber – so Hillgruber – war das Schicksal Indiens auf das engste mit dem Verlauf des Zweiten Weltkrieges, mit der großen Strategie und Politik aller in ihr verwikkelten Mächte verbunden.

Die halbherzige Unterstützung Hitler-Deutschlands für die indische Nationalistenbewegung hatte noch einen weiteren Grund: Mit den Japanern war im Januar 1942 eine Abgrenzung der jeweiligen Operationszonen ausgehandelt worden. Das hätte eine Aufteilung des Landes in Einflußsphären bedeutet, wie sie die späteren Siegermächte dann mit Deutschland tatsächlich vornehmen sollten. In Indien war eine Grenze am 70. Längengrad, etwa am Indus-Fluß, vorgesehen. Sie hätte bedeutet, daß der größte Teil Indiens Japan zugeschlagen worden wäre. Doch Hitler, der sich mit seinem Verbündeten Japan auch in einem Konkurrenten-Verhältnis sah, wollte keineswegs, daß hier ein unabhängiges Indien die groß-ostasiatische Sphäre der Japaner noch weiter verstärkte.

Weltpolitische Strategien vor 40 Jahren, unvergessene Alpträume für viele noch heute. Weltherrschaftsträume. Nach einem Sieg im Gebiet des Kaukasus habe Hitler – wie es im Film heißt – seinen Krieg auch auf die Vereinigten Staaten von Amerika ausdehnen wollen. Hillgruber:

Das Zitat wundert mich hinsichtlich des Jahres 1942. Im Sommer 1941, als Hitler davon überzeugt war, die Sowjetunion bereits besiegt zu haben, hat er in der Tat davon gesprochen, nach dem Triumph im Osten nun die Wendung der deutschen Kriegsmaschine nach Westen zu vollführen, Luftangriffe auf die großen Städte der nordamerikanischen Ostküste fliegen zu lassen, den Krieg nach Amerika hineinzutragen. 1942 allerdings ist davon keine Rede mehr. Hitler hat sogar gegenüber den Japanern Anfang 1942 eingestanden, er wisse nicht, wie er Amerika besiegen könne.

Der Kaukasus ging für die Deutsche Wehrmacht und das Dritte Reich verloren; und damit auch die Weltmachtträume. Was hat sich durch diese Niederlage am Kriegsverlauf geändert?

Vordergründig betrachtet war der deutsche Rückzug aus dem Kaukasus keine schwere Niederlage. Er vollzog sich aufs Ganze gesehen in geordneten Bahnen. Auch die Rückführung der deutschen Truppen über die Straße von Kertsch im Zeitraum September/Oktober 1943 spielte sich ohne nennenswerte Verluste ab. Das war, wenn man es so betrachtet, kein Kapitel, das in eine große Katastrophe auslief. Wenn man aber weiß und berücksichtigt, welche zentrale Rolle die Ölquellen des Kaukasus in der Kriegsplanung gespielt haben und die auf diesem Weg angesteuerten Rohstoffquellen im Iran und Irak, dann muß man sagen, der Kaukasus war für die deutsche Wehrwirtschaft und damit für die deutsche Kriegsführung ein ganz fundamentaler Verlust . . .

Und die Folgen?

Die Bewegungsfreiheit der Deutschen Wehrmacht wurde immer stärker eingeschränkt. Gewiß, es gab die Werke für synthetischen Treibstoff in Deutschland, die Leuna-Werke in Sachsen-Anhalt, Werke in Wesseling bei Köln und in einer Reihe von anderen Städten, die seltsamerweise erst von Mai 1944 an von den Engländern bombardiert wurden. Es gab auch noch die rumänischen und ungarischen Ölquellen, und einige in Österreich. Aber insgesamt reichte das nicht mehr aus, um große Operationen im geplanten Stil zu führen.

Hinzu kam, daß sich noch einige andere Voraussetzungen dieses Krieges geändert hatten, die weder Deutsche noch die Sowjets genügend vorauskalkulieren konnten oder wollten. Dazu gehörte, daß die »Terrorbomber« der Engländer und Amerikaner deutsche Städte in Schutt und Asche legten und auf diese Weise die »Kampfmoral« der deutschen Frontsoldaten demoralisierten. Hillgruber schließt diese Epoche des Krieges so ab: »Die absolute Luftherrschaft der Alliierten hatte dem Bewegungskrieg alten Stils ein Ende gesetzt . . .«

Der Krieg in der Arktis

Von Wilhelm Pagels

Juni 1941	Der deutsche Angriff kommt nur schleppend voran.
Oktober 1941	Die deutschen Truppen werden 50 km vor Murmansk endgültig aufgehalten.
Winter 1941/1942	Trotz schwerer Bombardements bleiben die Murmansker Hafenanlagen funktionsfähig.
Ende Juni 1942	Kriegsmarine versenkt große Teile des Geleitzuges PQ-17.
Dezember 1942	Operation *Regenbogen* gegen Geleitzug JW 51 B endet in einem Debakel.
Januar 1943	Dönitz löst Raeder in der Seekriegsleitung ab.
1943	Anspruchsvolles Flottenbauprogramm scheitert an Materialmangel. Kriegsmarine leidet unter akutem Brennstoffmangel. Abnehmende Aktivitäten.
Oktober 1944	Sowjetische Truppen stoßen nach Nordnorwegen durch. Deutsche Niederlage im hohen Norden.

Von Nordnorwegen aus stießen mit Kriegsbeginn deutsche Verbände nach Osten vor, um den ständig eisfreien Hafen *Murmansk* einzunehmen und die wichtige Eisenbahnlinie vom Eismeer nach Leningrad abzuschneiden. Zwar wurden im Sommer 1941 geringfügige Geländegewinne erzielt; die aus Gebirgsjägern aus Bayern und Tirol bestehenden deutschen Verbände erreichten jedoch ihre Operationsziele weder 1941 noch in den darauffolgenden Jahren. In den unwegsamen Wäldern, Sümpfen und Tundren gelang es den sowjetischen Truppen, die deutschen Angriffe abzuwehren und den Hafen von Murmansk und die Murmanbahn zu schützen. 50 km vor Murmansk kam der deutsche Angriff zum Stehen. Es sollte während des ganzen Krieges nicht gelingen, weiter vorzudringen. Trotz schwerer deutscher Luftangriffe blieb der Hafen von Murmansk funktionsfähig.

Im weiteren Verlauf des Krieges versuchte die deutsche Führung, die alliierten Hilfslieferungen auf dem Seewege zu stoppen. Zu diesem Zweck wurden Anfang 1942 schwere Überwassereinheiten nach Norwegen verlegt. Auf dem Wege dorthin erhielten die beiden Schlachtschiffe *Scharnhorst* und *Gneisenau* Minentreffer, so daß sie 1942 nicht mehr in der Arktis eingesetzt werden konnten. Auch der schwere Kreuzer *Prinz Eugen* war wegen einer Beschädigung durch ein britisches U-Boot nicht verfügbar. An diesen Beispielen zeigte sich schon früh, daß die deutsche Kriegsmarine weit davon entfernt war, ungestört operieren zu können. Immerhin gelang es ihr, bis Mitte 1942 bedeutende Kräfte im Nordmeer zu konzentrieren, darunter ein Schlachtschiff, 3 schwere Kreuzer, 12 Zerstörer, 6 Torpedoboote, 4 Schnellboote, 20 U-Boote, 3 Minenleger und andere kleine Einheiten. Unterstützt wurden diese Schiffe von 250 Jagd-, Bomben-, Torpedo- und Aufklärungsflugzeugen.

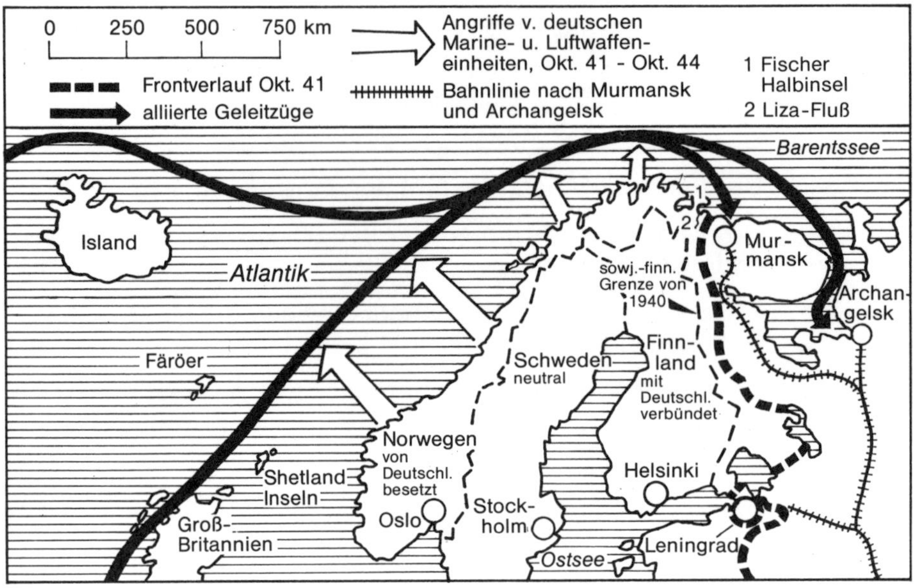

Der Krieg im Eismeer.

Diese Marine- und Lufteinheiten sollten verschiedene Aufgaben erfüllen. Zunächst einmal sollte damit einer möglichen alliierten Landung in Norwegen vorgebaut werden. Zudem sollte allein das Vorhandensein starker deutscher Flottenkräfte das britische Flottenkommando dazu zwingen, ihre Murmansk-Geleitzüge durch schwere und leichte Kreuzer zu sichern und damit andere Einsatzbereiche im Atlantik und im Mittelmeer schwächen. Und schließlich sollten die alliierten Geleitzüge auch direkt angegriffen werden.

Im Frühjahr 1942 wurden die alliierten Geleitzüge PQ-12—15 von Flugzeugen, Zerstörern und U-Booten attackiert. Durch die mangelnde Koordination der einzelnen Waffenarten waren die »Erfolge« jedoch recht gering. Daher plante die deutsche Seekriegsleitung, die Geleitzüge koordiniert im Zusammenwirken von Zerstörern, U-Booten, Flugzeugen und schweren Überwassereinheiten anzugreifen.

Der erste und auch letzte derartige Versuch war die Operation *Rösselsprung,* in deren Verlauf 22 von 33 Transportern des Geleitzuges PQ-17 im Nördlichen Eismeer versenkt wurden. Diese schweren Verluste waren allerdings in erster Linie die Folge einer Fehlentscheidung der englischen Admiralität (vgl. Jürgen Rohwer ab Seite 122). Wegen des hohen Risikos wurden Operationen wie der *Rösselsprung* in der Folge nicht wiederholt, zumal die deutschen Überwasserschiffe seit dem Spätsommer 1942 schon so sehr unter Brennstoffmangel zu leiden hatten, daß sie nur noch gelegentlich auslaufen konnten. Zwar gelang es deutschen Flugzeugen und U-Booten, nach und nach 13 Transporter des Geleitzuges PQ-18 und 4 Transporter des auf dem Rückwege befindlichen Geleitzuges PQ-14 zu versenken, doch zeichnete sich gegen Ende 1942 immer mehr ab, daß die Möglichkeiten der deutschen Kriegsmarine im Nördlichen Eismeer immer geringer wurden. Der akute Brennstoffmangel war das äußere Zeichen dafür, daß die deutsche Kriegswirtschaft den sich aus der deutsch-sowjetischen Front ergebenden großen Belastungen nicht gewachsen war. Auch das Flottenbauprogramm von 1943 sollte noch darunter leiden.

Zunächst einmal kam es jedoch zu einem Wechsel in der Seekriegsleitung. Der Anlaß war das Scheitern der Operation *Regenbogen.* Am 30. Dezember 1942 griffen der schwere Kreuzer *Admiral Hipper,* das Panzerschiff *Lützow* und 6 Zerstörer den nur schwach gesicherten Murmansk-Geleitzug JW 51 B an. Dabei erhielt *Hipper* einen Treffer in den Kesselraum, ein deutscher Zerstörer wurde versenkt. Zwar gelang es ebenfalls, einen britischen Zerstörer zu versenken, doch sämtliche Transportschiffe des Geleitzuges blieben unversehrt. Die Operation *Regenbogen* endete in einem Debakel.

Im Januar 1943 bot Großadmiral Raeder seinen Rücktritt an, der von Hitler auch angenommen wurde. An die Stelle Raeders rückte Admiral Karl Dönitz, der bisherige Befehlshaber der U-Boot-Flotte. Dönitz wurde von Hitler als »überzeugter Nationalsozialist« geschätzt und hatte sich durch besonders radikale Forderungen hervorgetan. Im September 1942 hatte er in einem Befehl gefordert:

»Jeglicher Rettungsversuch von Angehörigen versenkter Schiffe, also auch Auffischen von Schwimmenden und Anbordgabe auf Rettungsboote, Aufrichten gekenterter Rettungsboote, Abgabe von Wasser und Nahrungsmitteln haben zu unterbleiben. Rettung widerspricht den primitivsten Forderungen der Kriegsführung nach Vernichtung feindlicher Schiffe und Besatzungen.«

Auch Dönitz war nicht in der Lage, die objektiven Schwierigkeiten der Kriegsmarine in den Griff zu bekommen. Die Konzeption des U-Boot-Krieges hatte darin bestanden, mehr alliierte Schiffe zu versenken, als durch Neubau wieder bereitgestellt werden könnten. Dies erwies sich jedoch als illusorisch. Die englischen und amerikanischen Werftkapazitäten waren erheblich leistungsfähiger als erwartet. Das Verhältnis zwischen versenkter und wiederhergestellter bzw. neugebauter Handelstonnage verschob sich daher zugunsten der westlichen Alliierten. Hinzu kam, daß die deutsche U-Boot-Flotte durch die immer wirksamer werdende U-Boot-Abwehr der alliierten Schiffe erhebliche Verluste hinnehmen mußte.

Die deutsche Seekriegsleitung versuchte diesen Schwierigkeiten durch ein umfangreiches Flottenbauprogramm zu begegnen. Das am 7. Juni 1943 vorgelegte Programm sah pro Jahr den Neubau von 480 U-Booten, 8 Zerstörern, 12 Torpedobooten, 108 Schnellbooten, 100 Minensuchbooten und zahlreichen kleineren Marinefahrzeugen vor. Die verschlechterte Situation an der deutsch-sowjetischen Front nach der Schlacht am Kursker Bogen ließ dieses Programm jedoch als irreal erscheinen. Wie schon 1942 mußten im Laufe der zweiten Jahreshälfte 1943 die für die Kriegsmarine bestimmten Stahllieferungen immer wieder gekürzt werden. An der Ostfront wurden Panzer, Geschütze, Flugzeuge und Munition benötigt, und so blieb das Flottenbauprogramm 1943 ein reines Wunschprogramm. In der Marine war man bald froh, überhaupt die notwendigen Reparaturarbeiten erledigen zu können.

Die alliierten Geleitzüge konnten daher immer ungestörter die Häfen im Nördlichen Eismeer – Murmansk und Archangelsk – anlaufen. Diese Hilfslieferungen sollten jedoch nicht als eine einseitige Leistung der westlichen Alliierten verstanden werden. Die Anti-Hitler-Koalition zwischen England, USA und der Sowjetunion war keine Einbahnstraße. Die Rote Armee band an der Ostfront nicht nur die Mehrheit der militärischen, sondern auch der wirtschaftlichen Kräfte des Deutschen Reiches. Damit wurde es der ressourcenarmen deutschen Kriegswirtschaft unmöglich gemacht, im Seekrieg gegen die westlichen Alliierten die ausreichenden Kapazitäten zur Verfügung zu stellen.

Im Jahre 1944, als im Nördlichen Eismeer kaum noch Kampfhandlungen stattfanden, kam Bewegung in die Landfront im hohen Norden. Von Oktober 1941 bis Oktober 1944 war sie nahezu unverändert geblieben. Nun stießen die sowjetischen Truppen aus der Verteidigung heraus bis nach Nordnorwegen durch. Die deutschen Truppen mußten ihre letzten Stellungen in Nordeuropa fluchtartig räumen. Hier hatte die Wehrmacht die geringsten Erfolge an der ganzen Ostfront erringen können.

Historisches Stichwort: Michael Eickhoff befragt Jürgen Rohwer über den Krieg in der Arktis

Die Deutschen hatten 1940 in einem dramatischen Wettlauf mit den Briten Norwegen besetzt. Sie kontrollierten damit die Zufahrt zu den kriegswichtigen Erzvorkommen Schwedens, aber auch die Seewege zu den nördlichen sowjetischen Seehäfen Murmansk und Archangelsk. Nach Beginn des Krieges gegen die Sowjetunion versuchte die deutsche Wehrmacht, den Sowjets den ganzjährig eisfreien Hafen Murmansk wegzunehmen. Dazu wurden zunächst zwei Gebirgsdivisionen auf dem Landweg, von finnischem und norwegischem Territorium aus, in Bewegung gesetzt. Die Deutschen glaubten, leichtes Spiel zu haben. An ein Zusammenspiel mit der Marine – so erklärt der Marinehistoriker Professor Jürgen Rohwer – habe man zunächst gar nicht gedacht. Die Marine hatte auch keine zusätzlichen Streitkräfte in Norwegen verfügbar. Erst im Juli 1941 erhielt sie die ersten Zerstörer, im August die ersten U-Boote.

Der Angriff auf Murmansk wurde lediglich aus der Luft unterstützt. Nach Anfangserfolgen bissen sich die deutschen Gebirgsjäger sehr schnell am hartnäckigen Widerstand der sowjetischen Truppen an der Eismeerfront fest. Es gelang den Deutschen nicht, die Fischerhalbinsel nordwestlich von Murmansk einzunehmen. Sowjetische Verbände landeten von See her und unterbrachen die rückwärtigen Verbindungen der Deutschen, die so immer wieder zu Umgruppierungen ihrer Einheiten gezwungen wurden. Nach wenigen Wochen lief sich die Front am Liza-Fluß westlich von Murmansk fest und blieb dort stehen – bis 1944. Murmansk blieb in sowjetischer Hand.

Die Deutschen hatten hier, wie auch auf anderen Schauplätzen, die Kampfkraft der Roten Armee ebenso unterschätzt wie ihre Wintererfahrung im Norden, die die Sowjets im finnischen Winterkrieg 1939/40 sammeln konnten.

Auch der deutschen Luftwaffe gelang es nicht, den Hafen Murmansk betriebsunfähig zu machen, obwohl sie ihn immer wieder angriff und die Pieranlagen zerstört wurden. Hier habe sich – so Jürgen Rohwer – die große Improvisationsfähigkeit der Russen bewiesen. Auch dies war wohl eine Eigenschaft, die die Angreifer in diesem Krieg nicht vorher bedacht hatten.

Welche Rolle hat dieser eisfreie und damit immer zugängliche Hafen für die sowjetische Versorgung gespielt?

Er ist sehr wichtig gewesen, denn dort kam in den ersten Kriegsjahren, in denen es der Sowjetunion an allem mangelte, der Hauptnachschub aus Übersee von den Verbündeten, aus Amerika und aus England: Rüstungsmaterial, Rohstoffe, Lebensmittel. In den

Die Ruinen der Hafenstadt Murmansk, 1942.

ersten anderthalb Jahren des deutsch-sowjetischen Krieges, bis Ende 1942, sind die Hälfte aller Zufuhren von außen auf diesem Wege zu den Russen gelangt. Später wurde in zunehmendem Maße der Persische Golf als Nachschubweg benutzt. Und natürlich ein Gebiet, das vom Krieg nicht berührt wurde: die Route zwischen Alaska und der sowjetischen Fernost-Provinz Wladiwostok. Über diesen Weg gelangten etwa 50 Prozent des gesamten Nachschubes der Westalliierten in die Sowjetunion. Auf die Kriegsdauer insgesamt bezogen heißt das: die UdSSR erhielt die Hälfte aller Lieferungen auf der Alaska-Fernost-Route und je ein Viertel auf der Nordmeer-Route sowie auf dem Weg über den Persischen Golf.

Murmansk: eine lebenswichtige Verbindungslinie für die kriegsunvorbereiteten Sowjets. Die Deutschen konnten den Hafen und seine Funktion für den Nachschub nicht ausschalten. Doch sie konnten versuchen, zu verhindern, daß Schiffe der Alliierten überhaupt dort ankamen.

Im August 1941 begannen die Briten, Nachschubkonvois von England über Island nach Murmansk zu schicken. Zunächst waren diese Geleitzüge – bestehend aus Frachtern, die durch Kriegsschiffe und teilweise aus der Luft geschützt wurden – nicht sehr groß. Erst im Spätherbst 1941 hat man auf deutscher Seite langsam gemerkt, was da vor sich ging.

Im Frühjahr 1942 setzten die Engländer schließlich stärkere Konvois in Bewegung. Jetzt wurde von deutscher Seite das Schwergewicht der Seekriegsführung mit Überwasserschiffen in den Nordmeer-Raum verlegt.

Bis Mitte 1941 waren die deutschen schweren Seestreitkräfte für die Kriegsführung im Atlantik eingesetzt gewesen. Im Mai 1941, vier Wochen vor Beginn des Ostfeldzuges, ging das Schlachtschiff Bismarck *verloren. Zwei andere Schlachtschiffe, die* Scharnhorst *und die* Gneisenau, *sollten erst im Februar 1942 durch den Kanal durchbrechen und nach Norwegen gehen; doch trafen sie dort, weil sie unterwegs beschädigt wurden, zunächst nicht rechtzeitig ein. Nur das deutsche Schlachtschiff* Tirpitz *war im Norden einsatzfähig.*

Immerhin führte die Konzentration der verbleibenden schweren deutschen Schiffe, der U-Boote und starker Luftwaffenverbände dazu, daß die Engländer nun ihrerseits verstärkt ihre Heimatflotte und ihre Seestreitkräfte gegen diese deutschen Schiffe konzentrieren mußten, um die Konvois zu sichern und in ihren Bestimmungshafen zu bringen. Bei diesen Operationen erlitten die Engländer vor allem 1942 erhebliche Verluste. Das berühmteste Beispiel ist der Konvoi mit der Code-Bezeichnung PQ-17. Dieser Konvoi verlor während der Überfahrt etwa zwei Drittel seiner Schiffe. Das war, prozentual gesehen, der höchste Verlust eines Konvois überhaupt während des gesamten Krieges.

Eigenartigerweise hatte die britische Admiralität in diesem Falle vorher Kenntnisse über den deutschen Operationsplan gewonnen. Der Erste Seelord, Admiral Pound, war über die Absicht der Deutschen informiert, den Konvoi PQ-17 mit schweren Schiffen, darunter auch dem Schlachtschiff Tirpitz, *anzugreifen. Seine Informationsquelle: die Schweden hatten auf der Landlinie von Deutschland über Dänemark nach Norwegen die Fernschreibleitungen angezapft. Sie waren in der Lage, die Fernschreibschlüsselmaschine, mit der die Nachrichten verschlüsselt wurden, zu entziffern. Das hatte man in Deutschland nicht für möglich gehalten. Offiziere des schwedischen Nachrichtendienstes, die der Sache der Alliierten zuneigten (Schweden war offiziell neutral), ließen diese Information dann in summarischer Form (nicht im Original) dem britischen Marineattaché zukommen, der sie nach London übermittelte.*

Trotz seiner Kenntnisse der deutschen Absichten traf der britische Admiral Pound jetzt eine Entscheidung, die schwerwiegende Folgen haben sollte; eine Entscheidung, die noch heute in England umstritten ist. Sie sah vor, daß der Konvoi sich bei einer Bedrohung durch das deutsche Schlachtschiff auflösen sollte. Der Zweck dieses Befehls war an sich, bei einem Angriff schwerer deutscher Überwasserstreitkräfte die alliierten Schiffe sich so zerstreuen zu lassen, daß die Deutschen in der verbleibenden Tageshelligkeit nur einen Teil von ihnen angreifen konnten. Tatsächlich war damit aber die ideale Situation geschaffen, die die deutschen U-Boote und Flugzeuge brauchten. Um den Konvoi herum gab es keine geschlossene Nahsicherung mehr. Die deutschen U-Boote konnten unbehelligt die ungesicherten Schiffe angreifen. PQ-17 wurde zum Symbol einer maritimen Katastrophe. Churchill ließ weitere Konvois zunächst nicht zu.

Auch für die Sowjetunion war das ein schwerer Schlag. Die alliierten Zufuhren waren besonders 1942 für sie von großer Bedeutung. Zu den Sicherungen der Konvois hatten sie nur in bescheidenem Umfang beitragen können. Sie wurde hauptsächlich von der britischen Marine durchgeführt, sowjetische Schiffe haben die Sicherungen nur gelegentlich verstärkt. Das lag nicht an mangelndem Willen; ihre Marinestreitkräfte waren auf diese Aufgaben nicht eingestellt. Die Sowjets besaßen lediglich fünf moderne und drei alte Zerstörer, dazu ein paar U-Boote als Flankensicherung für die Konvois. Das war alles und zuwenig, was sie einsetzen konnten.

Anders als Engländer und Deutsche hatten die Sowjets die Bedeutung der Marine im Zweiten Weltkrieg weit geringer eingestuft. Schon das zaristische Rußland war eher eine Landkriegsmacht gewesen.

Zu Beginn des Krieges gegen Hitler-Deutschland war die Position im Nordmeer auch für die sowjetische Gesamtkriegsführung ein Nebenschauplatz. Allerdings hat die Nachschubsicherung die sowjetische Seite auch weiterhin sehr interessiert. Denn auf dieser Nordmeer-Route kamen in erheblichem Umfang die Fahrzeuge, die Lastkraftwagen und Jeeps, mit denen die Rote Armee beweglich gemacht wurde (vgl. dazu das Kapitel Die Alliierten)*. Nicht allein die Flugzeuge und Panzer, die ebenfalls auf dieser Route geliefert wurden, sondern vor allem die Lastwagen und die Jeeps ermöglichten es den Sowjets, ihre Operationen der Jahre 1944 und 1945 voranzutreiben. Deshalb war es für sie immer entscheidend, die alliierten Konvois möglichst sicher durchzubringen.*

Daß sie sich auf diese Aufgabe nicht rechtzeitig vorbereitet hatten, daß sie mit einem Krieg gegen Deutschland zu diesem Zeitpunkt nicht gerechnet hatten, dafür spricht auch ein weiteres Detail:

Zwischen 1939 und dem Eintritt in den Krieg gegen die Sowjetunion – in der Zeit des Hitler-Stalin-Paktes also – existierte ein Abkommen, nach dem die Sowjetunion der deutschen Seite in einer Bucht der Zufahrt nach Murmansk eine sogenannte Basis Nord zur Verfügung stellte. Diese Basis Nord spielte zwar keine Rolle für Operationen der deutschen Kriegsmarine, doch sie ermöglichte die Rückholung deutscher Handelsschiffe aus Übersee. Diese Schiffe gingen, sofern sie die englische Blockade durchbrechen konnten, zunächst in der Bucht bei Murmansk vor Anker, um einen günstigen Zeitpunkt für den Durchbruch in deutsche Häfen abzuwarten.

Die sowjetische Marine hat auch im weiteren Verlauf des Krieges mit Deutschland keine große Rolle gespielt. Zwar erhielt sie von den Westalliierten in erheblichem Umfang zusätzliche Fahrzeuge und Schiffe – darunter ein englisches Schlachtschiff, einen amerikanischen Kreuzer und mehrere Zerstörer –, doch diese Schiffe wurden praktisch kaum eingesetzt.

Auch im U-Boot-Krieg hatten die Sowjets kaum mitzubieten. Zu Kriegsbeginn besaßen sie im Nordmeer etwa 15 U-Boote. Später wurden es 20. Immer wieder gab es erhebliche Verluste. Diese U-Boote wurden für die Flankensicherung der Konvois eingesetzt, aber auch für Angriffe auf den deutschen Nachschubverkehr an der Küste.

Im Film *Krieg in der Arktis* wird behauptet, daß zwei sowjetische Kommandanten 12 bzw. 13 Schiffe versenkt hätten. Dazu Rohwer:

Wir kennen die Namen dieser Kommandanten; die Zahl der versenkten Schiffe ist erheblich übertrieben. Die haben damals nicht einfach phantasiert, sondern das waren Fehlbeobachtungen, wie sie in allen Marinen unter solchen Bedingungen vorkommen. Die russische Geschichtsschreibung hält an diesen Zahlen bis heute fest, obwohl man es besser weiß.

Eine ebenfalls im Film gezeigte Episode mag das verdeutlichen: die des U-Boot-Kommandanten Fisanowitsch, der nach einem gemeinsamen Einsatz mit den Alliierten als vermißt galt. Tatsächlich war es so:

Man hatte den Sowjets 1944 vier englische U-Boote übergeben. Eines dieser U-Boote wurde von Fisanowitsch aus England nach Murmansk gebracht. Auf dem Weg dorthin ist er etwas vom Kurs abgewichen – und wurde dort von einem englischen Bomber irrtümlich versenkt.

DieBefreiung der Ukraine

Von Wilhelm Pagels

17. Februar 1943	Rote Armee erobert Charkow.
14. März 1943	Rückeroberung Charkows durch deutsche Truppen.
Juli/August 1943	Im Gefolge der Kursker Panzerschlacht befreit die Rote Armee endgültig Orel und Charkow.
8. September 1943	Befreiung des Donezbeckens (wichtige Industrieregion).
September/ Oktober 1943	Der »Ostwall« am Dnjepr hält nicht stand. Sowjetische Truppen überqueren den Fluß auf breiter Front und errichten Brückenköpfe.
6. November 1943	Kiew, die Hauptstadt der Ukraine, muß von den Deutschen geräumt werden.
2. April 1944	Die gesamte Ukraine ist befreit, die sowjetische Staatsgrenze an einigen Stellen überschritten.
11. April bis 13. Mai 1944	Niederlage der letzten deutschen Truppen in der südlichen Sowjetunion. Die Krim wird befreit, Sewastopol in nur 4 Tagen erobert.

Die erfolgreiche Abwehr des deutschen Angriffs am *Kursker Bogen* (Juli/August 1943) hatte die Grundlage für den weiteren sowjetischen Vormarsch gelegt. Im Norden und Süden des Kursker Bogens wurden die Städte *Orel* und *Charkow* befreit, zwei Städte, in denen die deutschen Besatzer besonders grausam gewütet hatten. Im September 1943 näherte sich die Rote Armee dem *Dnjepr.* Hier an diesem breiten Strom befand sich der sogenannte »Ostwall«. Hitler hatte behauptet, eher würde der Dnjepr rückwärts fließen, als daß ein sowjetischer Soldat die deutschen Befestigungsanlagen überwinden würde.

Doch für die Rote Armee war der »Ostwall« kein unüberwindbares Hindernis. Unter dem Schutz der Dunkelheit überwanden Ende September Tausende von sowjetischen Soldaten den Strom in kleinen Booten und auf improvisierten Flößen. Die Deutschen, die sich mit ihrem unüberwindlichen »Ostwall« gebrüstet hatten, waren völlig überrascht. Die angeblich so starken Befestigungsanlagen entlang des Dnjepr standen größtenteils auf dem Papier, und was man an Bunkern gebaut hatte, war nicht rechtzeitig bemannt worden. Sofern die deutschen Truppen überhaupt Widerstand leisteten, wurde er von der sowjetischen Artillerie vom Ostufer des Flusses aus niedergekämpft. An einer Stelle durchquerten 60 sorgsam abgedichtete sowjetische Panzer den Strom unter Wasser. Die sowjetischen Brückenköpfe am Westufer konnten sich bald miteinander vereinigen, so daß jetzt Pontonbrücken über den Fluß gelegt werden konnten. Am 6. November endlich wurde auch *Kiew,* die Hauptstadt der Ukraine, befreit.

Der weitere sowjetische Vormarsch verlief nicht immer nach Plan. Das OKW schickte Verstärkungen an den Südabschnitt der deutsch-sowjetischen Front. So mußte die

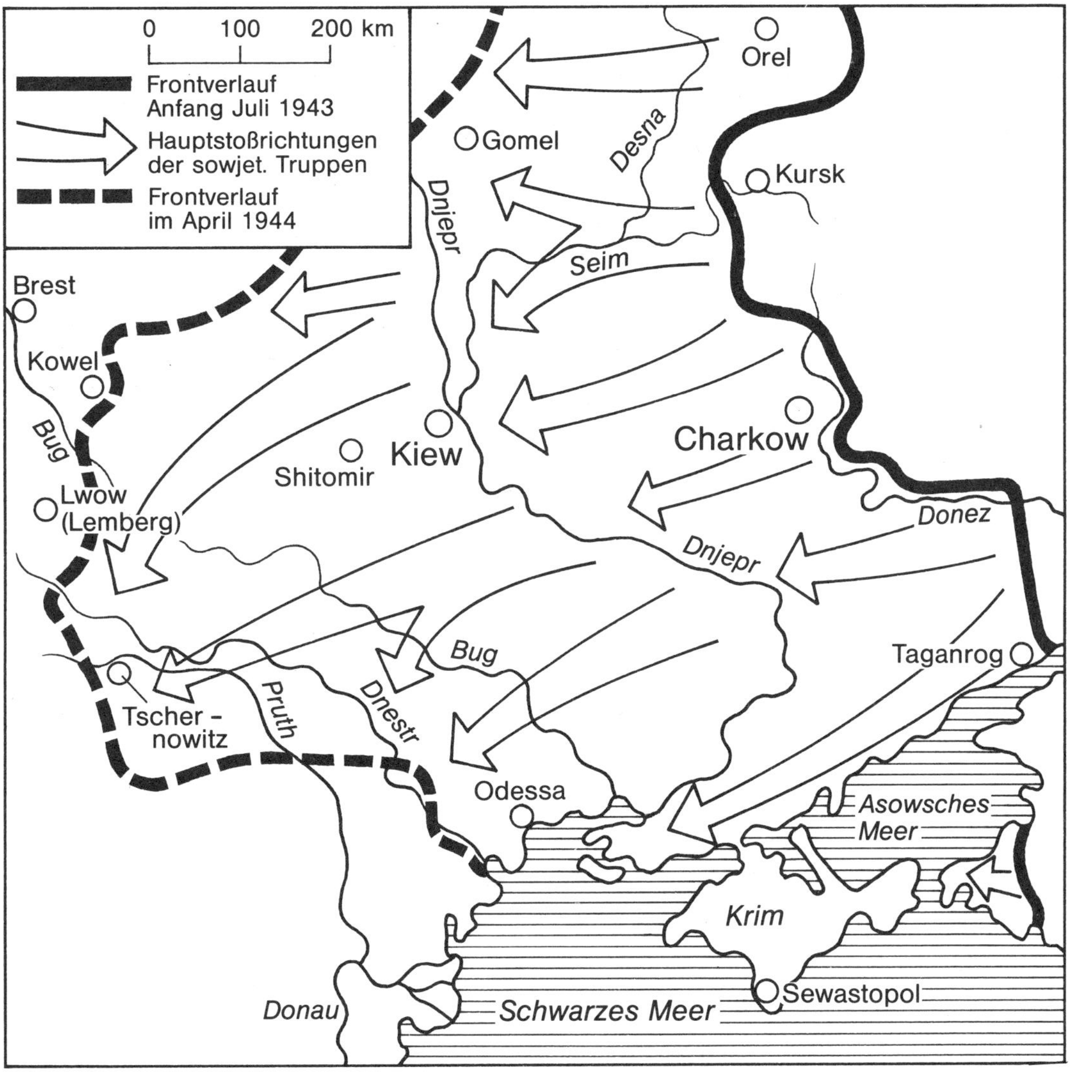

Die Rückeroberung der Ukraine.

Rote Armee nach harten Gefechten die westlich von Kiew gelegene Stadt *Schitomir* im November 1943 vorübergehend wieder räumen. Doch trotz allem befand sich im Mai 1944 kein deutscher Soldat mehr auf dem Boden der Ukraine. An einigen Stellen hatte die Rote Armee bereits die westliche Staatsgrenze der UdSSR überschritten. Auch die *Krim* mit der Festung *Sewastopol* war zurückerobert worden.

Mit dem Verlust des Donezgebietes in der Südukraine gingen wichtige Rohstoffquellen für die deutsche Kriegswirtschaft verloren. Die Ukraine war ja schon im Ersten Weltkrieg nicht nur wegen ihrer landwirtschaftlichen Produktion, sondern auch wegen ihrer entwickelten Kohle- und Stahlindustrie ein Lieblingsobjekt der kaiserlichen Kriegszielpolitik gewesen. Im Zweiten Weltkrieg war die Ukraine wiederum ein wichtiger Bestandteil der Kriegszielplanung. Bei der Vorbereitung des *Plans Barbarossa* hatte die *Reichsgruppe Industrie* darauf hingewirkt, daß die Industriegebiete der südlichen

Sowjetunion durch schnellen Zugriff in deutsche Hände kämen. Tatsächlich waren in den Jahren 1941 bis 1944 unendliche Reichtümer aus der Ukraine nach Westen geflossen, vor allem Erze und Stahlprodukte. Nach sowjetischen Angaben transportierten die deutschen Besatzer 30 Millionen Stück Vieh ab. Etwa 1,5 Millionen ukrainische Bürger wurden zur Zwangsarbeit nach Deutschland verschleppt. Die meisten kamen nicht mehr lebend zurück. Sie wurden »durch Arbeit vernichtet«.

Während ihres Vormarsches nach Westen trafen die sowjetischen Soldaten auf die »verbrannte Erde«, die auf Hitlers Befehl von den deutschen Truppen hinterlassen worden war. Über 700 Städte und fast 30.000 Dörfer der Ukraine waren ganz oder fast vollständig zerstört. Über 16.000 Industrieanlagen waren gesprengt oder auf andere Weise für mehrere Jahre unbrauchbar gemacht worden. Millionen Menschen hatten ihre Angehörigen, ihr Zuhause, ihre Existenz verloren.

Westlich von Kiew, in der Schlucht von *Babi Yar,* fanden die sowjetischen Soldaten ein grauenhaftes Massengrab. Hier hatten die sogenannten »Einsatzgruppen« nach ihren eigenen Angaben 30.000 Kiewer Bürger, zumeist Juden, ermordet. Männer, Frauen und Kinder wurden von Maschinengewehrgarben umgemäht, in die Schlucht geworfen und dort, oft noch bei lebendigem Leibe, verscharrt. Babi Yar war kein Einzelfall. Der Name steht stellvertretend für Hunderte ähnlicher Massaker

Nach dem Krieg behaupteten die meisten deutschen Generale, sie hätten von diesen Massakern niemals etwas gehört, obwohl diese oft unmittelbar vor ihren Augen stattfanden. Einer von ihnen, Feldmarschall von Manstein, erließ am 20. November 1941 einen Befehl, in dem es unter anderem hieß:

Das jüdisch-bolschewistische System muß ein für allemal ausgerottet werden. Nie wieder darf es in unseren europäischen Lebensraum eingreifen. Der deutsche Soldat hat daher nicht allein die Aufgabe, die militärischen Machtmittel dieses Systems zu zerschlagen, er tritt auch als Rächer für alle Grausamkeiten, die ihm und dem deutschen Volk zugefügt wurden, auf. ... Die Ernährungslage der Heimat macht es erforderlich, daß sich die Truppe weitgehendst aus dem Lande ernährt und daß darüber hinaus möglichst große Bestände der Heimat zur Verfügung gestellt werden. Besonders in den feindlichen Städten wird ein großer Teil der Bevölkerung hungern müssen. Trotzdem darf aus mißverstandener Menschlichkeit nichts von dem, was die Heimat unter Entbehrungen abgibt, an Gefangene und Bevölkerung – soweit sie nicht im Dienst der deutschen Wehrmacht stehen – verteilt werden.

Nach dem Krieg behauptete von Manstein, der Befehl sei seiner Erinnerung »völlig entfallen«. Wie er wollten sich fast alle Generäle nicht an die Verbrechen erinnern, die an der sowjetischen Zivilbevölkerung begangen worden waren.

Alexander Werth, der als BBC-Korrespondent während der Kriegsjahre in der Sowjetunion war, berichtet in seinem Buch *Rußland im Kriege* ausführlich vom Schicksal der ukrainischen Zivilbevölkerung:

Gestapo und SD [Sicherheitsdienst] waren in Uman [einer kleinen ukrainischen Stadt] sehr aktiv gewesen. Die Juden hatte man alle ermordet. Aber die Gestapo hatte sich auch unter nichtjüdischen Zivilisten ihre Opfer gesucht... Auf einem freien Platz vor dem Gefängnis sah ich die frischen Leichen von etwa 70 bis 80 Zivilisten, welche die Deutschen vor ihrer Flucht aus Uman erschossen hatten. Eine Menge einfacher Bauern und Bäuerinnen war unter ihnen; man hatte sie verhaftet, weil sie unter dem Verdacht standen, Partisanen zu sein. Auch ein Mädchen von etwa sechs Jahren lag dort, mit einem billigen kleinen Ring am Finger. Vermutlich hatte man es erschossen, damit es nichts ausplaudern konnte. Ich sah auch das Gestapo-Hauptquartier mit seinen Folterinstrumenten – darunter einen Hartholzprügel, mit dem man den Gefangenen während des Verhörs die Hände zerquetschte ... Dann erzählten die Leute von Hinrichtungen, öffentlichen Hinrichtungen. Diese hatten offenbar auf alle den tiefsten Eindruck gemacht. Einige Frauen erzählten, wie man im November 1941 die Bevölkerung unter dem Vorwand auf dem Platz versammelt hatte, es finde eine wichtige Bekanntmachung statt. An diesem Platz befand sich auch das Hauptquartier der Gestapo. Plötzlich stieß man vor den Augen der Menge mehrere Menschen vom Balkon des Gestapo-Hauptquartiers; man hatte ihnen einen Strick um den Hals gebunden und das andere Ende am Balkongeländer befestigt ...

Nahezu vier Millionen Menschen wurden aus der Sowjetunion, zum größten Teil aus der Ukraine, als Fremdarbeiter nach Deutschland verschleppt. Die Deportationen – das war es, worüber man in der Ukraine besonders erbittert zu sein schien. In Uman führte ich lange Gespräche mit zwei Mädchen – Walja und Galina –, denen es gelungen war, aus Deutschland zurückzukehren. Walja, ein schwarzhaariges Mädchen von etwa zwanzig Jahren, mußte zwei Jahre zuvor noch hübsch gewesen sein. Jetzt war sie zerbrochen und sah aus wie ein furchtsames kleines Tier. Um in die Ukraine zurückkehren zu können, hatte sie ihre Hand in eine Flachsschneidemaschine gesteckt, die ihr alle Finger abgeschnitten hatte ... »Mein Gott, was haben sie uns gequält!«, sagte Walja. »Es war so verletzend, wie diese Leute uns behandelten. Sie verachteten uns nur. Warum, frage ich Sie, warum? Ich war so glücklich gewesen in der Ukraine. Warum mußte das geschehen?«

Als die deutschen Truppen 1941 in die Ukraine einmarschierten, wurden sie von manchen Bewohnern zunächst freundlich begrüßt. Viele ehemalige Kleinbauern hatten sich nicht mit dem Kolchosensystem abgefunden und glaubten, unter den Deutschen würde es ihnen besser gehen. Die deutschen Besatzer belehrten sie eines Besseren. Was der sowjetischen Regierung in 20 Jahren nicht vollständig geglückt war, erreichte der deutsche Besatzungsterror in kürzester Zeit: die Identifikation der ukrainischen Bevölkerung mit dem eigenen Staat. Im Donezbecken weigerten sich viele Bergleute, für die Deutschen in die Schächte einzufahren. Auch die Zahl der Partisanen in der Ukraine stieg seit Ende 1941 stark an, obwohl die geringe Ausdehnung der Wälder die Partisanentätigkeit viel schwerer machte als im wald- und sumpfreichen Weißrußland.

Mit dem Verlust der Industriereviere am Donez und Dnjepr ging der Traum der deutschen Industrie zugrunde, auf immer eine sichere Rohstoffbasis für die deutschen Weltmachtpläne zur Verfügung zu haben. Seit November 1943 flossen die Ströme von Braunkohle, Steinkohle und vom kriegswichtigen Mangan-Erz nicht mehr. Auf dem Rückzug erfüllten die Soldaten der Wehrmacht getreulich Hitlers Befehl vom 4. September 1943, »ein noch auf lange Zeit voll unbrauchbares, unbewohnbares, wüstes Land, wo noch monatelang Minensprengungen vorkommen«, zu hinterlassen. Zur gleichen Zeit begannen Sonderkommandos der SS, überall in den besetzten Gebieten anhand genauer Lagepläne die Massengräber zu öffnen, die oft nur knapp mit Erde bedeckten Leichen zu exhumieren, um sie dann zu Bergen aufzuhäufen und zu verbrennen. Anschließend wurden die Asche und die zerkleinerten Gebeine der Ermordeten sorgfältig vergraben. Angesichts des recht langsamen Vormarsches der Roten

Armee gelang es ihnen so, sehr viele Verbrechen vor der Nachwelt zu verheimlichen. Beim schnellen Vormarsch der Roten Armee in Weißrußland im Sommer 1944 sollte es allerdings nicht mehr gelingen, die Spuren der von Einsatzkommandos und Wehrmachtseinheiten verübten Verbrechen zu verwischen.

Historisches Stichwort: Willy Reschl über den Widerstand aus dem Lager des Gegners

Am 31. Januar 1943 kapitulierte die Südgruppe des Stalingrader Kessels. Zwei Tage später folgte die Nordgruppe. Generalfeldmarschall Paulus, Oberbefehlshaber der 6. Armee, ging in Gefangenschaft. Von 270.000 Soldaten seiner Armee waren weit über 100.000 gefallen; mehr als 90.000 traten den Marsch in sowjetische Lager an. Die meisten von ihnen kehrten niemals zurück (vgl. dazu Seite 98 ff.). Für viele bedeutete Stalingrad der Anfang vom Ende des »Dritten Reiches«.

Ein halbes Jahr zuvor war Andrej Wlassow, hochdekorierter Generalleutnant der Roten Armee, gefangengenommen worden. Er schilderte dem deutschen Generaloberst Lindemann den Untergang seiner 2. Stoßarmee, die von Stalin sinnlos geopfert worden ist – wie Wlassow meinte. Der prominente Sowjetgeneral entschloß sich, im Lager des Feindes gegen Stalin zu arbeiten. Er verfaßte eine Denkschrift, in der es hieß: »Die Mehrheit der Bevölkerung würde einen Sturz des Stalinregimes begrüßen.«

Die Opposition der gefangenen Generäle gegen Hitler

Auch auf deutscher Seite gab es Opposition gegen das eigene Regime. In Stalingrad hatte der deutsche General von Seydlitz seinen Vorgesetzten Paulus oft gedrängt, Hitlers Befehle zu mißachten. Allerdings drang er damit nicht durch. Für den General der Artillerie Walther von Seydlitz-Kurzbach wurde der Untergang der 6. Armee, die nach seiner Ansicht von Hitler sinnlos geopfert worden war, zum Anlaß, sich gegen das Nazi-Regime zu wenden. Seine Parole: »Für Deutschland, gegen Hitler.«

Am 12. und 13. Juli 1943 gründeten kommunistische deutsche Emigranten und kriegsgefangene Offiziere in Krasnogorsk bei Moskau das *Nationalkomitee Freies Deutschland.* Die Farben dieses Komitees: Schwarz-Weiß-Rot. Das war eine Konzession an die konservative, antirepublikanische Stimmung im Offizierskorps der Wehrmacht. Sämtliche Gründungsmitglieder unterschrieben ein Manifest, in dem zum Sturz der Hitlerherrschaft und zur Bildung einer nationalen und demokratischen Regierung aufgerufen wurde. Vor dem drohenden und für jeden einigermaßen kritischen Beobachter erkennbaren Untergang beschwor das *Nationalkomitee* die Soldaten:

Deutschland darf nicht sterben! Es geht jetzt um Sein oder Nichtsein unseres Vaterlandes.

Die Sowjetführung und die deutschen Kommunisten um Walter Ulbricht glaubten mit dieser patriotischen Grundhaltung des *Nationalkomitees* Propagandaerfolge an der Front erzielen zu können. Doch die Agitation des *Nationalkomitees* blieb selbst in den Gefangenenlagern fast ohne Echo, geschweige denn an der Front. Viele Offiziere lehnten die politische Ausrichtung des Komitees ab.

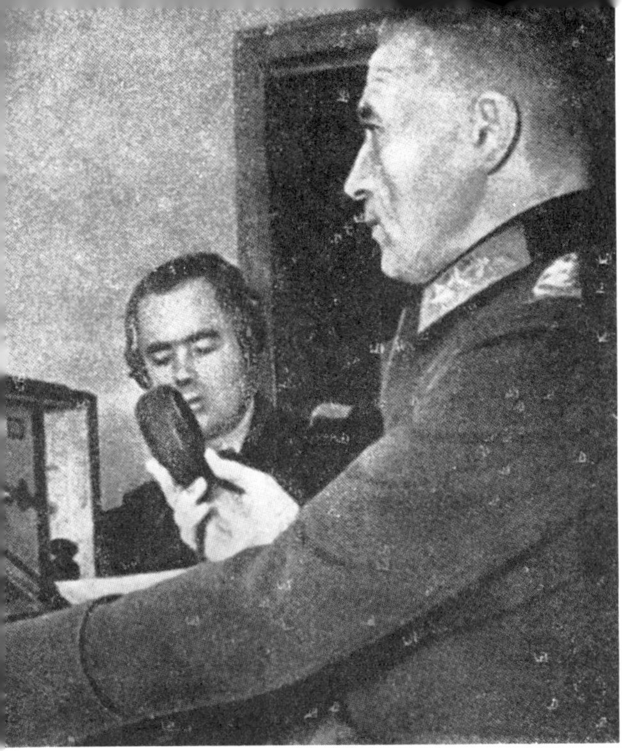

Der 1943 bei Stalingrad in sowjetische Gefangenschaft geratene General Walter von Seydlitz spricht mit einem Funksprechgerät die Funkstellen deutscher Stäbe an.

General Wlassow mit SS-Offizieren bei einem Staatsakt auf der Prager Burg am 14. November 1944.

So beschlossen die Sowjets die Gründung eines *Bundes Deutscher Offiziere.* Dieser Bund sollte den Propagandamitteln des *Nationalkomitees* – vor allem dem Sender *Freies Deutschland* – zu größerer Wirksamkeit verhelfen. Auch den bisher erfolglosen Frontzeitungen und Flugblättern wollte man damit aufhelfen.

Für die Spitzengruppe des Offiziersbundes sollten die in Gefangenschaft geratenen Generäle von Seydlitz, Dr. Korfes und Lattmann gewonnen werden. Der russische Polit-General Melnikow versprach diesen Generälen: Falls es dem Offiziersbund gelingt, die Wehrmachtsführung zur Entmachtung Hitlers zu bewegen, soll die deutsche Wehrmacht erhalten und das Deutsche Reich in seinen Vorkriegsgrenzen bestehen bleiben. Nach einer Nacht Bedenkzeit stimmten die Generäle zu.

Walther von Seydlitz wurde am 11. September 1943 Präsident des neugegründeten *Bundes Deutscher Offiziere,* und der Bund selbst wurde dem *Nationalkomitee* angegliedert. Seine erste Ansprache an die Soldaten der Wehrmacht:

Wir erfüllen das Vermächtnis der toten Kameraden von Stalingrad, wenn wir Euch den Weg zur Rettung, zum Leben weisen. Wir Überlebenden von Stalingrad sind diesen Weg vorausgegangen. Folgt uns zur Rettung und Erhaltung unseres Volkes. Kämpft mit uns für ein freies, friedliches Deutschland.

Die erste Losung des Offiziersbundes: »Geordneter Rückmarsch auf die Reichsgrenzen« kam allerdings an der Front nicht an. Von den gefangenen Offizieren gehörten jedoch Anfang 1944 mehr als ein Drittel zum Bund des Generals von Seydlitz.

Seit Beginn des Jahres 1944 versuchte der *Bund Deutscher Offiziere* mit einer Großaktion weiteres sinnloses Sterben zu verhindern. Hitlers Durchhaltebefehle hatten die 8. Armee bei Tscherkassy am Dnjepr in eine katastrophale Lage gebracht. Am 28. Januar werden zwei Armeekorps – 50.000 Mann – von den Sowjets eingeschlossen.

Im Namen des *Nationalkomitees* versuchten Seydlitz und Korfes die eingekesselten Offiziere und Soldaten zur Kapitulation zu bewegen. Seydlitz und Korfes Aufruf an die Eingeschlossenen von Tscherkassy:

Offiziere und Soldaten! Ihr steht unmittelbar vor der Vernichtung. Der Ausbruch ist unmöglich. Jetzt handelt selbst. Stellt die Kampfhandlungen ein. Geht in Verbänden, Gruppen und einzeln auf die Seite des Nationalkomitees Freies Deutschland über.

Schließlich fuhr Seydlitz selbst an die Front. Er sagte zu den Soldaten im Kessel von Tscherkassy:

Es ist nicht unehrenhaft, wenn Ihr Euch weigert, den Krieg in aussichtsloser Lage weiterzuführen. Verlaßt Euch nicht auf haltlose Versprechungen. Kämpft mit uns für ein freies, friedliches Deutschland, dem die Gegner von heute die Hand zum Wiederaufbau nicht versagen werden. Nur diese Haltung sichert die Zukunft unseres Volkes und bewahrt uns vor dem Schicksal chaotischer Auflösung.

Aber diese Appelle fruchteten nichts. Unter fürchterlichen Verlusten brachen die eingeschlossenen Truppen aus. Daraufhin erfaßte tiefe Verzweiflung die Sprecher des Offiziersbundes und des *Nationalkomitees Freies Deutschland.*

Nach dem gescheiterten Attentat vom 20. Juli 1944 auf Hitler trat auch Paulus dem *Bund Deutscher Offiziere* bei. Zusammen mit 48 Generälen appellierte er an die Wehrmacht und das deutsche Volk, den Krieg zu beenden. Inzwischen stand die Rote Armee bereits an den Grenzen des Deutschen Reiches. Alle Zusagen der Sowjets, die General Melnikow dem Offiziersbund gegeben hatte, waren längst hinfällig geworden.

Graf von Einsiedel, der damals Vizepräsident des *Nationalkomitees* war, sagte nach dem Krieg über die Haltung der Militärs gegenüber Hitler:

Das ist in meinen Augen die große Schuld der Generalität, die es in der Hand gehabt hätte, Hitler zu stürzen und sich immer wieder gegen besseres Wissen und Gewissen – gegen ihr besseres militärisches Wissen, wie aus ihren eigenen Zeugnissen, die sie damals abgegeben haben, klar hervorgeht –, daß sie sich dazu haben verleiten lassen, ihre Truppen in aussichtslosen Positionen zum Kampf zu stellen.

Wlassows Armee gegen Stalin

Auch auf deutscher Seite hat man sich um Unterstützung durch Angehörige aus dem gegnerischen Lager bemüht. Bereits im Herbst 1941 wurden die ersten russischen Freiwilligeneinheiten aufgestellt; sie sollten die Partisanen in Weißrußland bekämpfen. Bis zu 800.000 Hilfswillige – »Hiwis« genannt – dienten ohne Waffen den Deutschen: als Munitionsträger, Fahrer, Dolmetscher.

Die besondere Liebe deutscher Offiziere aber gehörte den Kosaken. Das hatte ideologische Gründe. Jahrhundertelang hatte dieses Reitervolk als »Wehrbauern« die Militärgrenze im Süden des russischen Reiches geschützt. Die alte Unabhängigkeit der Kosaken ging freilich im Sowjetstaat verloren. Viele Kosaken waren daher bereit, mit den Deutschen zu kämpfen.

Der von den Deutschen gefangengenommene sowjetische Generalleutnant Andrej Wlassow sollte nun auch eine politische Alternative zu Stalin darstellen. Ende 1942 gründete der abtrünnige Kommunist Wlassow das *Smolensker Komitee.* Die Devise lautete: Teilnahme Rußlands an der Neuordnung Europas »ohne Bolschewisten und Kapitalisten«. Wlassows Förderer in der deutschen Wehrmacht glaubten in ihm einen »russischen de Gaulle« gefunden zu haben.

Die Zahl der Überläufer aus der Roten Armee stieg. Flugblätter und Lautsprecher verbreiteten das *Smolensker Manifest.* Darin hieß es:

Beseitigung des Sowjetsystems und Abschluß eines ehrenvollen Friedens mit Deutschland, Rückgabe des Kollektivlandes an die Bauern, Freiheit der Presse, der Religion und Unverletzlichkeit der Person.

Im Frühjahr 1943 reiste Wlassow zweimal in die besetzte Sowjetunion. In seinen Reden vor der Bevölkerung kritisierte er die deutsche Besatzungspolitik. Auf Befehl Hitlers wurde Wlassow daraufhin kaltgestellt. Am Kiebitzweg in Berlin-Dahlem durfte er ein komfortables Haus bewohnen; doch von einer russischen Befreiungsarmee unter seinem Kommando wollte man in der Umgebung des »Führers« nichts wissen.

Nur Propagandisten für die Front durften weiterhin ausgebildet werden. Das Schulungslager Dabendorf bei Berlin wurde bald zum Hauptquartier der Wlassow-Leute in Deutschland. Im Herbst 1944 erhielt Wlassow, nach einem Gespräch mit SS-Führer Heinrich Himmler, immerhin die Erlaubnis, eigene Verbände aufstellen zu dürfen. Als die erste Division in Süddeutschland an ihrem General Wlassow vorbeimarschierte, stand die Rote Armee bereits tief in Polen, Ungarn und Jugoslawien.

Im Januar 1945 wurde noch eine zweite Wlassow-Division gebildet. Auch politisch bekam Wlassow plötzlich wieder freie Hand. Am 14. November 1944 gründete er auf der Prager Burg das *Komitee zur Befreiung der Völker Rußlands.* Wlassow beschrieb die Ziele dieser Bewegung:

Sturz der Tyrannei Stalins, Beendigung des Krieges, Errichtung eines freien nationalen Staates ohne Bolschewismus und Ausbeutung. Abschaffung der Zwangsarbeit und der Kolchosen, Befreiung aller politischen Häftlinge.

Der Film zeigt einen Feldgottesdienst einer Wlassow-Einheit in Böhmen im Frühjahr 1945. Der Krieg ging zu Ende und es war klar, daß die meisten dieser Männer in die Hände der Roten Armee geraten würden. Sie mußten wissen, daß ihr Leben verwirkt war. Das mag die 2. Wlassow-Armee dazu gebracht haben, im Mai 1945 in Prag an der Seite der tschechischen Aufständischen gegen die Deutschen zu kämpfen. Doch dieser späte Frontwechsel nützte ihr nichts mehr.

Gegen Kriegsende wurden deutsche Gefangene – wie im alten Rom – durch die Straßen Moskaus geführt. Spätestens als die Rote Armee die Reichsgrenze überschritten hatte, verlor Stalin jedes Interesse am *Bund Deutscher Offiziere.* General von Seydlitz wurde von den Sowjets zum Tode verurteilt, dann zu 25 Jahren Arbeitslager begnadigt und schließlich nach 5 Jahren entlassen. Das Schicksal vieler seiner Kameraden im Offiziersbund sah ähnlich aus.

Engländer und Amerikaner lieferten alle Sowjetbürger, Wlassow-Soldaten und Kosaken, die sich im Gebiet der Westalliierten sicher glaubten, an die Rote Armee aus. General Andrej Wlassow wurde ein Jahr nach Kriegsende in Moskau hingerichtet.

Die Befreiung Weißrußlands

Von Wilhelm Pagels

6. Juni 1944	Eröffnung der *Zweiten Front:* Alliierte landen in der Normandie.
20.—22. Juni 1944	Weißrussische Partisanen zerstören im Hinterland der Deutschen fast sämtliche Eisenbahnverbindungen.
22. Juni 1944	Beginn der sowjetischen Offensive gegen die Heeresgruppe Mitte in Weißrußland.
23.—28. Juni 1944	Einkesselung starker deutscher Kräfte bei Witebsk und Bobruisk.
3. Juli 1944	Minsk, die Hauptstadt Weißrußlands, wird erobert. Östlich von Minsk geraten 100.000 deutsche Soldaten in einen Kessel. 57.000 kommen in Kriegsgefangenschaft.
18. Juli 1944	Einheiten der Roten Armee überschreiten die polnische Grenze.
Ende Juli	Die Fronten stabilisieren sich an der Weichsel-Linie nach 600 km Vormarsch.

Im Juni 1944 wurde durch die Landung alliierter Truppen in der Normandie eine *zweite Front* gegen Hitler-Deutschland geschaffen. Dennoch blieb die deutsch-sowjetische Front bis zum Kriegsende die Hauptfront des Zweiten Weltkrieges, an der die Hauptmasse der Wehrmacht eingesetzt wurde. Im Juni 1944 verfügten die Deutschen über 302 Divisionen. Davon befanden sich 179 an der deutsch-sowjetischen Front, 59 in Westeuropa, 26 in Italien, 19 in Jugoslawien, Albanien und Griechenland, die restlichen 19 in den übrigen okkupierten Gebieten.

Für den Sommer 1944 erwartete das Oberkommando der Wehrmacht (OKW) eine neue sowjetische Offensive. In notorischer Unterschätzung der sowjetischen Kräfte glaubte man auch jetzt noch, nachhaltige Abwehrerfolge erzielen zu können. Allerdings rechnete man auf deutscher Seite mit einem sowjetischen Angriff im Süden, etwa zwischen *Pripjet-Sümpfen* und *Schwarzem Meer.* Das OKW glaubte, die Sowjets wollten in einer langen Zangenbewegung nach Norden schwenken, um die deutschen Truppen im *Baltikum* und in *Weißrußland* abzuschneiden. Entsprechend diesen Erwartungen verlegte man die Mehrzahl der schlagkräftigen Panzer- und Panzergrenadierdivisionen nach Süden zu den Heeresgruppen *Süd-* und *Nordukraine.*

Das sowjetische Oberkommando jedoch plante einen Angriff gegen die Heeresgruppe Mitte in Weißrußland. Zwar bemerkte das deutsche Oberkommando seit Anfang Juni den sowjetischen Aufmarsch an der Nordflanke, unterschätzte aber die Stärke der dort zusammengezogenen sowjetischen Kräfte. Durch einen vorgetäuschten sowjetischen Eisenbahnaufmarsch in der Ukraine wurde es zudem in der Annahme eines bevorstehenden Angriffes der Roten Armee im Süden bestärkt.

Das sowjetische Oberkommando hatte für die Offensive in Weißrußland *(Operation Bagration)* eine überwältigende Überlegenheit an Waffen und Soldaten konzentrieren können. Die Deutschen hatten mit nur 37 Divisionen eine 700 km lange Front zu verteidigen. Während hinter den sowjetischen Ausgangslinien große Mengen an Lebensmitteln, Treibstoff und Munition gestapelt waren, sollten die Deutschen schon bald in Nachschubschwierigkeiten geraten. Dafür sorgten die weißrussischen Partisanen. Die deutschen Besatzer hatten in den ersten Monaten des Jahres 1944 überaus grausame Strafexpeditionen gegen die Partisanen durchgeführt und im Zuge der Vergeltungsmaßnahmen ganze Dörfer vernichtet. Allein in der Ortschaft Baiki (Provinz Brest) wurden am 22. Januar 1944 130 Häuser abgebrannt und 957 Einwohner ermordet. Trotzdem stellten die weißrussischen Partisanen eine ansehnliche Streitmacht dar. Mitte 1944 betrug ihre Stärke etwa 140.000 Männer und Frauen. Zwischen dem 20. und 22. Juni 1944 setzten sie mit insgesamt 15.000 Sprengungen praktisch alle Eisenbahnen westlich der Front außer Betrieb. Dies engte die Manövrierfähigkeit der Heeresgruppe Mitte ein und erleichterte den sowjetischen Angriff bedeutend.

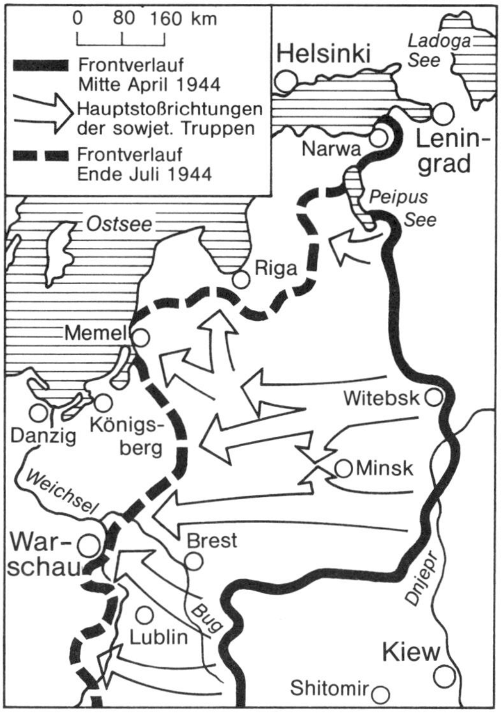

Die Rückeroberung der westlichen Sowjetunion.

Von Anfang an verlief die sowjetische Offensive erfolgreich. Zwischen dem 23. und 28. Juni 1944 wurden die deutschen Linien an 6 Stellen durchbrochen. Bei *Witebsk* und *Bobruisk* wurden starke deutsche Verbände eingekesselt. Zehntausende deutscher Soldaten kamen um, 20.000 gerieten in Gefangenschaft. Am 3. Juli 1944 war die weißrussische Hauptstadt *Minsk* erreicht. Östlich von Minsk gerieten mehr als 100.000 deutsche Soldaten in einen riesigen Kessel. Nur 57.000 überlebten die schweren Gefechte und kamen in sowjetische Gefangenschaft. Der sowjetische Vormarsch ging mit großer Geschwindigkeit weiter, täglich zwischen 15 und 25 Kilometer. Am 18. Juli überschritten die Truppen Rokossowskis die polnische Grenze und eroberten bald darauf *Lublin.* Am 28. Juli schließlich wurde das zu Beginn des Krieges so heiß umkämpfte *Brest-Litowsk* genommen. Die Deutschen waren aus Weißrußland vertrieben. Auf polnischem Gebiet kam der sowjetische Vormarsch jedoch aus verschiedenen Gründen allmählich zum Stehen (vgl. dazu das Kapitel *Die Rote Armee in Polen).*

In *Weißrußland* erlitt die Wehrmacht die schwerste Niederlage, die es überhaupt an der Ostfront gab. Etwa 25 Divisionen wurden zerschlagen, 350.000 deutsche Soldaten fanden dabei den Tod. Von dieser Niederlage sollte sich die Wehrmacht nie wieder erholen, auch wenn es ihr in der Folge gelang, für kurze Zeit die Fronten an der Weichsel und in Ostpreußen zu stabilisieren.

Russische Frauen und Kinder in den Trümmern eines durch deutsche Truppen zerstörten Dorfes.

Die in Weißrußland vorrückenden sowjetischen Soldaten kamen in ein Land, in dem die Deutschen besonders gewütet hatten. Nach vorsichtigen Schätzungen wurde in Weißrußland während der deutschen Besatzung mehr als eine Million Menschen ermordet. Darunter befand sich die gesamte jüdische Bevölkerung und viele Hunderttausende von Partisanen und deren »Komplizen«, meist Frauen und Kinder. Hitlers Statthalter in Weißrußland, Wilhelm Kube, präzisierte die menschenverachtende Besatzerideologie mit den Worten: »Allein mein Name muß jeden Weißrussen und Russen in Schrecken versetzen. Ihr Gehirn muß zu Eis erstarren, wenn sie den Namen Wilhelm Kube hören.« Zwar wurde Kube schon 1943 in seinem Bett von einer Sprengmine getötet, die von Partisanen gelegt worden war, doch die mit seinem Namen verbundene Politik wurde bis zum letzten Moment fortgesetzt. Auf ihrem Vormarsch entdeckten die sowjetischen Truppen bei der Ortschaft *Schlobin* in einem Graben 2.500 Leichen. Es handelte sich um Zivilisten, die eben erst ermordet worden waren.

Nicht nur die Ermordeten, auch das Land selbst zeugte von der deutschen Terrorherrschaft. Der größte Teil Weißrußlands war nur noch eine einzige Wüste. Im Frühjahr 1944 hatten die Besatzer das Wintergetreide unterpflügen lassen und versucht, die Frühjahrsaussaat zu verhindern. Mit Spezialwalzen ruinierten sie die Felder. Auch fast alle Städte lagen in Trümmern. Die Zerstörungen waren erschütternd. Nahezu alle Fabriken und öffentlichen Gebäude waren in Ruinen verwandelt. In Minsk, der Hauptstadt Weißrußlands, hatte man außerdem fast alle übrigen Häuser niedergebrannt. Von ehemals 332 Industriebetrieben standen noch 19, und dies auch nur, weil man sie sofort nach dem Einmarsch sowjetischer Truppen entmint hatte. Allein in Minsk wurden 4.000 Bomben, Minen und Sprengkörper mit Zeitzündern entschärft.

Im Gegensatz zur Ukraine hatten sich in Weißrußland viele junge Leute der Deportation dadurch entziehen können, daß sie sich den Partisanen anschlossen. Trotzdem wurden mehr als 380.000 Weißrussen nach Deutschland zur Zwangsarbeit verschleppt.

All diese Verbrechen wurden von deutschen Soldaten und SS-Angehörigen begangen. Sie folgten dabei, meist ohne Widerspruch, verbrecherischen Befehlen. Am 16. Juli 1941 hatte Hitler in einer Besprechung in der Reichskanzlei erklärt:

Der Riesenraum muß natürlich so rasch als möglich befriedet werden: dies geschieht am besten dadurch, daß man jeden, der nur schief schaut, totschießt.

Keitel und Jodl setzten dies in eine Weisung an die Wehrmacht um:

Im Hinblick auf die weite Ausdehnung der Gebiete im Osten werden die für Sicherheitszwecke in diesen Gebieten vorhandenen Kräfte nur dann genügen, wenn jeder Widerstand bestraft wird, nicht durch gesetzliche Verfolgung des Schuldigen, sondern durch Verbreitung eines solchen Terrors durch die Wehrmacht, der geeignet ist, jede Neigung zum Widerstand unter der Bevölkerung auszumerzen ...

Die nach Westen vorrückenden sowjetischen Soldaten bekamen nun das Ergebnis solcher Befehle und auch das Ergebnis der getreuen Befehlserfüllung zu sehen: verwüstete Felder, Ruinenstädte, abgebrannte Wälder, zerstörte Dörfer. Über allem hing Verwesungsgeruch. Für die Soldaten verband sich mit dem deutschen Namen alles Schlechte, die zerstörte Heimat, die ermordeten Familienangehörigen. Viele waren von Haß und Wut erfüllt, als sie auf deutsche Zivilbevölkerung trafen. Man darf die »Chronologie der Ereignisse nicht aus den Augen verlieren« (Heinrich Böll auf Seite 190), wenn man die Übergriffe sowjetischer Soldaten auf deutsche Zivilbevölkerung vor allem in Ostpreußen angemessen beurteilen will.

In diesem Zusammenhang muß ein wichtiger Unterschied zwischen der Wehrmacht und der Roten Armee hervorgehoben werden. Die Verbrechen in den okkupierten Gebieten erfolgten auf ausdrücklichen Befehl von oben, und nur in ganz seltenen Fällen setzten sich einzelne Soldaten darüber hinweg. Auf der sowjetischen Seite handelte es sich nicht um befohlene, sondern um individuelle Rachehandlungen einzelner Soldaten. Sie verstießen gegen entsprechende Befehle der Führung der Roten Armee, in denen Übergriffe auf die deutsche Zivilbevölkerung unter harte Strafe, bis hin zur Todesstrafe, gestellt wurden (vgl. auch den Beitrag zum Thema *Kriegsgefangene*, Seite 98).

Historisches Stichwort: Michael Eickhoff befragt Helmut Krausnick über die Befreiung Weißrußlands

Die Truppe des Weltanschauungskrieges ist der bezeichnende Titel eines stark beachteten Buches, das die Autoren Helmut Krausnick und Hans-Heinrich Wilhelm 1981, 40 Jahre nach dem deutschen Einfall in die Sowjetunion, herausgebracht und in dem sie sich mit der Rolle der Sicherheitspolizei und des Sicherheitsdienstes in den von Deutschen besetzten Gebieten in den Jahren 1938 bis 1942 beschäftigt haben. Ich sprach mit Professor Krausnick, dem langjährigen Leiter des Institutes für Zeitgeschichte in München. Es ging in diesem Gespräch auch um die Ausräumung einer Legende. Hat die Deutsche Wehrmacht von den deutschen Greueltaten im Osten nichts gewußt, besorgte sie also lediglich ihre militärische Rolle?

In der Filmserie *Der unvergessene Krieg* haben besonders die Folgen über die *Befreiung der Ukraine und Weißrußlands* ein Thema: Die »Neue Ordnung« und das, was daraus wurde. Die Filme zeigen, was die Sowjets vorfanden, nachdem sie diese Gebiete wiedergewonnen hatten: verwüstete Städte und Dörfer, Massengräber, Weinende, Überlebende. Was bedeutete diese »Neue Ordnung« eigentlich, wie sah sie in der Praxis aus? War sie Besatzungspolitik oder nackte Brutalität? In der Propaganda des Dritten Reiches sind diese sowjetischen Gebiete angeblich vom Bolschewismus befreit worden. Dazu Helmut Krausnick:

Von einer Befreiung vom Bolschewismus war in der Tat in der Propaganda des Dritten Reiches damals viel die Rede. Hitler sagte laut einer Aktennotiz Martin Bormanns, der bekannten grauen, oder wie man auch gesagt hat, braunen Eminenz des Dritten Reiches: »Wir betonen, daß wir die Bringer der Freiheit sind. Uns aber muß dabei klar sein, daß wir aus diesen Gebieten nie wieder herauskommen.« Dementsprechend hat Hitler schon zwei Tage vor dem Angriff auf die Sowjetunion – nämlich am 20. Juni 1941 – erklärt, es gehe nicht darum, einen Kreuzzug gegen den Bolschewismus zu führen, sondern darum, deutsche Weltpolitik zu treiben und Deutschland für immer vom politischen Druck aus dem Osten zu befreien. In Wahrheit also zielte Hitlers Ostpolitik trotz der von ihm lauthals verkündeten Befreiung vom Bolschewismus ausschließlich auf Behauptung und Ausbeutung der eroberten Gebiete als einer Art Kolonie ab; auf Ausbeutung durch Dienstbarmachung ihrer für rassisch minderwertig erklärten Bevölkerung. (Vgl. dazu Seite 41 ff.).

Nun haben sich Teile der Bevölkerung in der Ukraine, in Weißrußland anfangs durch die Deutschen tatsächlich befreit gefühlt.

Es wird in den Meldungen der Einsatzgruppen – auf die ich noch zu sprechen komme – viel davon gesprochen, daß die ukrainischen nationalistischen Verbände Danktelegramme an Hitler gesandt und für die Befreiung vom Bolschewismus gedankt hätten, daß aber Hitler damit nicht viel im Sinn gehabt hätte. Er hatte Propaganda mit dem Ziel einer Umwandlung der Roten Armee in eine russische Befreiungsarmee erlaubt; aber er hat gleichzeitig im internen Kreis erklärt: Ich kann keine Zukunftszielsetzung zulassen, die hier den Aufbau unabhängiger Staaten bedeutet. Begründung dafür war, daß der deutsche Soldat doch wohl nicht die braven Ukrainer befreien, sondern das Gebiet selber behalten wolle. Und Hitler fügte hinzu: Wenn es nicht diese psychologische Wirkung gäbe, würde ich sagen, wir schaffen eine vollkommen unabhängige Ukraine. Das würde ich eiskalt sagen, und es doch nicht tun. Aber öffentlich müsse er es ja erklären, und er könne doch nicht jedem deutschen Soldaten gleichzeitig sagen: das ist nur Taktik.

Noch einmal zurück zum Stichwort Einsatzgruppen.

Diese Einsatzgruppen hatten offiziell den Auftrag, hinter der kämpfenden Front die sogenannten reichsfeindlichen und staatsfeindlichen Bestrebungen zu unterbinden. Die Einsatzgruppen waren zu einem spezifisch politischen Zweck gebildete motorisierte, nicht dauernd an den gleichen Standort gebundene Polizeiformationen eigener Art – eine politische Polizei sozusagen, die geführt wurde von der Sicherheitspolizei und dem SD, also von der Gestapo und Kriminalpolizei und dem Sicherheitsdienst des Reichsführers SS, der ursprünglich der Nachrichtendienst der SS war. Etwas konkreter und zugleich zynisch offen hat ein Unterführer der Einsatzgruppe C im März 1943 die Aufgabenstellung der Einsatzgruppen so definiert: »Neben der Vernichtung aktiv hervorgetretener Gegner sind durch vorbeugende Maßnahmen solche Elemente auszumerzen, die aufgrund ihrer Gesinnung oder Vergangenheit und günstiger Umstände als Feinde hervortreten können. Die Sicherheitspolizei führt diese Aufgabe entsprechend den allgemeinen Weisungen des Führers mit jeder erforderlichen Härte durch.«

Auf die Frage, ob die Einsatzgruppen unbegrenzte Vollmachten hatten, antwortete Helmut Krausnick:

Sie hatten die Erlaubnis, im Operationsgebiet des Heeres in eigener Zuständigkeit und Verantwortung Maßnahmen – auch Exekutivmaßnahmen gegen die Zivilbevölkerung – durchzuführen. Und das Hauptstück dieser Exekutivmaßnahmen stellte die Vernichtung der angetroffenen Juden dar. Zu den Juden kamen kommunistische Funktionäre, Zigeuner und natürlich – das war ja der halbwegs legale Zweck der Einsatzgruppen – die Bekämpfung der Partisanen.

Nun gibt es da den legendären Kommissarbefehl (vgl. dazu Seite 141).

Der Kommissarbefehl erging an die Truppe. Die Truppe sollte die hinter der Front gefangengenommenen sowjetischen Kommissare den Einsatzgruppen übergeben, und die Kommissare, die sie selbst während des Kampfes an der Front antraf und gefangennahm, sofort selbst erschießen. Dieser Kommissarbefehl ist in späterer Zeit weniger streng eingehalten worden. Am Anfang aber ist er ausgeführt worden. Es war in der Tat erstaunlich, daß die Wehrmacht relativ widerstandslos auf Hitlers Wunsch nach Herausgabe eines solchen Befehls einging.

Der Titel des Buches, das Helmut Krausnick veröffentlicht hat, heißt: *Die Truppe des Weltanschauungskrieges.* Für Hitler war der Krieg gegen die Sowjetunion ein Weltanschauungskrieg. War er es auch für die Wehrmacht?

Zum Teil war er das auch für die Militärs. Die auch in der Armee verbreitete antijüdische und antibolschewistische Grundeinstellung, die damit gegebene Affinität zur nationalsozialistischen Weltanschauung, und ein Sicherheitsbedürfnis der in den riesigen russischen Raum vorstoßenden Armee, hat von vornherein für ein gewisses Verständnis und eine gewisse Sympathie für die Aufgabenstellung der Einsatzgruppen gesorgt, die von der Armee aus gesehen in erster Linie für die Bekämpfung des Feindes im Rücken der Front, daneben aber doch auch für die der Juden zuständig war.

Sind Sie der Auffassung, daß das jedem deutschen Soldaten bewußt war?

Nein, sicher nicht jedem deutschen Soldaten; aber doch einer ganzen Reihe hoher Kommandeure, wie es ja auch in einigen Befehlen an die Truppe zum Ausdruck kommt, in denen sogar von »Ausrottung« die Rede ist. Da gibt es zum Beispiel den Befehl der 17. Armee vom November 1941, in dem ausdrücklich von »Ausrottung des Judentums« gesprochen wird. Wo um Verständnis für die – wie es in anderen Befehlen heißt – Sühne, für die harte Sühne am jüdischen Untermenschen gebeten wird.

In den Filmfolgen, um die es sich hier handelt, steht stellvertretend für viele deutsche Greueltaten ein Name: Babi Yar. Dazu Helmut Krausnick:

An einer Gedenkstätte für die Opfer des Krieges.

Mit Recht. In Babi Yar, in der Schlucht bei Kiew, sind nach mehreren Meldungen der Einsatzgruppen nicht weniger als 33.771 Juden erschossen worden. Man kann es kaum glauben; aber in der »Ereignismeldung 128« vom 3. November 1941 heißt es ausdrücklich: »Die Größe dieser Aktion fand unmittelbar nach der Einnahme von Kiew statt. Es wurden hierzu ausschließlich Juden mit ihren gesamten Familien verwandt.« Diesen Familien war gesagt worden, man wolle sie umsiedeln. Obwohl man zunächst nur mit 5.000 bis 6.000 Juden gerechnet hatte, fanden sich über 30.000 Juden ein, die infolge einer überaus geschickten Organisation noch unmittelbar vor der Exekution an ihre Umsiedlung glaubten. Dieser Mord von Babi Yar ist zum Symbol für die Untaten der Einsatzgruppen geworden.

Was für Hitler ein Weltanschauungskrieg war, bedeutete in der Praxis die Vernichtung eines großen Teils der Menschheit auf der anderen Seite.

Von einem Vernichtungskrieg ist verschiedentlich gesprochen worden; sogar von gemäßigten Mitgliedern des eigenen Ostministeriums des Dritten Reiches. Dort hat man kritisch vermerkt, es handele sich um einen dreifachen Krieg: 1. einen Krieg zur Vernichtung des Bolschewismus, 2. einen Krieg zur Zertrümmerung des großrussischen Reiches, und 3. um einen Krieg zum Erwerb von Kolonialland zur wirtschaftlichen Ausbeutung.

Vor allem dieses dritte Ziel habe – so wurde gefolgert – einen ungeheuren Widerstand der Ostvölker hervorgerufen. Und es war Graf Stauffenberg – der Mann des 20. Juli 1944 –, der damals erklärt hat: Deutschland säe einen Haß, der sich einstmals an unseren Kindern rächen werde.

Chefsache!
Nur durch Offiziere!

Geheime Kommandosache
Anlage zu OKW/WFSt/Abt. L IV/Qu
Nr. 44 822/41 g.K.Chefs

Richtlinien für die Behandlung politischer Kommissare.

Im Kampf gegen den Bolschewismus ist mit einem Verhalten des Feindes nach den Grundsätzen der Menschlichkeit oder des Völkerrechts *nicht* zu rechnen. Insbesondere ist von den *politischen Kommissaren aller Art* als den eigentlichen Trägern des Widerstandes eine haßerfüllte, grausame und unmenschliche Behandlung unserer Gefangenen zu erwarten. Die Truppe muß sich bewußt sein:

1. In diesem Kampf ist Schonung und völkerrechtliche Rücksichtnahme diesen Elementen gegenüber falsch. Sie sind eine Gefahr für die eigene Sicherheit und die schnelle Befriedung der eroberten Gebiete.

2. Die Urheber barbarisch asiatischer Kampfmethoden sind die politischen Kommissare. Gegen diese muß daher sofort und ohne weiteres mit aller Schärfe vorgegangen werden. Sie sind daher, wenn im Kampf oder im Widerstand ergriffen, grundsätzlich sofort mit der Waffe zu erledigen.

Im übrigen gelten folgende Bestimmungen:

I. Operationsgebiet

1. Politische Kommissare, die sich *gegen unsere Truppe* wenden, sind entsprechend dem »Erlaß über Ausübung der Gerichtsbarkeit im Gebiet Barbarossa« zu behandeln. Dies gilt für Kommissare jeder Art und Stellung, auch wenn sie nur des Widerstandes, der Sabotage oder der Anstiftung hierzu verdächtigt sind. Auf die »Richtlinien über das Verhalten der Truppe in Rußland« wird verwiesen.

2. Politische Kommissare *als Organe der feindlichen Truppe* sind kenntlich an besonderen Abzeichen – roter Stern mit goldenem eingewebtem Hammer und Sichel auf den Ärmeln – (Einzelheiten siehe »Die Kriegswehrmacht der UdSSR« OKH/Gen.St.d.HO.Qu IV Abt. Fremde Heere Ost (II) Nr. 100/41 g. vom 15.1.1941 unter Anlage 9d). Sie sind aus den Kriegsgefangenen *sofort,* d. h. noch auf dem Gefechtsfelde, abzusondern. Dies ist notwendig, um ihnen jede Einflußmöglichkeit auf die gefangenen Soldaten zu nehmen. Diese Kommissare werden nicht als Soldaten anerkannt; der für Kriegsgefangene völkerrechtliche Schutz findet auf sie keine Anwendung. Sie sind nach durchgeführter Absonderung zu erledigen.

3. *Politische Kommissare, die sich keiner feindlichen Handlung schuldig machen oder einer solchen verdächtig sind,* werden zunächst unbehelligt bleiben. Erst bei der weiteren Durchdringung des Landes wird es möglich sein, zu entscheiden, ob verbliebene Funktionäre an Ort und Stelle belassen werden können oder an die Sonderkommandos abzugeben sind. Es ist anzustreben, daß diese selbst die Überprüfung vornehmen.

Bei der Beurteilung der Frage, ob »schuldig oder nicht schuldig«, hat grundsätzlich der persönliche Eindruck von der Gesinnung und Haltung des Kommissars höher zu gelten, als der vielleicht nicht zu beweisende Tatbestand.

4. In den Fällen 1. und 2. ist eine kurze Meldung (Meldezettel) über den Vorfall zu richten:

a) von den einer Division unterstellten Truppen an die Division (Ic),

b) von den Truppen, die einem Korps-, Armeeober- oder Heeresgruppenkommando oder einer Panzergruppe unmittelbar unterstellt sind, an das Korps- usw. Kommando (Ic).

5. Alle oben genannten Maßnahmen dürfen die Durchführung der Operationen nicht aufhalten. Planmäßige Such- und Säuberungsaktionen durch die Kampftruppe haben daher zu unterbleiben.

II. Im rückwärtigen Heeresgebiet

Kommissare, die im rückwärtigen Heeresgebiet wegen zweifelhaften Verhaltens ergriffen werden, sind an die Einsatzgruppe bzw. Einsatzkommando der Sicherheitspolizei (SD) abzugeben.

III. Beschränkung der Kriegs- und Standgerichte

Die Kriegsgerichte und die Standgerichte der Regiments- usw. Kommandeure dürfen mit der Durchführung der Maßnahmen nach I und II nicht betraut werden.

(Aus: OKW/WFSt/L IV Chefsachen Barbarossa, BA–MA RW 4/v. 578)

Der »Kommissarbefehl« vom 6. Juni

Vom Balkan nach Wien

Von Wilhelm Pagels

12. Oktober 1940	Erste deutsche Einheiten kommen nach Rumänien.
November 1940	Ungarn und Rumänien treten dem Dreimächtepakt zwischen Deutschland, Italien und Japan bei.
1. März 1941	Beitritt Bulgariens zum Dreimächtepakt.
25. März 1941	Beitritt der Rechtsregierung Jugoslawiens zum Dreimächtepakt.
27. März 1941	Militärputsch in Jugoslawien als Reaktion auf den Beitritt.
6. April 1941	Überfall auf Jugoslawien *(Operation Marita).*
17. April 1941	Kapitulation der jugoslawischen Armee.
Juni 1941	Rumänische und ungarische Truppen beteiligen sich am Überfall auf die Sowjetunion.
Mitte 1943	Jugoslawische Partisanenbewegung ist auf 300.000 Mitglieder angewachsen und kontrolliert mehr als die Hälfte des jugoslawischen Territoriums.
23. August 1944	Volksaufstand in Rumänien, deutsche Truppen müssen das Land verlassen.
8. September 1944	Rote Armee betritt bulgarisches Territorium.
Oktober 1944	Verbände der jugoslawischen Partisanen und der Roten Armee befreien Belgrad.
Februar 1945	Nach erbitterten Kämpfen muß die eingeschlossene deutsche Gruppierung in Budapest kapitulieren.
April 1945	Rote Armee besetzt den Ostteil Österreichs.

Nach dem Zerfall der Habsburger Donaumonarchie waren in Ungarn, Rumänien und Bulgarien in der Zeit zwischen den Weltkriegen rechtsgerichtete Regierungen an die Macht gekommen, die aus ihrer Gegnerschaft zur Sowjetunion keinen Hehl machten. Mit dem Beginn des Zweiten Weltkrieges setzten sich angesichts der offensichtlichen Erfolge der Deutschen in diesen Ländern Kräfte durch, die auf ein Zusammengehen mit Hitler aus waren, zumal die traditionellen Verbündeten England und Frankreich schon bald militärische Niederlagen einstecken mußten. So trafen die deutschen Pläne gegenüber Südosteuropa auf besonders günstige Voraussetzungen.

Die Länder im Norden und Süden der Donau waren aus zweierlei Gründen besonders interessant für die deutschen Kriegsziele: Einerseits konnten die reichen Bodenschätze, die entwicklungsfähige Land- und Forstwirtschaft und die zahlreichen Arbeitskräfte zur Verbesserung der deutschen Ressourcen genutzt werden. Andererseits sollten Ungarn und Rumänien als Aufmarschgebiet für den beabsichtigten Überfall auf

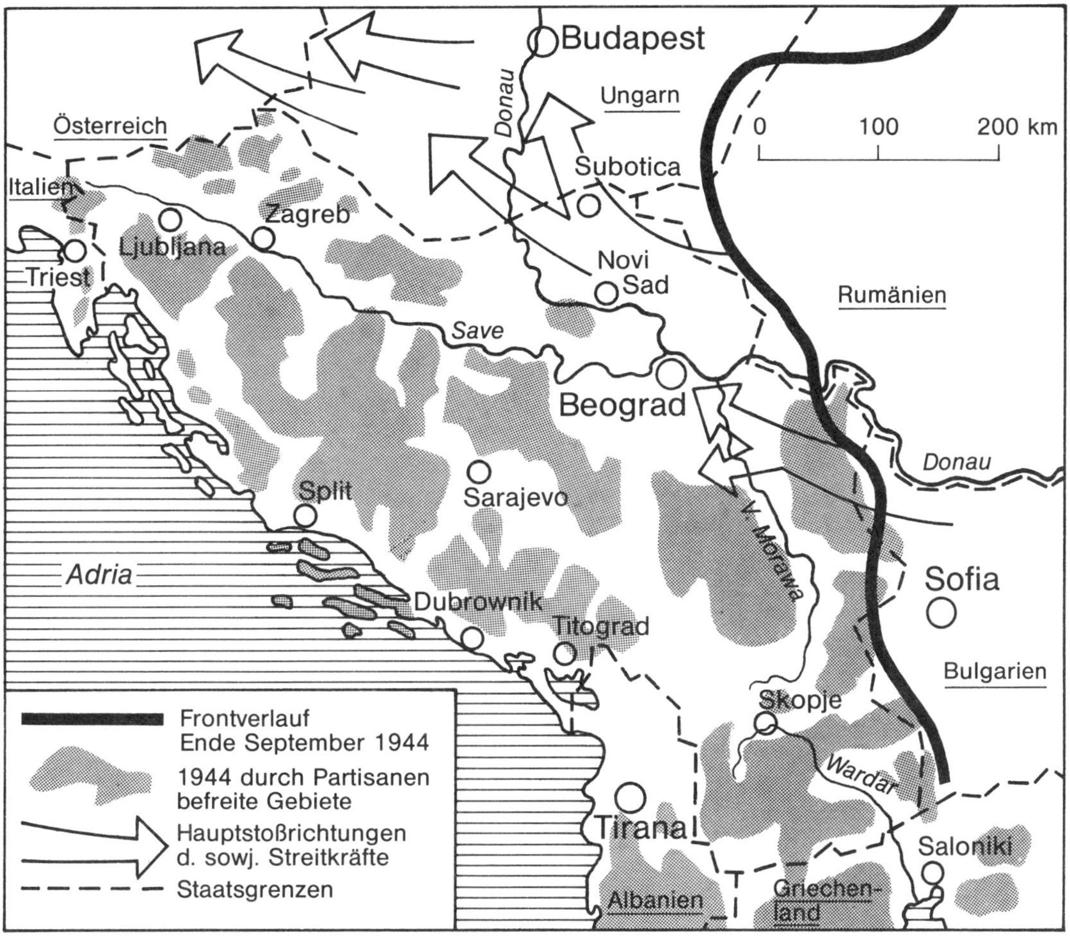

Der nördliche Balkan in den Jahren 1944/45.

die Sowjetunion dienen. Die deutsche Südosteuropapolitik versuchte daher, die Staaten Südosteuropas durch ein Paktsystem in das »neugeordnete Europa« einzugliedern und sie durch »friedliche« Okkupation in Satellitenstaaten zu verwandeln.

Die Regierungen Ungarns, Rumäniens und Bulgariens waren nur allzu bereit, diesem Konzept zu folgen.

Schon im November 1940 traten das *Ungarn* des Admirals Horthy und das *Rumänien* des Generals Ian Antonescu dem am 27. September 1940 geschlossenen Dreimächtepakt zwischen Deutschland, Italien und Japan bei. Schon zuvor hatte der *rumänische* Diktator Antonescu Hitler »gebeten«, eine Heeres- und Luftwaffenmission mit sogenannten Lehrtruppen ins Land zu schicken. Die ersten Einheiten trafen schon am 12. Oktober 1940 in Rumänien ein; sie sollten bis zum Frühjahr 1941 auf eine Stärke von 200.000 Mann anwachsen. Durch den *Vertrag über die deutsch-rumänische Zusammenarbeit bei der Durchführung eines Zehnjahresplanes für den Ausbau der rumänischen Wirtschaft* vom 4. Dezember 1940 wurde die rumänische Wirtschaft faktisch in die deutsche Kriegswirtschaft einbezogen. So hatten sich die wirtschaftlichen und strategischen Voraussetzungen für den deutschen Überfall auf die Sowjetunion entscheidend verbessert.

In *Bulgarien* war die mit Hitler sympathisierende Regierung Bogdan Filow zwar ebenfalls für eine Koalition mit Hitler-Deutschland, doch mußte aufgrund der traditionellen Russenfreundlichkeit der Bulgaren, die noch aus den Befreiungskriegen gegen die Türken herrührte, erheblicher innenpolitischer Widerstand unterdrückt werden. Am 1. März 1941 trat schließlich auch Bulgarien dem Dreimächtepakt bei.

Ähnlich wie in Bulgarien hielt sich die *jugoslawische* Regierung unter Ministerpräsident Dragisa Cvetkovic mit freundlichen Gesten gegenüber Deutschland zurück, weil in der Bevölkerung eine antifaschistische Haltung verbreitet war. Doch am 25. März 1941 trat auch Jugoslawien dem Dreimächtepakt bei. In der Folge kam es im ganzen Land zu Streiks, Demonstrationen, Kundgebungen und Zusammenstößen mit der Polizei. Durch einen Militärputsch wurde die Regierung Cvetkovic abgelöst, an die Spitze des jugoslawischen Staates kam der ehemalige Oberbefehlshaber der Luftstreitkräfte, General Dusan Simovic (27. März 1941).

Die deutsche Führung reagierte prompt. Noch am 27. März 1941 erließ das Oberkommando der Wehrmacht die *Weisung Nr. 25:*

Der Militärputsch hat die politische Lage auf dem Balkan geändert. Jugoslawien muß auch dann, wenn es zunächst Loyalitätserklärungen abgibt, als Feind betrachtet und daher so rasch als möglich zerschlagen werden.

In der gleichen Besprechung, auf der die *Weisung Nr. 25* beschlossen wurde, kam man im Oberkommando der Wehrmacht überein, den geplanten Überfall auf die Sowjetunion »bis zu vier Wochen« zu verschieben und zuvor Jugoslawien und Griechenland in einem »Blitzkrieg« niederzuwerfen.

Die Generalstabspläne für den Überfall auf *Jugoslawien* konnten binnen kürzester Zeit fertiggestellt werden, da schon seit April 1940 Planungen über die »militärischen Gegebenheiten eines Balkankrieges« im Gange waren. Unter Beteiligung ihrer südosteuropäischen Verbündeten marschierten dann am 6. April 1941 deutsche Truppen in Jugoslawien ein. Gleichzeitig griff die italienische Armee im Westen und vom albanischen Boden aus in die Kämpfe ein. Am 17. April wurde die Kapitulationsurkunde unterzeichnet. Mit der Niederlage der jugoslawischen Armee und der bald darauf folgenden Eroberung *Griechenlands* hatte die deutsche Führung ihre weitreichenden wirtschaftlichen und strategischen Ziele in Südosteuropa durchgesetzt. Die Südostflanke war gegen einen etwaigen britischen Angriff gesichert. Die Ressourcen für die deutsche Kriegswirtschaft hatten sich erheblich erhöht. Günstige Aufmarschbasen für den Überfall auf die Sowjetunion waren nun zugänglich.

Ebenso wie *Rumänien* erlaubten auch *Ungarn* und *Bulgarien* den Einmarsch deutscher Truppen. Am Überfall auf die Sowjetunion selbst beteiligten sich dann rumänische, seit der Kriegserklärung vom 27. Juni 1941 auch ungarische Truppen. Bulgarien hingegen hielt sich trotz deutschen Drucks zurück, da militärische Aktionen gegen die Sowjetunion innenpolitisch zu brisant erschienen. Die bulgarische Regierung setzte jedoch auch nach dem 22. Juni 1941 ihre Politik der aktiven Unterstützung Hitler-Deutschlands fort, so daß das Land weiterhin als Versorgungs- und Militärstützpunkt der deutschen Truppen genutzt werden konnte.

Als im Frühjahr 1944 die deutsch-sowjetische Front Südosteuropa erreichte, mußte die Wehrmacht die Südflanke ihrer Ostfront vernachlässigen, um an den restlichen Frontabschnitten den Vormarsch der Roten Armee zumindest zeitweise aufzuhalten. In Rumänien standen den vorrückenden 90 sowjetischen Divisionen nur noch 22 rumänische und 25 deutsche Divisionen gegenüber. Die rumänischen Truppen leisteten der Roten Armee kaum noch Widerstand und ließen sich ans Schwarze Meer zurückdrängen. Die deutschen Truppen wehrten sich verbissen, mußten jedoch Ende August 1944 das rumänische Territorium verlassen. Schon am 23. August war in Bukarest ein bewaffneter Volksaufstand ausgebrochen, der unter der Führung der rumänischen Kommunisten stand. Der Diktator Antonescu wurde verhaftet. Kurze Zeit später erklärte die neue rumänische Regierung dem Deutschen Reich den Krieg. Nach sowjetischen Angaben verloren in den Kämpfen um Rumänien 70.000 sowjetische Soldaten das Leben.

Kurz darauf marschierten sowjetische Truppen in *Bulgarien* ein. Als sie am 8. September 1944 die bulgarische Grenze überschritten, stießen sie kaum auf Widerstand. In Bulgarien hatte sich eine beachtliche Partisanenbewegung entwickelt, die jetzt mit den sowjetischen Truppen aus den Bergen zurückkehrte. Wie zuvor in *Rumänien*, kam es auch in der bulgarischen Hauptstadt Sofia zu einem Aufstand, in dessen Folge die alte Regierung entmachtet und Deutschland der Krieg erklärt wurde.

Ebenso wie in Bulgarien war in *Jugoslawien* eine starke *Partisanenbewegung* entstanden, die sich im Laufe des Krieges zur erfolgreichsten Widerstandsbewegung unter deutscher Besatzung entwickeln sollte. Bereits 1941 hatten einzelne Partisanengruppen in den Bergen Montenegros den bewaffneten Kampf gegen die deutschen Okkupanten aufgenommen. Nicht zuletzt die barbarische Härte der Besatzer sollte die anfangs nur verhalten schwelende Glut des Widerstands zu einem wahren Flächenbrand anfachen, dem die Wehrmacht bald nicht mehr gewachsen war. Josip Brosz, genannt *Tito*, gelang es recht bald, die auch in ihrer ideologischen Ausrichtung unterschiedlichen Widerstandsgruppen und Partisanenabteilungen zu einer schlag-

Jugoslawische Partisanen im Frühjahr 1945: Tito (sitzend) mit dem sowjetischen Schriftsteller Konstantin Simonow.

kräftigen Truppe, der sogenannten Volksbefreiungsarmee, zusammenzufassen. In weiten Teilen Jugoslawiens entstand ein wahrer Volkskrieg. Obwohl die Wehrmacht schließlich 20 Divisionen einsetzte, konnte sie nicht verhindern, daß bereits 1943 die Hälfte des jugoslawischen Territoriums fest in der Hand der Partisanen war.

Diesen entschiedenen Widerstand bezahlte die jugoslawische Bevölkerung teuer. In den Kämpfen sowie in Konzentrationslagern und Zuchthäusern kamen nach jugoslawischen Angaben mehr als 1,5 Millionen Menschen ums Leben, das bedeutete: fast jeder zehnte männliche Einwohner Jugoslawiens. Im Oktober 1944 endlich konnten die jugoslawischen Partisanenverbände zusammen mit Einheiten der Roten Armee die Hauptstadt Belgrad erobern.

Nun war der *ungarische* Admiral Horthy der letzte Verbündete Hitlers in Südosteuropa. Die Niederlage der deutschen Truppen und der schwachen ungarischen Kräfte war nicht mehr aufzuhalten; doch in Budapest stand noch eine starke deutsche Gruppierung von 300.000 Mann. Ende Dezember 1944 hatte die Rote Armee die deutschen Truppen bei Budapest eingeschlossen; doch erst nach sechs Wochen erbitterter Kämpfe konnte die stark zerstörte ungarische Hauptstadt eingenommen werden. Auf beiden Seiten kamen jeweils über 125.000 Mann ums Leben, 140.000 deutsche Soldaten gerieten zudem in sowjetische Kriegsgefangenschaft.

Beim Vormarsch der Sowjets vom Balkan nach Wien überschritt der Krieg schließlich die österreichische Grenze. Anfang April 1945 rückten die sowjetischen Truppen von Norden und Süden her auf Wien zu. Zwar kam es noch zu einzelnen erbitterten Gefechten, doch insgesamt konnten die Menschenverluste und die materiellen Schäden niedrig gehalten werden. Österreich, seit dem mehr oder minder freiwilligen »Anschluß« von 1938 Teil des »Großdeutschen Reiches«, war jetzt von der deutschen Vormundschaft befreit. Doch während die sowjetischen Soldaten zuvor überall in Südosteuropa zumindest fürs erste aus vollem Herzen als Befreier empfangen und gefeiert worden waren, empfing man sie in Österreich mit gemischten Gefühlen (vgl. dazu die Äußerungen Manès Sperbers auf den folgenden Seiten).

Historisches Stichwort: Michael Eickhoff befragt Manès Sperber über den Begriff »Befreiung«

Manès Sperber: Französischer Schriftsteller österreichischer Herkunft. So kennzeichnet ein neueres deutsches Lexikon den Träger des Georg-Büchner-Preises von 1975. Abstammung aus jüdischer Familie, in Wien Schüler und Mitarbeiter des Psychologen Adler, 1933 über Jugoslawien nach Frankreich emigriert. Das sind Lebensdaten. Dahinter: Geistige Stufen, Wandlungen. Sperber, bis 1937 Mitglied der KP, hat sich später in zahlreichen Essays und Romanen (*Wie eine Träne im Ozean*) kritisch-ironisch mit Kommunismus und Totalitarismus auseinandergesetzt.

Kaum jemand schien geeigneter, als es um die Kommentierung der Fernsehfolge *Vom Balkan nach Wien* ging. Die Heimat des 75jährigen ist Galizien, zur Zeit seiner Geburt noch Teil der österreichisch-ungarischen Donaumonarchie, heute innerhalb der Grenzen der Sowjetunion gelegen. Was den Habsburgern über Jahrhunderte gelang, unterschiedliche Völker und Naturen politisch und kulturell zusammenzuhalten, diese Klammerfunktion nehmen seit dem Ende des Zweiten Weltkrieges die Sowjets wahr – mit sehr unterschiedlichen Mitteln. Sie konnten es, weil sie zunächst als Befreier kamen, die man, wie der Film glauben machen will, vom Balkan bis nach Wien mit offenen Armen empfing.

Als ich Manès Sperber in Paris besuchte, wo er seit langem lebt, war meine erste Frage die nach der Glaubwürdigkeit dieses Eindrucks. Sperber:

Ja, das stimmt; aber nur teilweise und zeitweise. Zunächst kann es einen echten Jubel geben, einfach das Gefühl der Freiheit. Doch wenn eine Befreiungsarmee länger als zwei, drei Tage bleibt, verwandelt sie sich automatisch in eine Besatzungsarmee. Die anfängliche Begeisterung nutzt sich schnell ab.

Zum anderen spielt es eine große Rolle, ob die befreienden Truppen vorher harte Schlachten durchmachen mußten. In diesem Fall sind sie »verbiestert«. Die Truppen der Roten Armee hatten, verglichen mit den Schlachten an den Hauptfronten in ihrem eigenen Land, bei der Befreiung der Balkan-Länder weniger harte Kämpfe auszustehen. Der Balkan war ein Nebenfeld, die Gefechte gleichsam epilogische Episoden. Waren die Sowjets schon aus diesen Gründen hier eher für die Rolle des bejubelten Befreiers geeignet, so wurden sie in dieser Rolle auch noch aus anderen Motiven begünstigt.

Durch Jahrzehnte hindurch haben die südslawischen Staaten mit dem Blick auf das zaristische Rußland als den Großen Bruder gelebt, der sie eines Tages von aller Fremdherrschaft befreien würde.

Beispielhaft dafür ist die in der Mitte des 19. Jahrhunderts aufgekommene panslawistische Idee. Sie war eigentlich – so sagt Manès Sperber *– weniger eine Idee als ein Gefühl, ein Gefühl der Zusammengehörigkeit, das sehr stark auch von den orthodoxen Kirchen, vom gemeinsamen Glauben her unterstützt wurde; Zusammengehörigkeit trotz mancher politischer Gegensätzlichkeit der Regimes. Seit den Befreiungskriegen, die die slawischen Völker gegen die Türkenherrschaft führten, war da der Große Bruder Rußland, der auf vielfältige Art und Weise half, selbst wenn das nicht immer sichtbar wurde.*

All diese Gefühle haben beim Ende des Zweiten Weltkrieges mitgespielt. Vorherrschend aber war für die Befreiten wie für die Frontkämpfer das Gefühl: Es ist vorbei, ich habe überlebt, ich lebe. Das alles ergab eine Art von Euphorie, die ebenso natürlich wie vorübergehend war. Denn ihr folgte eine ungeheure Enttäuschung: Die befreiten Slawen mußten entdecken, daß die Russen unendlich mehr Russen als Slawen waren. Sie betonten ihre Befreierrolle, sie waren die Großen. Die anderen, die Befreiten, waren verdächtig. Hatten sie schließlich nicht faschistische Regimes gehabt? Das Gefühl der Solidarität fand sich auf einer Einbahnstraße wieder. Die Befreiten wollten anfangs glauben, die Befreienden seien Brüder. Aber diese Brüder fühlten sich vor allem als sehr reiche Herren, die Befreiung fast als Almosen vergaben. Sicher haben die einfachen Soldaten kaum über diese Dinge nachgedacht. Doch ihre Führer wußten, daß es um anderes ging; nämlich darum, diese Länder in den russischen Herrschaftsbereich zu bringen. Wer das nicht sehen wollte, der wollte blind sein.

Die Befreiung war also nur ein Vorwand zur Schaffung sowjetischer Satellitenstaaten, zur Einbeziehung des Balkans in die totalitäre Ordnung Moskaus?

Ja, das ist bereits lange so geplant gewesen, und es hat viele Leute gegeben, die das wußten. Die Befreiungseuphorie wich schnell der Ernüchterung. Und es gab schon bald den Beginn eines Konflikts: Der sehr Stalingläubige Tito schrieb Stalin einen Beschwer-

debrief, in dem er sich über das Verhalten der Russen in Belgrad beklagte, die »dort einfach wüteten wie Besatzer«.

Manès Sperber erwähnt an diesem Punkt des Gesprächs eine Anekdote, die das Verhältnis zwischen Balkan-Slawen und Russen verdeutlicht. Zu Beginn des Jahrhunderts sagten die Montenegriner, wir und die Russen sind eigentlich dasselbe, zusammen sind wir 120 Millionen. Die Russen hingegen sagten nicht, wir und die Montenegriner sind 120 Millionen, sondern: Da gibt es irgendwelche kleinen Leute, die heißen Montenegriner – und die schnappen wir einmal!

Manès Sperber faßt zusammen:

Es hat zweifellos überall dort, wohin die Russen in den slawischen Ländern kamen, echte Befreiungsstimmung gegeben. Das Ende des Krieges war da oder deutete sich an. Daraus ergab sich eine illusionäre Stimmung, in der sich alle Menschen brüderlich vereint fühlten. Die Illusion hielt, je nachdem, eine halbe Stunde oder ein paar Tage; länger nicht. Es gab eine Befreiungsstimmung, die Seelen waren Sonntagsseelen. Aus sehr konkreten Gründen lief alles dann bald anders. Die russischen Truppen kamen beispielsweise ohne Intendanz, sie wollten sich vom Lande nähren. Doch in diesen Ländern herrschte ja bereits Hunger. Was der sowjetische Soldat also aß, hatte er irgendwem vom Munde gerissen. Die Bevölkerung merkte, daß sie eine fremde Armee im Lande hatte, und hoffte, die Befreier so schnell wie möglich wieder loszuwerden.

Anders war das in Österreich, das ja auch – wie der Film es darstellt – von den Sowjets »befreit« wurde. War Österreich ein Sonderfall? frage ich den geborenen Österreicher.

Ja, und zwar aus folgendem Grund: Es gab keine Gefühle der Zugehörigkeit zu den Slawen. Und die österreichische Bevölkerung hat sich, zum anderen, in den Jahren zwischen 1938 (dem Anschluß an das Deutsche Reich) und 1945 weitgehend mit Deutschland identifiziert. Das wurde den Österreichern besonders bewußt zu einem Zeitpunkt, als sie sich sagen mußten, jetzt kommt der Rückschlag. So herrschte also vor dem russischen Eindringen, das gleichzeitig doch auch als Befreiung gesehen werden sollte, große Angst.

Politisch überwog aber dann sehr schnell die Einsicht, daß die Sowjetunion ein Interesse daran hatte, Österreich wiedererstehen zu lassen. Und jetzt begann ein diplomatisches Spiel: Österreich war nicht mehr für alles, was zwischen 1938 und 1945 passiert war, mit Deutschland identisch, sondern sogar gewissermaßen dagegen gewesen . . .

Welche Gründe es für die Wiederherstellung der Selbständigkeit Österreichs seiner Ansicht nach gegeben habe, frage ich.

Erstens einmal war auf diese Weise Deutschland schwächer, ein Stück von Deutschland war wieder abgespalten. Andererseits war Österreich ja nun in der Tat bis zum Jahr 1938 selbständig gewesen. Die Wiederherstellung der Souveränität war also eine Wiederherstellung des Zustandes vor dem Anschluß.

Doch aus der weiten Sicht des 1905 im damals österreichischen Galizien Geborenen ist diese politische Veränderung eher eine späte Reparatur:

Es hätte die Möglichkeit gegeben, wenn nach dem Ersten Weltkrieg nicht so viel Wahnsinn am Werk gewesen wäre, auf die gefallene, zerstörte österreichisch-ungarische Monarchie, die ja trotzdem merkwürdigerweise eine Art Völkerbund war, einen anderen,

Einmarsch sowjetischer Soldaten in Österreich im April 1945.

freien Völkerbund folgen zu lassen, eben der Staaten von Österreich bis zum Schwarzen Meer!

Keine Balkan-Union, sondern ein weitergehendes Staatengebilde will Sperber darunter verstanden wissen, in dem Österreich, die Tschechoslowakei, Ungarn, Jugoslawien, schließlich Rumänien und unter Umständen Bulgarien – »es gab keinen Landstrich Bulgariens, der mal zu Österreich gehört hat« – hätten mitwirken können.

Sperber räumt ein:

Das alles sind seltsam unwirkliche Erinnerungen, sie erscheinen aber vielleicht gleichzeitig als Prophezeiungen. Denn ich für meinen Teil glaube, daß natürlich all das, was zwischen 1918 und heute geschehen ist, schwierige Nationalitätenprobleme noch immer nicht gelöst hat. Die Rumänen und die Ungarn, die Frage der Kroaten und der Serben. Eine größere Einheit würde diese Konflikte zweifellos verringert oder vielleicht sogar aufgehoben haben.

Der Sachverhalt heute – so sieht es Manès Sperber – besteht darin, daß alle diese Länder mit Ausnahme Österreichs Satellitenländer geworden sind, daß sie ihre Nationalstaatlichkeit zwar erhalten, ihre Unabhängigkeit aber nicht erringen konnten.

Wenn der Kampf aller dieser Nationalitäten in den Balkankriegen und dem Ersten Weltkrieg die Erreichung der staatlichen Unabhängigkeit beabsichtigte, dann kann man sagen: schon wieder bleibt in diesen gleichen Staaten diese Frage ungelöst.

Manès Sperber zitiert sich selbst im Folgenden, was – wie er vorbemerkt – immer eine »heikle und eitle Sache ist«:

Ich habe im Jahre 1952, kurz vor Stalins Tod, geschrieben: Sollte einmal der Druck ein wenig geringer werden, dann wird man feststellen, daß in all diesen Ländern die Revolution von 1848 auf die Tagesordnung gesetzt werden wird, wo es sich um nationale und staatsbürgerliche Befreiung handelt. Was 1981 in Polen vorgeht, enthält, auch wenn es nicht nach außen getragen wird, das Element der nationalen Unabhängigkeit, »Wir wollen national unabhängig sein«, daß unser Staat wirklich ein freier Staat wird, was er nicht ist. Und das gilt für alle Staaten, von denen wir gesprochen haben, außer Österreich.

Ich wende ein, daß ja die Sowjetunion in solchen Fällen – in Ungarn, in der Tschechoslowakei – immer bewiesen hat, daß sie eine solche nationale Unabhängigkeit nicht zulassen will. Dazu Sperber:

Alles bisher Gesagte muß unter dem Gesichtspunkt betrachtet werden, daß unter den Siegern im Zweiten Weltkrieg ein totalitärer Staat war, die Sowjetunion. Damit sind die Fragen völlig verfälscht worden, natürlich auch die Lösungen gleichsam fiktiv als Befreiungen dargestellt worden; aber das sind sie nicht gewesen. Vergessen Sie nicht, daß der Bruch Stalins mit Tito nicht zuletzt darauf zurückzuführen war, daß Tito eine Zeitlang zusammen mit Dimitrow (Bulgar. Politiker, ließ am 15. September 1945 die Volksrepublik Bulgarien ausrufen, schloß 1947 Freundschaftsvertrag mit Jugoslawien, als Emigrant 1933 in den Prozeß um den Reichstagsbrand verwickelt. Anm. d. Red.) *die Entstehung einer Balkan-Föderation erwogen hatte. Das mußte, von Stalin aus gesehen, verhindert werden.*

Manès Sperber wendet seine Gedanken wieder auf das Heute, auf Polen, auf die Aktualität der von ihm bisher angeschnittenen Problematik.

Hinter den großen sozialen Problemen in Polen gibt es natürlich die Frage einer alten Nation, der man sagt, Ihr habt einen Staat, Ihr seid also frei, obwohl man natürlich weiß, er ist nicht frei. Und wenn ein Staat nicht unabhängig ist, ist auch die Nation nicht frei als Nation. Hinzu kommt die individuelle Unfreiheit unter einem solchen Regime.

Befreier, Besatzer, Unterdrücker. Der »französische Schriftsteller österreichischer Herkunft« Manès Sperber hat sie in seinen 75 Lebensjahren erlebt und beschrieben. Und er resumiert, der Zweite Weltkrieg habe am Tag seines Endes neue Probleme geschaffen, deren Lösung zweifellos einmal erfolgen werde. Ein Zukunftsgläubiger, ein naiver Optimist, ist er nicht:

Vielleicht erreichen wir eine Lösung ohne Krieg; das wäre jedenfalls aufs Sehnlichste zu wünschen. Wir leben in einem grauenhaften Jahrhundert. Wenn man etwas wünschen kann, ist es, daß nicht nach soviel Blutvergießen wieder Krieg als ein Mittel zur Lösung angesehen wird. Wir wissen, Krieg hat nie Fragen gelöst, weder der Erste noch der Zweite.

Befreiungsillusionen – so sieht es Manès Sperber –, zumal die von 1945 mußten sich in die Einsicht verwandeln, daß es für kleine Nationen in der Nachbarschaft einer großen Nation in Form eines totalitären Staates keine Aussicht auf Freiheit gibt:

Es sei denn, Entwicklungen gedeihen, die bewegt und bestimmt werden durch Kräfte, die nicht in den kleinen Staaten gelegen sind. Obschon diese, wenn es so weit ist, dann eine große Rolle spielen werden.

Der Anlaß meiner Begegnung mit Manès Sperber war ein Film. Zurück zu ihm selbst. Am Ende meines Gespräches über die »Befreiung« des Balkans stand folgende Bemerkung über diese Filmserie und generell über Dokumentarfilme über den Krieg:

Gewiß ist es sehr wichtig, was da gesehen wird, gleichviel wie man dazu steht. Aber jene, die uns hören und diese Filme sehen, sollten wissen, daß es natürlich nur ein Bruchstück eines Ganzen ist, aus sehr entgegengesetzten Stücken und Farben zusammengesetzt. Das heißt, nicht nur jede Partei ist parteiisch; das ist normal. Ich will vielmehr meinen, man muß sich tatsächlich informieren durch Bücher, um dann erst diese Filme anzuschauen. Ich selbst sehe Filme besonders gern an, wenn ich eigentlich schon recht viel weiß. Erst dann bekomme ich ein Gefühl der Faßbarkeit, der materiellen Faßbarkeit, und das ist wichtig.

Filme – ich weiß es aus meiner eigenen Arbeit und kann deshalb meinem Gesprächspartner nicht widersprechen – geben »zum Teil verzerrte Teilstücke wieder«. Das Gleichnis, mit dem Manès Sperber diese These abschließend erläutert:

Drei Männer gehen durch den Dschungel, und durchs Laub hindurch erblicken sie einen Elefanten. Einer sieht durch die winzigen Löcher, die das dichte Laub offenläßt, das Hinterteil des Elefanten, der andere sieht den Kopf, der dritte sieht das Mittelstück. Jeder geht nach Hause und beschreibt den Elefanten; und zwar das Stück, das er gesehen hat ... Wichtig ist also und klug, nicht zu vergessen, der ganze Elefant ist erst der Elefant!

Die Rote Armee in Polen

Von Wilhelm Pagels

1. September 1939	Deutsche Truppen überfallen Polen.
17. September 1939	Sowjetische Truppen besetzen zu Polen gehörende weißrussische und ukrainische Gebiete.
Juli 1941	Aufnahme diplomatischer Beziehungen zwischen der Sowjetunion und der polnischen Exilregierung.
Dezember 1941	Sikorski vereinbart in Moskau die Aufstellung einer polnischen Armee unter General Anders.
Juli 1942	Die Anders-Armee (75.000 Mann) verläßt die Sowjetunion auf dem Landweg über Persien.
April 1943	Abbruch der diplomatischen Beziehungen mit der Exilregierung wegen Katyn. Aufstellung der polnischen Division *Tadeusz-Kosciusko* unter Oberst Berling. Konstituierung des *Bundes Polnischer Patrioten.*
18. Juli 1944	Sowjetische Truppen überschreiten polnische Grenze.
1. August 1944	Warschauer Aufstand. Nach Dauer von zwei Monaten brutal niedergeschlagen. Warschau wird fast vollständig zerstört.
Januar 1945	Sowjetische Truppen erobern Warschau.
17. Januar 1945	Rote Armee überschreitet deutsche Grenze.

Im Frühsommer 1944 hatten die sowjetischen Truppen im östlichen Litauen und in Weißrußland einen der größten Siege des gesamten Krieges erkämpft. An den gleichen Orten, an denen die deutsche Wehrmacht fast genau drei Jahre zuvor ihren Vernichtungsfeldzug begann, sollte sie zu Beginn dieses letzten Kriegssommers fast vollständig vom sowjetischen Territorium vertrieben werden. Hitler hatte zwar wieder einmal sich und seinen Verbündeten eingeredet, daß der weit in die Sowjetunion hineinreichende »weißrussische Bogen« ein unüberwindliches Bollwerk sei, an dem die Rote Armee zum Halten gebracht würde. Die erfolgreiche Offensive der Roten Armee ließ jedoch endgültig alle Träume derer wie eine Seifenblase zerplatzen, die noch auf ein Remis gehofft hatten.

Die im Juni/Juli 1944 an allen Fronten erlittenen Menschenverluste waren durch Aushebung neuer Jahrgänge nicht mehr zu ersetzen. Trotzdem blieb die deutsche Wehrmacht ein ernst zu nehmender Gegner. Im 2. und 3. Quartal 1944 erreichte die deutsche Rüstungsproduktion ihren höchsten Stand während des gesamten Krieges. Tausende von modernen Panzern rollten an die bedrohten Fronten. Folgerichtig warnte Stalin nach den ersten Erfolgen der *Operation Bagration* in Weißrußland vor übertriebenem Optimismus. Er wußte, daß der direkte Weg ins Deutsche Reich durch

Die Rückeroberung Polens und Einmarsch in Deutschland

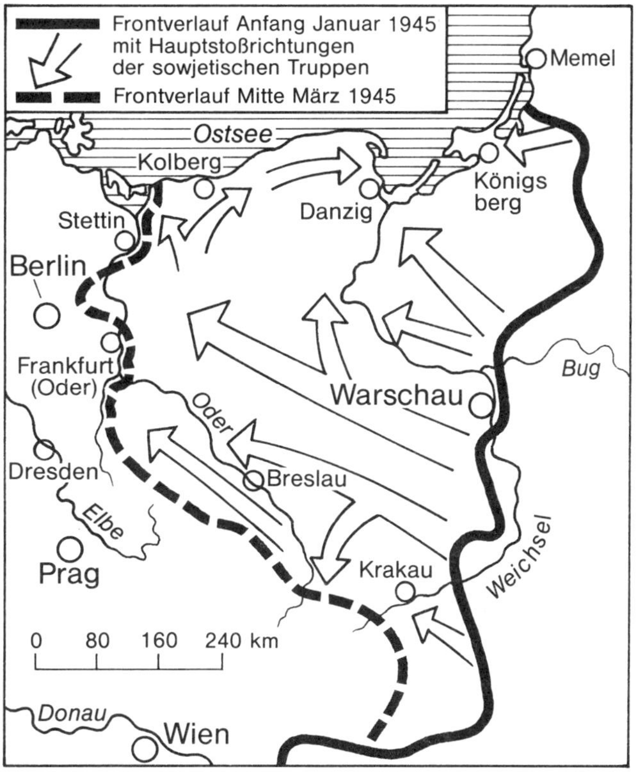

Polen führte, und daß die Deutschen entsprechend hartnäckig neue Verteidigungslinien in dieser strategischen Hauptrichtung aufbauen würden.

Am 18. Juli 1944 überschritten die Truppen der 1. Weißrussischen Front unter General Rokossowskij die polnische Grenze. Bis zu diesem Zeitpunkt war die Rote Armee täglich zwischen 15 bis 25 km vorangekommen. Innerhalb eines Monats waren fast 650 km zurückgelegt worden. Jetzt aber verlangsamte sich der sowjetische Vormarsch zusehends. Die Nachschublinien waren lang geworden, die Truppe erschöpft, und die deutsche Führung hatte starke Reserven in die Schlacht geworfen. Die Fronten kamen allmählich zum Stillstand.

Der Einmarsch der Sowjets in Polen kann aber nicht nur unter militärgeschichtlichen Aspekten betrachtet werden. Nirgendwo in Osteuropa waren die politischen Probleme komplizierter und brisanter als hier. Jahrhundertelang waren die polnisch-russischen Beziehungen zunächst durch das polnische, dann durch das russische Expansionsstreben belastet gewesen.

Als Lenin im Jahre 1918 dem neuentstandenen polnischen Staat eine Politik der guten Nachbarschaft anbot und damit die Politik der zaristischen Unterdrückung Polens beenden wollte, ging die polnische Regierung unter Staatspräsident Pilsudski nicht darauf ein. Angesichts der Schwächung des sowjetischen Staates durch Interventionskriege und Revolutionswirren hielt sie ihre Stunde für gekommen und annektierte weißrussische und ukrainische Gebiete. Zwar wurde dies im Frieden von Riga (1920) von der Sowjetunion anerkannt, doch fühlten sich die Sowjets von den Polen betrogen.

In Versailles hatte ja selbst der englische Vertreter, *Lord Curzon,* die Sprachgrenze zwischen polnischer und bjelorussischer bzw. ukrainischer Bevölkerung als Ostgrenze des künftigen polnischen Staates vorgeschlagen *(Curzon-Linie).* Dieser ethnologischen Grenze entsprach auch im wesentlichen die Linie, die Stalin und Hitler im Nichtangriffspakt 1939 als Begrenzung der jeweiligen Interessengebiete vereinbart hatten. Sie wurde nach dem Einmarsch deutscher Truppen in Polen Ende September 1939 von der Roten Armee besetzt.

Dies bestätigte wiederum die in London residierende polnische Exilregierung in ihren antisowjetischen Vorbehalten, welche schon die gesamte Außenpolitik im Zwischenkriegspolen (»Pilsudski-Polen«) bestimmt hatten. Dennoch kam es im Juli 1941 unter dem Eindruck der deutschen Okkupationspolitik und angesichts der Notwendigkeit einer verbreiterten Anti-Hitler-Front zur Aufnahme diplomatischer Beziehungen zwischen der sowjetischen und der polnischen Regierung. Diese Beziehungen waren jedoch von bleibendem Mißtrauen beider Seiten geprägt.

Im Dezember 1941 kam General *Sikorski,* der Führer der Londoner Exilregierung, nach Moskau und vereinbarte mit Stalin den Aufbau einer polnischen Armee auf sowjetischem Boden, die Seite an Seite mit der Roten Armee gegen die Deutschen kämpfen sollte. Die 1939 gefangengenommenen polnischen Soldaten waren in der Sowjetunion interniert worden. Nach der Aufnahme diplomatischer Beziehungen kamen sie jetzt frei und gingen in die polnische Armee, die von dem polnischen General Anders aufgebaut wurde. Im Dezember 1941 waren es bereits 75.000 Mann in kampfbereitem Zustand. Doch die polnische Führung brachte immer wieder neue Gründe vor, warum die Truppen noch nicht in den Kampf gehen könnten. Nach den zwei Jahren der Internierung hatten die Soldaten des General Anders natürlich keine brennende Sehnsucht, an der sowjetischen Front zu kämpfen. Als Churchill im Sommer 1942 vorschlug, die polnische Armee solle die Sowjetunion auf dem Landweg über Persien verlassen, stimmte Stalin zu. Angesichts der militärischen Lage dieser Tage – die Schlacht um Stalingrad strebte ihrem Höhepunkt zu – sah der Abmarsch der Anders-Armee in den Augen vieler Sowjet-Bürger wie das Verlassen des sinkenden Schiffes aus. In den Kämpfen auf westlichen Kriegsschauplätzen haben die Polen jedoch immer wieder ihren Mut und ihre hohe Kampfkraft unter Beweis gestellt.

Zum Bruch mit der polnischen Exilregierung kam es dann im April 1943, als die polnische Exilpresse die Behauptungen von Goebbels begierig aufgriff, im Walde von *Katyn* hätten die Sowjets die Leichen von mehreren tausend polnischen Offizieren verscharrt. Zur Schuldfrage äußert sich ab Seite 159 Lord Nicholas Bethell, London. Lord Bethell geht davon aus, daß das Massaker zweifelsfrei eine Tat der Sowjets sei; auch Jäckel meint, es sprächen überzeugendere Indizien für eine Täterschaft der Sowjets als für eine der Deutschen. Die Tatsache, daß es nur Indizien und keine lebenden Zeugen des Massakers gibt, ist das Grundproblem dieses schrecklichen Kapitels. Eine völlige Klärung haben auch die Untersuchungskommissionen nicht bringen können. Die zweifelhafte Zusammensetzung sowohl der von den Deutschen wie der von den Sowjets berufenen Kommission wird von seriösen Wissenschaftlern immer wieder betont. Wenn es auch unterschiedliche Auffassungen über den genauen Zeitpunkt der Tat (Lord Bethell: »Frühjahr 1940«, Eberhard Aleff: »zweifelsfrei im Mai 1941«), und die Zahl der Opfer gibt, sprechen nach überwiegender Meinung der Wissenschaftler die Indizien für eine Täterschaft der Sowjets.

Wichtiger als die Schuldfrage ist jedoch für den Gang der Ereignisse die Wirkung der Vorgänge in Katyn. Nach dem Abbruch der diplomatischen Beziehungen zur polnischen Exilregierung unterstützte die sowjetische Führung die Entstehung eines *Bundes polnischer Patrioten,* welcher zur Keimzelle der späteren kommunistischen Regierung Volkspolens werden sollte. Außerdem wurde aus den Soldaten, die nicht mit General Anders zusammen die Sowjetunion verlassen hatten, eine neue polnische Division *(Tadeusz-Kosciusko-Division)* aufgestellt und mit Freiwilligen aus den ehemaligen Ostgebieten Polens aufgefüllt. Unter dem Kommando des späteren Generals Berling nahm sie 1945 u. a. an der Eroberung Warschaus teil.

Mit dem Namen der polnischen Hauptstadt verbindet sich ein weiterer Problempunkt der polnisch-sowjetischen Beziehungen. Am 1. August 1944, zwölf Tage nachdem sowjetische Truppen die polnische Grenze überschritten hatten, brach in *Warschau* ein *bewaffneter Aufstand* los. Er stand unter der Führung von General Bor-Komorowski, der seine Befehle von der Londoner Exilregierung erhielt. Der Aufstand begann ohne Absprache mit der Roten Armee. Der Termin war so gewählt, daß die *Armia Krajowa* – die von der Exilregierung geleitete Untergrundarmee – im Erfolgsfalle Warschau vor den anrückenden sowjetischen Truppen befreit hätte. Ende Juli hatte der Kriegsminister der polnischen Exilregierung ein Telegramm an Bor-Komorowski gesandt, in dem es u. a. hieß:

»Es müssen zugleich alle politischen, moralischen und physischen Kräfte für den Kampf gegen die annexionistischen Pläne Moskaus aufgeboten werden.«

Aus Stalins Sicht gab es also zunächst einmal keinen Grund, einen nicht mit der Roten Armee koordinierten, ja sogar in Konkurrenz zu ihr geführten Aufstand zu unterstützen. In zahlreichen exilpolnischen Veröffentlichungen wird nun der Sowjetunion vorgeworfen, *absichtlich* alles unterlassen zu haben, was den Aufständischen hätte helfen können (vgl. dazu Eberhard Jäckel ab Seite 163). Es scheint sinnvoll, zur Erhellung der militärischen Umstände die damals direkt beteiligten Militärs zu Worte kommen zu lassen. Während wir bezüglich der politischen Ziele der Sowjetunion auch heute noch auf Vermutungen angewiesen sind, kann die militärische Lage recht eindeutig beschrieben werden. Die entscheidende Frage ist, ob die Rote Armee während des zwei Monate andauernden Warschauer Aufstands überhaupt in der Lage gewesen wäre, die Weichsel bei Warschau zu überschreiten und so den Aufständischen zu Hilfe zu kommen.

Guderian, zum damaligen Zeitpunkt Generalstabschef des Heeres, schreibt in seinen Memoiren:

Uns war wichtig, daß der russische Angriff damals die Weichsel nicht überschritt und uns eine kurze Atempause gewährt wurde. Am 25. Juli scheiterte jedenfalls der Versuch des russischen XVI. Panzerkorps, bei Deblin über die Eisenbahnbrücke die Weichsel zu überschreiten. Die Brücke konnte rechtzeitig gesprengt werden. Weitere russische Panzerkräfte wurden nördlich Warschaus aufgefangen. Wir Deutschen hatten den Eindruck, daß unsere Abwehr die Russen zum Stehen gebracht habe und nicht der russische Gedanke an eine Sabotage des polnischen Aufstandes. Am 2. August griff die 1. Polnische Armee ... im Abschnitt Pulawy über die Weichsel an. Sie erlitt hierbei schwere Verluste, konnte aber einen Brückenkopf bilden und bis zum Eintreffen sowjetischer Verstärkungen halten. Auch bei Magnuszew gelang den Feinden das Bilden eines Weichsel-Brückenkopfes. ... Die deutsche 9. Armee hatte am 8. August jedenfalls den

Eindruck, daß der russische Versuch, sich durch Handstreich aus der bis dahin ungehindert durchgeführten Verfolgung heraus in den Besitz von Warschau zu setzen, an ihrer Abwehr gescheitert sei, und daß der Aufstand – mit den Augen des Gegners gesehen – zu früh begonnen haben.

In einem Interview mit dem damaligen BBC-Korrespondenten Alexander Werth vom 26. August 1944 bestätigte der Befehlshaber der 1. weißrussischen Front, General *Rokossowskij*, die Einschätzung Guderians:

Frage: *War der Aufstand unter den gegebenen Umständen nicht gerechtfertigt?*

Rok.: *Nein, er war ein schwerer Fehler. Die Aufständischen begannen mit der Erhebung auf eigene Faust, ohne sich mit uns abzusprechen . . .*

Frage: *Wie beurteilen Sie die Aussichten, innerhalb der nächsten Wochen von neuem in Praga zu stehen?*

Rok.: *Darauf kann ich nicht eingehen. Ich kann nur sagen, daß wir versuchen werden, Praga und Warschau zu erobern und daß es nicht leicht sein wird.*

Frage: *Aber Sie halten doch Brückenköpfe südlich von Warschau.*

Rok.: *Ja, das stimmt. Aber die Deutschen tun alles, um sie einzudrücken. Wir haben große Schwierigkeiten, uns in den Brückenköpfen zu behaupten, und wir verlieren viele Soldaten dort. Bedenken Sie, daß wir ohne Unterbrechung jetzt mehr als zwei Monate gekämpft haben. Wir haben ganz Weißrußland und fast ein Viertel Polens befreit. Aber sogar die Rote Armee wird eben einmal müde. Unsere Verluste waren äußerst schwer.*

Frage: *Könnten Sie nicht den Warschauer Aufständischen aus der Luft helfen?*

Rok.: *Wir versuchen es, aber – um die Wahrheit zu sagen – es hat nicht viel Sinn. Die Aufständischen halten nur isolierte Punkte in Warschau, und der größte Teil des Materials wird in deutsche Hände fallen . . .*

Frage: *Dieses Massaker und diese Zerstörungen in Warschau – hat das nicht alles deprimierende Wirkung auf die Polen hier?*

Rok.: *Natürlich. Aber die Führung der Armia Krajowa hat einen schrecklichen Fehler gemacht. Wir, die Rote Armee, sind für die Führung des Krieges in Polen verantwortlich. Wir sind die Streitmacht, die ganz Polen in den nächsten paar Monaten befreien wird, und Bor-Komorowski und die Leute um ihn herum sind wie die Clowns im Zirkus, die im falschen Moment plötzlich auftauchen und nur in den Teppich gerollt werden. . . . Wenn es sich hier um eine Clownnummer handelte, würde es nichts machen, aber dieses politische Reklamestück kostet Polen Hunderttausende von Menschenleben. Es ist eine erschütternde Tragödie, und man versucht jetzt, uns die Schuld daran zu geben. Es macht mich ganz krank, wenn ich daran denke, wieviel Tausende von Männern wir bereits in unserem Kampf für die Befreiung Polens verloren haben. Glauben Sie vielleicht, daß wir Warschau nicht genommen hätten, wenn wir dazu in der Lage gewesen wären? Der Gedanke, wir hätten irgendwie vor der Armia Krajowa Angst gehabt, ist völlig absurd.*

Im Sinne militärischer Hypothesen kann man natürlich sagen, daß Warschau früher hätte befreit werden können, wenn ganze Armeen von anderen Frontabschnitten herangeführt worden wären. Dies hätte jedoch eine gefährliche Entblößung anderer Abschnitte und eine völlige Aufgabe der sowjetischen Pläne bedeutet, denen zufolge die Rote Armee nach Ostpreußen durchstoßen, die Deutschen aus Rumänien vertreiben, sich mit den Jugoslawen vereinigen und nach Bulgarien und Ungarn eindringen sollte.

Als die Rote Armee nach mehrmonatiger Kampfpause an der Weichsel und nach Heranführung umfangreicher Verstärkungen im Januar 1945 Warschau erobert hatte, war die Stadt von den Deutschen systematisch in Schutt und Asche gelegt worden: sie lag zu 9/10 in Trümmern. Über 300.000 Warschauer Bürger hatten in der Zeit des Aufstandes und bei den nachfolgenden Mordaktionen der SS-Truppen ihr Leben verloren.

Noch im Januar 1945 überschritten die nun rasch vorankommenden sowjetischen Truppen die deutsche Grenze. Der sowjetische Angriff war auf Bitten Churchills vorverlegt worden, da die westlichen Alliierten durch Hitlers Ardennenoffensive in Bedrängnis gebracht worden waren. Die Massierung deutscher Verbände zur Ardennenoffensive hatte die polnische Front von Kräften entblößt, da das Oberkommando der Wehrmacht nicht mit einem Angriff an dieser Stelle rechnete. Der so ermöglichte schnelle sowjetische Vormarsch zwang Hitler, Truppen in den Osten zu werfen, so daß die Lage der Amerikaner und Engländer in den Ardennen erleichtert wurde.

Auf dem Vormarsch durch Polen kam die Rote Armee durch zerstörte Städte, verbrannte Dörfer und verwüstete Felder. Nach der Sowjetunion war Polen das Land, das am meisten unter der deutschen Besetzung leiden mußte. Über 5 Jahre lang hatten die »nordischen Herrenmenschen« dem polnischen Volk gezeigt, was sich hinter dem Begriff »Neuordnung« verbarg. Mehr als 6 Millionen Polen verloren ihr Leben, zumeist in den deutschen Konzentrationslagern. Namen wie *Auschwitz, Treblinka* und *Sobibor*

Die Ruinen von Warschau nach Abzug der deutschen Truppen.

werden für unabsehbare Zeit in den Geschichtsbüchern in direkter Verbindung mit dem Wort »deutsch« verzeichnet werden.

Für die Rote Armee gestaltete sich der Vormarsch nach Westen trotz der prinzipiellen Überlegenheit nicht als Spaziergang. Davon zeugen 600.000 sowjetische Soldaten, die bei den Kämpfen in Polen fielen.

Historisches Stichwort: Michael Eickhoff befragt Lord Nicholas Bethell und Eberhard Jäckel über die Rote Armee in Polen

Die AP-Meldung Nr. 141 aus Warschau vom 15. April 1980 umfaßte ganze 12 Fernschreibzeilen:

Die kleine Dissidentengruppe Bund Unabhängiges Polen *hat einer von ihr in Warschau herausgegebenen Verlautbarung zufolge den 40. Jahrestag des Massakers an polnischen Offizieren im Walde von Katyn,* das für die polnische Geschichtsschreibung nicht existiert, *mit Gedenkveranstaltungen begangen. Die von Leszek Moczulski geführte Gruppe erklärte, in mehreren Städten seien Messen gelesen worden, und die Polizei habe etliche Dissidenten, darunter auch solche von anderen Gruppen, vorübergehend festgenommen.*

Die große Dissidentengruppe KOR (Komitee zur Verteidigung der Arbeiter) ließ indessen durch einen Sprecher erklären, sie sei nicht dazu da, Jahrestage zu begehen, sondern Menschen zu helfen.

Mehr Fragen, als er sie zu lösen imstande ist – oder lösen konnte und wollte – wirft der Film *Die Befreiung Polens* der Reihe *Der Unvergessene Krieg* auf. Der Titel-Anspruch »Befreiung« wirkt in dieser Folge besonders unglaubhaft. Denn in Polen ging es den Sowjets, der Roten Armee, zwar auch um die Erlösung der überlebenden Einwohner vom Nazi-Joch; doch sie kamen nicht mit reiner Weste, und sie hatten kaum die Absicht, den Polen eine von ihnen demokratisch bestimmte, ihnen gemäße Lebensform zu ermöglichen. Es ging um die Erweiterung von Stalins Machtbereich – und dies nicht zum ersten Mal auf diesem Boden.

Willy Brandts viel spätere und von deutscher Seite gegebene Versöhnungsgeste gegenüber den Menschen Polens, ist den meisten polnischen und deutschen Zeitgenossen augenfällig im Gedächtnis. Deutsche haben noch immer allen Grund, bei der Betrachtung ihres historischen Verhältnisses zu Polen tief betroffen zu sein. Doch auch ein Deutscher wird schreiben dürfen: Die Sowjets hätten ebenfalls allen Grund zur Betroffenheit. Zugegeben, sichtbar gemacht haben sie das nicht.

So drückt sich auch diese Film-Folge der amerikanisch-sowjetischen Koproduktion noch um die ganze Wahrheit, wenn es um dunkle Ereignisse zwischen Polen und Sowjets geht. *Katyn* ist eines davon, der *Warschauer Aufstand* ein anderes. Ich habe für das »Historische Stichwort« zu dieser Filmfolge einen deutschen Historiker – Professor Eberhard Jäckel in Stuttgart – und einen britischen Publizisten und Politiker – Lord Nicholas Bethell, Mitglied des Europäischen Parlaments – befragt.

Das Massaker von Katyn

Etwa eine halbe Autostunde von der Londoner City entfernt gibt es einen Friedhof. Hier haben Exilpolen ihre Toten bestattet. Und hier steht ein Denkmal, ein schlichter Obelisk, mit einem Namen und einer Jahreszahl: *Katyn 1940.* Bei der Errichtung des Denkmals vor wenigen Jahren kam es zu heftigen Einsprüchen der Londoner Sowjet-Botschaft.

Lord Bethell über die Ereignisse des Jahres 1940 in Katyn, über die er geforscht und geschrieben hat:

Am 1. September 1939 begann die deutsche Invasion in Polen. 17 Tage später drangen sowjetische Streitkräfte von der anderen Seite – also von Osten her – in Polen ein. Nach der Einstellung der Kämpfe, nach der Kapitulation Polens, waren ungefähr 15.000 polnische Offiziere und noch wesentlich mehr Soldaten in sowjetischer Hand; viele der 15.000 Offiziere stammten aus polnischen Elite-Kreisen. Sie wurden, wie viele andere polnische Bürger, in die Sowjetunion verschleppt. In den folgenden sechs Monaten gab es Postverbindungen zwischen diesen Offizieren und ihren Familien inner- und außerhalb Polens. Die Sowjetunion war zu dieser Zeit offiziell neutral, obwohl sie mit Hitler-Deutschland verbündet war. Die polnischen Familien wußten also, daß ihre Angehörigen in sowjetischen Lagern untergebracht waren; sie wußten, daß sie am Leben waren. Aber dann, ungefähr ab April 1940, hörten all diese Verbindungen auf. Die Familien hörten nichts mehr von den Offizieren in der Sowjetunion. Sie waren besorgt, wußten aber nicht, was sich abspielte. Die Angelegenheit blieb besorgniserregend, blieb im Dunkeln bis Mitte 1941, als Hitler in die Sowjetunion einfiel. Die Allianz der Sowjetunion mit Deutschland war zerbrochen. Jetzt wurde ein Bündnis zwischen der polnischen Regierung in London und Stalin geschlossen. Auf der polnischen Seite erhob sich sofort die Frage: Wo sind unsere Offiziere? Sie wurden jetzt für den Krieg gegen Hitler-Deutschland gebraucht, im Bündnis mit der Sowjetunion und Großbritannien. Wochen, Monate, hörte man aus Moskau nichts. Stalin und Molotow erklärten, die Angelegenheit würde untersucht. Die Polen wurden immer mißtrauischer, denn auf sowjetischem Boden wurden polnische Einheiten aufgestellt; Polen kämpften in der Royal Air Force in England, überall setzten sie sich tapfer zur Wehr gegen das Land, das sie überfallen hatte, gegen das Dritte Reich. Erst Anfang 1943 gab Josef Goebbels' Propagandaministerium die Auffindung eines Massengrabes mit Tausenden erschossener Offiziere in Katyn bekannt, einem Wäldchen in der Nähe von Smolensk in Rußland.

Die Deutschen strengten eine Untersuchung durch das Internationale Rote Kreuz an.

Goebbels veranlaßte umgehend diese Untersuchung. Es kamen forensische Experten, meist aus Ländern unter deutscher Oberherrschaft; es war jedoch auch ein Professor aus Genf dabei. Sie gelangten einstimmig zu dem Ergebnis, daß das Verbrechen vom sowjetischen NKWD begangen worden sei, daß die polnischen Offiziere mit Revolverschüssen ins Genick getötet und wie Sardinen in dieses Massengrab gepfercht worden waren, das man dann mit jungen Fichten überpflanzt hatte. Nun wurden natürlich zu dieser Zeit alle Verlautbarungen von Goebbels mit großer Skepsis aufgenommen, denn er war ein notorischer Lügner. Aber es schien, als ob er in dieser Sache die Wahrheit gesagt hätte.

Der britische Botschafter bei der polnischen Exilregierung in London, O'Malley, schrieb einen langen Bericht. In ihm hieß es, so wenig opportun das aus politischen Gründen sei, so wenig sei es doch auch ihm selbst zweifelhaft, daß die sowjetischen Verbündeten

Das Massengrab mit erschossenen polnischen Offizieren in Katyn, mit Mitgliedern der von der deutschen Regierung eingeladenen internationalen Ärztekommission.

Großbritanniens dieses Verbrechen begangen hätten. Er wies darauf hin, daß es über ein Jahr lang, zwischen April 1940 und dem deutschen Einfall in die Sowjetunion dieses schreckliche Stillschweigen gegeben habe, keine Post, daß man von keinem einzigen der polnischen Offiziere während dieser langen Zeit oder auch nach dem deutschen Einmarsch in Rußland je wieder etwas gehört habe. Es schien keine andere Erklärung zu geben als die, daß die Offiziere im Frühjahr 1940 getötet worden waren, als das Gebiet noch den Russen unterstand.

Trotz dieser erdrückenden Beweise schwieg die britische Regierung.

Dokumente belegen, daß Alexander Cadogen, damals nicht-politischer Chef des Auswärtigen Amtes, und Außenminister Sir Anthony Eden auf der Grundlage der ihnen von der polnischen Exilregierung durch O'Malley übermittelten Beweise überzeugt waren, daß es sich um ein sowjetisches Verbrechen handele. Trotzdem verheimlichten sie die Wahrheit aus Gründen der »Realpolitik«, um den Krieg zu gewinnen und das Bündnis mit der Sowjetunion nicht zu gefährden. Anthony Eden wurde im Unterhaus nach den Ereignissen gefragt. Er überlegte seine Worte sorgfältig, bevor er sagte, »Die Regierung Seiner Majestät wünscht nicht, dieses Verbrechen irgend jemand anderem als dem gemeinsamen Feind zuzuschieben«. Er fuhr fort, von dem Zynismus zu sprechen, mit dem es sich Josef Goebbels gestattete, über Massenmord zu reden, obwohl er selbst Mitschuldiger an Massenmorden war.

Welchen Grund hatten die Russen gehabt, 15.000 Offiziere, die Elite der polnischen Armee, umzubringen?

Darüber herrschen noch heute verschiedene Auffassungen. Einige Leute meinen, es sei ein schreckliches Versehen gewesen, zurückzuführen auf Unfähigkeit des NKWD. Schließlich seien damals auch viele tausende Russen aller Nationalitäten in Stalins Lagern umgebracht worden. Wie dem auch sei, selbst nach Stalins Maßstäben war dies ein ziemlich ungewöhnliches Verbrechen. Die Version, die man heute in Polen und unter Polen in der ganzen Welt für glaubhaft hält, ist die: Stalin traf eine bewußte, berechnete Entscheidung, die polnische Nation zu enthaupten, die intelligentesten und tapfersten Polen zu vernichten, die Führungselite des Landes auszulöschen. Stalin selbst hatte einige seiner frühen Jahre in Polen verbracht; er kannte die traditionelle Antipathie, das Mißtrauen zwischen Polen und Russen. Polen glauben, daß sich Stalin entschloß – nun ja: schneide ihnen den Kopf ab.

Als die Sowjets das Gebiet von Katyn wieder einnahmen, führten sie selbst eine Untersuchung durch – der Film zeigt Aufnahmen davon –, um ihrerseits zu beweisen, daß es sich um eine Greueltat der Deutschen gehandelt hatte.

Die Untersuchung wurde von zahlreichen prominenten Sowjetbürgern durchgeführt; unter ihnen ein hoher Würdenträger der orthodoxen Kirche und der Schriftsteller Alexej Tolstoi. Sie kamen zu dem Ergebnis einer deutschen Urheberschaft. Ich fürchte, sie taten einfach, was man ihnen befohlen hatte. Die angeblichen Beweise? Revolverkugeln deutschen Ursprungs, Briefe, erst nach 1940 geschrieben. Die Kugeln waren tatsächlich aus deutscher Fabrikation. Doch die Sowjetunion hatte Ende 1939, Anfang 1940 in erheblichem Umfang deutsche Waffen und Ausrüstung gekauft, einschließlich Munition. Die Briefe? Ich selbst kann mir nicht vorstellen, daß solche Briefe vier Jahre unter dem Erdboden von Katyn überstanden hätten. Diese Briefe wurden auch zur Zeit der deutschen Untersuchung 1943 nicht ans Tageslicht gebracht.

Diese »Beweismittel« waren also Ihrer Ansicht nach Fälschungen?

Ja, sie waren völlig ohne Beweiskraft. Die Untersuchung war ganz offensichtlich Tünche. Natürlich war Goebbels genauso wie Stalin fähig, eine Propaganda-Lüge in die Welt zu setzen. Aber die objektiven Beweise zeigen hier, jenseits allen vernünftigen Zweifels, daß er in diesem Fall die Wahrheit sagte – ausnahmsweise ...

Katyn ist bis heute ein delikates Thema, ein Tabu geblieben. Warum?

Erstaunlicherweise ist es das immer noch, nach über 40 Jahren. Aber Katyn ist wohl auch der Prüfstein in den Beziehungen zwischen der Sowjetunion und Polen. Besonders deshalb, weil die Sowjets ihre Schuld nie zugegeben haben. Die Polen unterscheiden, glaube ich, zwischen den grauenhaften Verbrechen, die von Deutschen an ihnen verübt wurden, die aber deutscherseits eingestanden wurden, und diesem Verbrechen des stalinistischen Rußland, das bis heute nicht zugegeben wurde, und das daher auch nicht vergeben werden kann. Deswegen hat es noch heute, im Jahre 1981, seine Auswirkungen auf die beiderseitigen Beziehungen.

Es hat aber doch wohl – unter Chrustschow – sowjetische Überlegungen gegeben, reinen Tisch zu machen?

Man sagt, daß 1956, als Gomulka in Polen an die Macht kam, Chrustschow ihm vorgeschlagen hätte, dieses Massaker in den langen Katalog Stalinscher Verbrechen eingehen zu lassen, die die sowjetische KP zu dieser Zeit zugab, und für die sie sich entschuldigte. Man sagt auch, daß Gomulka Chrustschow dies ausgeredet habe. Seine Begründung: Die anti-sowjetischen Gefühle, die durch ein solches Eingeständnis ausgelöst würden, wären etwas, mit denen er – Gomulka – in Polen nicht fertigwerden könnte. So ließ man die Angelegenheit fallen. Das ändert natürlich nichts an der Haltung der Polen. Sie wußten ganz genau, wer es gewesen war; sie wissen es immer noch.

Trotz der Verheimlichungs-Politik des britischen Außenministers verlangten auch die Londoner Polen eine internationale Untersuchung der Vorgänge in Katyn. Die Sowjets benutzten das als Vorwand, um die diplomatischen Beziehungen zu dieser Exilregierung abzubrechen.

Das belastete Verhältnis Polen/Sowjetunion

Zwischen beiden Seiten hatte es schon lange eine Reihe von Meinungsverschiedenheiten gegeben. Den Hintergrund schildert Professor Eberhard Jäckel, Historiker in Stuttgart:

Als der polnische Staat am Ende des Ersten Weltkrieges wiedergegründet wurde – er war ja Ende des 18. Jahrhunderts vollständig geteilt worden –, unternahm die polnische Regierung beträchtliche kriegerische Ausdehnungsversuche. Sowjetrußland war damals durch die Revolution, den Bürgerkrieg und durch westliche Interventionen sehr geschwächt. Nach einem wechselhaften Hin und Her kam es im März 1921 zum Friedensvertrag von Riga, der die polnisch-sowjetischen Grenzen festlegte. Damals kamen weißrussische und ukrainische Gebiete – freilich mit einer gemischten Bevölkerung – an Polen. Es blieben Gebiete, auf die Rußland immer einen gewissen Anspruch erhob, obwohl es die Grenzen von Riga anerkannt hatte.

Die nächste Etappe war dann der Hitler-Stalin-Pakt vom August 1939. Da wurde Polen zwischen Deutschland und der Sowjetunion geteilt. Man kann auch sagen, daß die Sowjetunion damals von Polen ungefähr die Gebiete erhielt, und noch etwas mehr, die sie 1921 verloren hatte.

Die polnische Regierung ging ins Exil, erst nach Paris, dann nach London. Sie forderte, wie auch die britische Regierung, daß am Ende des Krieges Polen in seinen Grenzen von 1939 wiederhergestellt werden solle.

Diese Lage änderte sich im Juni 1941, als Deutschland die Sowjetunion angriff. Bis dahin hatten die Polen Deutschland und die Sowjetunion als ihre Gegner betrachtet; nun hatten sie nur noch Deutschland. Großbritannien verbündete sich mit der Sowjetunion, Polen schloß sich dieser Allianz an, verlangte aber vor Abschluß des Bündnisvertrages von der Sowjetunion, diese solle ebenfalls anerkennen, daß die alten Grenzen nach dem Krieg wiederhergestellt würden. Das hat Stalin immer abgelehnt. Im Dezember 1941, als er mit dem polnischen Regierungschef Sikorski verhandelte, sagte er, er bestehe nicht auf der Hitler-Stalin-Linie des Paktes von 1939, wenn man sie einmal so nennen darf, sondern auf der Curzon-Linie. *Er wollte gewisse Änderungen.*

Diese Curzon-Linie *heißt nach dem britischen Außenminister Lord Curzon aus der Zeit nach dem Ersten Weltkrieg. In den Kämpfen zwischen Polen und der Sowjetunion hatte im Dezember 1919 die alliierte Friedenskonferenz einen Vorschlag für eine polnisch-sowjetische Grenze gemacht. Diese Grenzlinie haben die Polen damals nicht akzeptiert. In einer späteren Phase dieses Krieges, 1920, hat der britische Außenminister Curzon sich diesen Vorschlag zu eigen gemacht. Die* Curzon-Linie *stammt also eigentlich nicht von ihm. Die Sowjetunion hat vielmehr den Begriff der* Curzon-Linie *geprägt und seitdem darauf bestanden, dies sei die günstigste geographische Grenzlinie, die polnisch-sowjetische Grenze, die eigentlich wiederhergestellt werden müßte. Stalin und die Sowjetunion standen 1941 auf dem Standpunkt, 1919 bis 1921 seien sie – die Sowjets – sehr schwach gewesen und hätten deshalb etwas abgeben müssen. Jetzt sei Polen in der schwächeren Lage, jetzt müsse Polen die Gebiete wieder zurückgeben, die es 1921 erworben hatte.* (Vgl. dazu die Karte auf S. 24.)

Polen kämpften – Lord Bethell erwähnte es – während des Zweiten Weltkrieges in den britischen Luftstreitkräften. Andere Polen kämpften, trotz Katyn, in der Sowjetunion gegen Hitler-Deutschland. Dazu Eberhard Jäckel:

Polnische Armeen hat es nach 1939 im Westen gegeben; sie waren in London aufgestellt worden. Und es gab sie in der Sowjetunion, wo jedoch – wie man am Fall Katyn sieht – die polnischen Soldaten zunächst interniert waren. Nach dem Beginn des deutsch-russischen Krieges wurden die Überlebenden amnestiert und freigelassen. Es wurde eine eigene polnische Armee aufgestellt, die allerdings in der Sowjetunion keine ausreichenden Chancen bekam, so daß die Sowjets sie schließlich über den Iran ausreisen ließen. Diese Truppen haben dann in Nordafrika gegen die Deutschen gekämpft, später bei Monte Cassino in Italien. Erwähnenswert ist in diesem Zusammenhang: Als der polnische Gewerkschaftsführer Walesa kürzlich in Italien war, fuhr er eigens nach Monte Cassino, um dort einen Kranz niederzulegen.

Die Vorgänge bei der Eroberung Warschaus

Neben diesen beiden Armeen gab es die sogenannte Heimatarmee.

In Polen selbst stand eine Untergrundarmee. Als sich, im Zuge der sowjetischen Sommeroffensive 1944, die Rote Armee bereits bis auf 25 Kilometer an Warschau herangekämpft hatte, erhob sich diese Heimatarmee zum berühmten Warschauer Aufstand gegen die Deutschen. (Dieser Aufstand ist nicht zu verwechseln mit dem Aufstand im Warschauer Ghetto von April/Mai 1943, der von der SS brutal erstickt wurde.)

Der Aufstand der Heimatarmee in Warschau wurde von den schon in der Nähe stehenden Sowjets nicht unterstützt?

Daran knüpft sich nun wiederum eine Kontroverse. Der Aufstand wurde jedenfalls zu Beginn, als noch Zeit gewesen wäre, von den Sowjets nicht unterstützt. Auch westliche Hilfsmaßnahmen, eine Versorgung durch die Luft, wurden von ihnen nicht gestattet. Über die sowjetischen Motive gibt es eine Reihe von Vermutungen. Militärische Vermutungen, nach denen dieser Aufstand nicht in das strategische Konzept der Roten Armee gepaßt habe. Vor allem aber politische Vermutungen: Diese Heimatarmee unterstand der polnischen Exilregierung in London, mit der die Sowjetunion zu dieser Zeit keine diplomatischen Beziehungen mehr hatte. Die Sowjetunion hatte bereits ihre eigene polnische Regierung gebildet, das sogenannte Lubliner Komitee.

Und so läßt sich sagen, daß es ein gewisses sowjetisches Interesse gegeben haben könnte, den Aufstand nicht zu unterstützen.

Ich möchte aber betonen, daß wir diese Frage nicht genau beantworten können, weil die sowjetischen Archive verschlossen sind. Wir kennen von nahezu keiner wichtigen sowjetischen Entscheidung während des Zweiten Weltkrieges die Motive, die wirklichen Beweggründe, die in der sowjetischen Führung selbst erörtert worden sind.

Die deutschen Vernichtungslager in Polen

Sowjetische Greueltaten in Katyn, sowjetische Entscheidungen, die zur Vernichtung der polnischen Heimatarmee in Warschau führten. Sowjets aber haben auch als erste die Spuren deutscher Vernichtungs-Politik in Polen aufgedeckt und der Welt mitgeteilt.

Das fanden die sowjetischen Truppen im zurückeroberten Polen vor: Verbrennungsöfen im KZ Majdanek.

Die Vorgänge im Lager Majdanek, auf die der Film eingeht, haben als Gerichtsverfahren ihr heftig umstrittenes Nachspiel noch bis ins Jahr 1981 gehabt. Eberhard Jäckel:

Majdanek war ein Lager in der Nähe von Lublin und — außer Auschwitz — das einzige gemischte Vernichtungs- und Arbeitslager. Man muß ja drei Typen von Lagern unterscheiden, die es unter dem Nationalsozialismus gegeben hat.

Erstens die Konzentrationslager. *Davon gab es Hunderte. Sie dienten zunächst der Internierung von politischen Gefangenen. In ihnen sind viele Menschen unter schrecklichen Umständen, zum Teil durch Hinrichtung, zum Teil bei der Zwangsarbeit, zum Teil bei medizinischen Versuchen zu Tode gekommen.*

Klar davon unterscheiden muß man die sogenannten reinen Vernichtungslager. *Davon hat es auf polnischem Territorium vier gegeben. Es sind Belzec, Chelmno, Sobibor und Treblinka. Dies waren reine »Durchgangslager«. Sie bestanden aus einem Bahnhof, auf dem vor allem die Juden ankamen, dann der Gaskammer, in der sie ermordet wurden, und einem Krematorium. Niemand, außer den Wachmannschaften und sogenannten Arbeitsjuden, hielt sich dort länger als ein paar Stunden auf. Dann waren die Menschen ermordet.*

Und schließlich gab es daneben – und dazu gehört Majdanek – diese zwei gemischten Lager, *die sowohl Arbeits- wie Vernichtungslager waren. Eines dieser Lager (Majdanek) wird im Film gezeigt.*

Nicht nur zwischen Deutschen und Polen, auch zwischen Polen und Russen, Polen und Sowjets, gab es Probleme, Schwierigkeiten, maßlose Verbrechen, maßloses Leiden. Eberhard Jäckel zur Frage, ob die Polen eigentlich den Einmarsch der Sowjets als Befreiung empfinden konnten?

Angesichts der Verbrechen, die man in dem Film am Beispiel Majdanek gesehen hat, werden die meisten das sicherlich getan haben.

Es trifft zu, daß dieses Land, zwischen Deutschland und Rußland gelegen, immer seine Schwierigkeiten mit beiden Nachbarn gehabt hat. Natürlich hat es in der polnischen Bevölkerung ganz unterschiedliche Ausrichtungen gegeben: mehr anti-deutsche und mehr anti-russische. Ich glaube aber, daß das Endergebnis der deutschen Besetzung von 1939 bis 1945 war, daß die überwiegende Mehrheit der polnischen Bevölkerung den Einmarsch der Roten Armee als Befreiung von der deutschen Herrschaft empfunden hat.

Die Alliierten

Von Wilhelm Pagels

Mai 1942	Sowjetisch-englischer Vertrag über ein *Bündnis im Krieg gegen Hitler-Deutschland und seine Verbündeten in Europa sowie über Zusammenarbeit und gegenseitige Hilfe danach.*
Juli 1942	Sowjetisch-amerikanischer Vertrag gleichen Inhalts.
Oktober 1943	Moskauer Außenministerkonferenz.
28. November bis 1. Dezember 1943	Teheraner Konferenz der *Großen Drei.* Beschlüsse zur Kriegsführung und zur europäischen Nachkriegsordnung.
4. bis 11. Februar 1945	Konferenz in Jalta auf der Krim. Beschlüsse über europäische Nachkriegsordnung und sowjetischen Kriegseintritt gegen Japan.
17. Juli bis 2. August 1945	Potsdamer Konferenz über Nachkriegsdeutschland.

Die nach dem Überfall Hitler-Deutschlands auf die Sowjetunion und der deutschen Kriegserklärung an die USA entstandene Koalition zwischen *Großbritannien,* den *USA* und der *Sowjetunion* ist in der Geschichtsschreibung bisweilen als »unnatürlich« bezeichnet worden. Darüber ist unter Historikern eine Kontroverse entstanden.

Zur Begründung dafür, es habe sich um ein »unnatürliches« Bündnis gehandelt, wird angeführt, hier hätten sich bisher verfeindete Länder mit unterschiedlichen Gesellschaftssystemen zusammengeschlossen. Bei dieser Argumentation wird jedoch von der aktuellen Ost-West-Konfrontation ausgegangen und die historische Perspektive vernachlässigt. Tatsächlich hatten ja die westlichen Länder die Entstehung der Sowjetunion argwöhnisch beobachtet und auch zwischen 1918 und 1920 Interventionstruppen nach Rußland geschickt, um durch Unterstützung der weißgardistischen Truppen der sozialistischen Revolution ein Ende zu bereiten. Auch nachdem dieser Plan gescheitert war, freundete man sich nur schwer mit dem Gedanken an, die Sowjetunion als gleichberechtigten Staat in der Völkerfamilie zu dulden. Die sowjetische Formel von der »friedlichen Koexistenz« wurde als Täuschungsmanöver abgetan, und die Machtergreifung Hitlers wurde in den westlichen Massenmedien eher wohlwollend kommentiert, da Deutschland, so der englische Premierminister Lloyd George, »zum Bollwerk gegen den Bolschewismus« werde.

In der Tat hätten die Westmächte in den dreißiger Jahren nichts dagegen gehabt, wenn durch eine Konfrontation zwischen Deutschland und der Sowjetunion einerseits der ungeliebte und zum damaligen Zeitpunkt einzige sozialistische Staat und andererseits das auf den Weltmärkten mit den Westmächten konkurrierende faschistische Deutschland geschwächt worden wäre. Die sowjetische Politik wiederum setzte darauf, daß sich »die imperialistischen Mächte« untereinander zerfleischen würden. Daher hatte die Beschwichtigungspolitik der Westmächte unter anderem auch das Ziel,

Hitlers Expansionsdrang, sofern man ihn nicht überhaupt zum Stillhalten bewegen konnte, nach Osten zu lenken. Und Stalin gab sich der Illusion hin, durch einen Nichtangriffspakt mit Hitler-Deutschland dessen Stoßrichtung kurzfristig nach Westen wenden zu können.

Diese Irrtümer der Politiker mußten die Völker leidvoll bezahlen. Der Irrtum bestand darin, Hitler werde sich mit einem wie auch immer bemessenen Teil des Kuchens zufriedengeben. Aber Hitler und die ihn unterstützenden Kreise wollten den ganzen Kuchen. Sie wollten die Weltmacht und waren allenfalls bereit, sich die Welt mit den japanischen Verbündeten zu teilen. So stellt sich die Anti-Hitler-Koalition als gar nicht so »unnatürliche« Sache dar. Die Westmächte merkten seit 1939, daß Hitlers Expansionsdrang in alle Richtungen ging.

Eine zweite Streitfrage unter Historikern besteht darin, wer am meisten von der Anti-Hitler-Koalition profitiert habe. Zur Beantwortung müssen kurz die Entstehung dieses Bündnisses, die Auseinandersetzungen unter den Alliierten und die gemeinsamen Beschlüsse dargestellt werden.

Zunächst kam es zu zweiseitigen Verträgen zwischen der Sowjetunion und Großbritannien (Mai 1942) und der Sowjetunion und den USA (Juli 1942) über ein *Bündnis im Krieg gegen Hitler-Deutschland und seinen Verbündeten in Europa sowie über Zusammenarbeit und gegenseitige Hilfe danach.* Die Moskauer Außenministerkonferenz vom Oktober 1943 bereitete dann das erste sogenannte »Gipfeltreffen« der *Großen Drei* (Churchill, Stalin, Roosevelt) vor, das vom 28. November bis zum 1. Dezember 1943 in Teheran stattfand. Die Teheraner Konferenz erörterte sowohl die weitere Kriegsführung gegen Hitler-Deutschland als auch die Probleme der Nachkriegsordnung in Europa. Man kam überein, keine einseitige Kapitulation Deutschlands anzunehmen. Auch über die meisten anderen Probleme wurde Übereinstimmung erzielt. Umstritten war vor allem der Zeitpunkt der Eröffnung einer zweiten Front im Westen (s. u.).

Die Jalta-Konferenz auf der Krim im Februar 1945. Auf der Bank von links nach rechts: Churchill, Roosevelt, Stalin.

Die zweite Konferenz der *Großen Drei* fand in Jalta auf der Krim statt (4. bis 11. Februar 1945). Hier stand schon der Krieg gegen Japan im Vordergrund. Die Sowjetunion versprach, drei Monate nach Kriegsende in Europa in Nordchina in den Krieg gegen Japan einzutreten. Wie schon zuvor in Teheran wurde als Ostgrenze Polens die *Curzon-Linie* festgelegt; ebenso kam man überein, die polnische Westgrenze bis an die Oder zu verschieben. Die Pläne einer weitgehenden Aufteilung Deutschlands scheiterten am Einspruch Stalins, der sich offenbar mehr von einem einheitlichen deutschen Staat versprach.

Vor allem Churchill befürchtete zum Zeitpunkt der Konferenz von Jalta einen zu starken Einfluß der Sowjetunion im Nachkriegseuropa. Angesichts der voraussehbaren Niederlage Hitler-Deutschlands traten die alten Gegensätze zur Sowjetunion wieder hervor. Auf der *Potsdamer Konferenz* (17. Juli bis 2. August 1945) allerdings wurden die in Teheran und Jalta gefaßten Beschlüsse noch wortgetreu umgesetzt: das Nachkriegsdeutschland wurde als antimilitaristischer und antinazistischer Staat konzipiert.

Die Erfahrungen des Kalten Krieges haben vergessen lassen, daß die Anti-Hitler-Koalition auch eine Angelegenheit der Völker war. Die Sowjetunion stand 1945 im öffentlichen Bewußtsein der westlichen Länder hoch im Kurs. Seit 1941 hatte man gebannt das Geschehen an der Ostfront beobachtet. Auf Massenmeetings wurden in Großbritannien und den USA Lebensmittel für die »Heldenstadt« Leningrad gesammelt, englische Ladys strickten für sowjetische Kriegswaisen, und weltberühmte Wissenschaftler und Schauspieler wie Einstein und Chaplin stellten sich hinter die Forderung »Open up a second front in the west« (Eröffnet im Westen eine Zweite Front). Auch unter dem Eindruck des innenpolitischen Druckes hatten Roosevelt und Churchill im Dezember 1943 in Teheran eingewilligt, im Mai 1944 eine Invasion in der Normandie vorzunehmen und so die deutsch-sowjetische Front zu entlasten.

Die Frage der *Zweiten Front* hatte die Beziehungen unter den Alliierten seit 1942 belastet. In jenem Jahr hatten die westlichen Alliierten zugesagt, noch im gleichen Jahr eine zweite Front zu eröffnen. Immer wieder wurde dies jedoch hinausgeschoben. Erst im Juni 1944 kam es dann tatsächlich zu dem in der Sowjetunion langersehnten Entlastungsangriff im Westen. Das militärische Zusammenwirken der Alliierten sollte dann auch bald zur völligen Niederlage Hitler-Deutschlands führen.

Tatsächlich haben von der Anti-Hitler-Koalition alle Beteiligten profitiert. Die Lieferungen der Alliierten (vgl. das Stichwort-Interview mit H. Salisbury ab Seite 168) waren zwar nicht kriegsentscheidend, beschleunigten jedoch die deutsche Niederlage. Andererseits band die Sowjetunion so viele deutsche Truppen an der Ostfront, daß die Westmächte weder zu Lande noch zu Wasser ernsthaft in Bedrängnis geraten wären. Die Anti-Hitler-Koalition war also von gegenseitigem Nutzen.

Eine andere Frage ist, wer die größten Opfer gebracht hat. In westlichen Veröffentlichungen wird meistens die Rolle der Sowjetunion zu gering eingeschätzt. Bei den Kämpfen in Westeuropa, Nordafrika und im Pazifik fielen insgesamt 630.000 amerikanische und englische Soldaten. »Der unvergessene Krieg« kostete auf sowjetischer Seite mindestens 20 Millionen Tote. Fast keine Stadt, kein Dorf in den westlichen Gebieten der Sowjetunion blieb unzerstört. Verkehrswege, Verwaltung, Industrie und Landwirtschaft — alles war zerstört oder auf Jahre hinaus unbrauchbar. Eine ganze Generation wuchs in den von den Deutschen zurückgelassenen Trümmern auf.

Historisches Stichwort: Michael Eickhoff befragt Joshua Rubenstein; Rudolf Rohlinger befragt Harrison E. Salisbury über die Alliierten

Heute stehen sie sich, hochgerüstet wie niemals zuvor irgendwelche Mächte der Erde, sprungbereit gegenüber. Von Kaltblütigkeit oder Nervosität in den Schaltzentralen in Washington oder Moskau, den politischen und militärischen Gehirnzentren der Supermächte, hängt das Überleben der Menschheit ab. Und doch waren die USA und die UdSSR einmal Verbündete gegen einen gemeinsamen Feind, über die sie trennenden Ideologien von Kapitalismus und Kommunismus hinweg: gegen Hitlers Deutschland. Die Folge *Die Alliierten* der Reihe *Der unvergessene Krieg* ruft diese historische Tatsache ins Gedächtnis zurück.

Wir wollten für dieses »Historische Stichwort« Amerikaner fragen, wie sie sich an diese heute beinahe unvorstellbare Große Allianz von damals erinnern. Zeitzeugen wie der derzeitige US-Botschafter in Moskau, Averell Harriman (er ist über 80) und sein damaliger Stellvertreter George F. Kennan lehnten es ab, vor unserer Kamera aufzutreten. Bereit fanden sich ein junger jüdischer Intellektueller, Joshua Rubenstein (31), und der ehemalige Kriegskorrespondent der *New York Times* und Pulitzer-Preisträger: Harrison E. Salisbury (73). Mit ihm sprachen mein Kollege Rudolf Rohlinger und ich im New Yorker Büro der ARD. Das Fernseh-Interview zum Thema *Die Alliierten*, wie im folgenden wiedergegeben, führte Rudolf Rohlinger einige Tage nach dieser Unterhaltung.

Es geht um die Frage: Wieweit konnten die Westalliierten – also Großbritannien und die USA – damals die Sowjetunion in ihrem Kampf gegen Deutschland unterstützen? Im Film kommt immer wieder Stalins Klage zum Ausdruck, eine vom Westen versprochene Zweite Front, die ihn hätte entlasten können, sei nicht rechtzeitig gebildet worden. Die vereinfachte Schlußfolgerung sowjetischer Geschichtsschreibung: Die Sowjetunion hat diesen Krieg trotz einiger westalliierter Hilfe allein ausgekämpft und entschieden. Wie wichtig war die Zweite Front – also eine deutsche Westfront – für die Sowjets tatsächlich? Und fühlten sie sich vom Westen im Stich gelassen oder gaben sie das nur vor? Dazu Harrison E. Salisbury:

Die Zweite Front war für die Russen absolut lebenswichtig zu einem Zeitpunkt, an dem sie unmöglich zu realisieren war, nämlich 1941, als Stalin, obwohl er das nicht zugeben konnte, glaubte, daß der Krieg verloren war – oder daß er ihn zumindest verlieren könnte. Er hätte damals alles für eine Zweite Front gegeben; aber natürlich konnte sie ihm Churchill nicht bieten. Nach der Schlacht von Moskau (1942), als Stalin ein gewisses Maß von Selbstvertrauen wiedergewonnen hatte, dachte er immer noch, eine Zweite Front sei lebenswichtig, um Rußland vor dem Untergang zu bewahren. Besonders im Sommer 1942, als die deutschen Legionen Südrußland überschwemmten und sich der Wolga näherten. Aber auch noch zu diesem Zeitpunkt war es den Alliierten unmöglich, die Zweite Front zu bilden.

Nun war diese Zweite Front den Sowjets tatsächlich versprochen worden. Salisbury:

Sie war versprochen worden, und es gab ja auch eine Zweite Front in Afrika, die natürlich nicht sehr nützlich war. Zu dieser Zeit zeichnete sich jedoch in Rußland bereits ein Hoffnungsstrahl ab, denn die Deutschen wurden in Stalingrad aufgehalten. Nach Stalingrad war eine Zweite Front nicht mehr lebenswichtig für einen sowjetischen Sieg; le-

benswichtig jedoch immer noch – so dachte Stalin – für die sowjetische Stärke. Sollte Rußland durch den Krieg nicht völlig ausgeblutet werden, müßten die Alliierten ihr Versprechen einer Zweiten Front 1943 erfüllen. Das Ganze wurde mehr eine politische als eine Überlebens-Frage.

Salisbury war während des Krieges Korrespondent in der Sowjetunion. Ließ sich dort erkennen, wie wirksam die materielle Hilfe von Seiten der Alliierten war?

Sehr wirksam auf bestimmten Gebieten. Die Rote Armee war von amerikanischen Lastkraftwagen abhängig. Tausende wurden geliefert, hauptsächlich über die Eisenbahnstrecke Iran–Südrußland, andere über die Fern-Ost-Route. Lebensmittel waren zu jener Zeit überlebenswichtig. Die Rote Armee und der größte Teil der Bevölkerung ernährten sich von Nahrungsmitteln, die aus Amerika kamen. Beim militärischen Nachschub war die Hilfe nicht so bedeutend. Die Russen produzierten viel bessere Panzer als die Amerikaner oder Engländer. Wir schickten ihnen einige Panzer, aber die waren für sie nicht sehr wichtig. Wir schickten ihnen auch Munition, die ebenfalls nicht so wichtig war. Sehr, sehr wichtig für sie waren gewisse schwer beschaffbare Rohstoffe, wie Aluminium, und – mit Einschränkung – die Lieferung von Flugzeugen. Doch in manchen Gebieten ging es um Leben oder Sterben: Viele Russen verhungerten, aber ohne amerikanische Nahrungsmittel wären noch viel mehr verhungert.

Man kann also sagen, daß die Rote Armee durch die Amerikaner mobil gemacht, beweglich gehalten wurde?

Ja. Diese Mobilität kam der Roten Armee besonders zustatten, als sie 1943 nach Westen vordrang. Es kamen ständig neue Lkw's als Nachschub, während die Deutschen in ihrer Ausrüstung ständig dezimiert wurden. Sie fielen zurück und hinterließen Tausende von Fahrzeugen, die weder zurückgewonnen noch – bei der damaligen Kapazität der deutschen Industrie – ersetzt werden konnten.

Glaubten Sie damals und glauben Sie heute, daß diese lebenswichtige Hilfe von den Sowjets so hoch eingeschätzt wurde, wie sie es verdiente?

Sie wurde damals zweifellos hoch geschätzt. Ich bin immer wieder mit der Roten Armee rausgefahren, sie hing ab von den Lkw's und den Nahrungsmitteln, und jedem war klar, daß sie ohne diese nicht funktionsfähig waren.

Die Einwohner von Leningrad liebten zwar amerikanisches Frühstücksfleisch nicht besonders, aber sie segneten uns dafür, denn es bedeutete den Unterschied zum Verhungern. Sie mochten auch amerikanische Butter nicht so gern wie russische Butter. Ich lernte verstehen, daß russische Butter besser ist als amerikanische. Aber sie segneten uns dafür, daß sie die bekamen, und amerikanisches Getreide. Sie alle wußten, welche Rolle das für ihr Leben spielte.

Harrison Salisbury hat in seinen Artikeln und Büchern einen – wie er sagt – der blutigsten Kriege der Menschheitsgeschichte beschrieben. Die sowjetischen Angaben über die eigenen Verluste wurden zunächst niedrig gehalten, dann erhöhten sich die offiziellen Zahlen. Aufgrund seiner Studien beurteilt Salisbury die letzten offiziellen Angaben so:

Ich erinnere mich, daß die Russen nach Ende des Krieges, in Nürnberg oder kurz davor, eine offizielle Schätzung ihrer Verluste bekanntgaben, die etwas unter sieben Millionen lag. In dieser Gesamtzahl waren beispielsweise die Toten in Leningrad auf 600.000 geschätzt. Die Sowjets selbst haben die Zahlen allmählich höher angesetzt. Sie sagen heute, daß sie tatsächlich etwa 20 Millionen Tote hatten. Sie geben sehr zögernd zu, daß damals in Leningrad anderthalb Millionen Menschen starben. Ich glaube jedoch, daß dort insgesamt noch mehr Menschen ums Leben kamen.

Meine eigenen Berechnungen stützen sich auf Zahlen von Volkszählungen vor und nach dem Kriege und gewisse bemerkenswerte Unterschiede zwischen beiden. Daraus schließe ich – den Verlust an Geburten, an Kriegstoten, an Verhungerten, alles inbegriffen –, daß es einen Gesamt-Bevölkerungsverlust von 40 Millionen Menschen gegeben hat!

Joshua Rubenstein ist amerikanischer Jude. Seine Großeltern kamen aus Weißrußland nach Amerika. Er lebt in Boston, hat zweimal die Sowjetunion besucht, zuletzt 1978, er hat Juden dort in ihren heutigen Lebensumständen gesehen und gesprochen. In Amerika hat er ein Buch über *Sowjetische Dissidenten* veröffentlicht. Das Vorwort zur amerikanischen Taschenbuch-Fassung mit dem Titel *Soviet Dissidents – Their Struggle for Human Rights* schrieb übrigens Harrison E. Salisbury. Joshua Rubinstein hat die Serie *The Unknown War* im amerikanischen Fernsehen verfolgt und seine Beobachtungen in einem kritischen Artikel der Zeitschrift *Commetary* niedergelegt. Unser Gespräch dreht sich um die Rolle der Westalliierten im Zweiten Weltkrieg, die Aufnahme der Fernsehserie *The Unknown War* beim heutigen amerikanischen Publikum bis zur historischen Kritik an Stalin.

Rubenstein:

Das Positive an dieser Serie: Es war wichtig, daß Amerikaner einmal die ungeheuren Dimensionen dieses Krieges an der Ostfront zu sehen bekamen. Wenn Amerikaner an den Zweiten Weltkrieg denken, dann an den Krieg gegen Japan, im Pazifik, die Kämpfe in Italien und die Ereignisse nach der Invasion, die Ardennenschlacht zum Beispiel. Amerikaner haben keine Vorstellung, welch gigantische Schlachten sich zwischen der Sowjetunion und Deutschland im Zweiten Weltkrieg abspielten.

Auf die Frage, ob die Beziehung zwischen den Westalliierten und der Sowjetunion während des Krieges korrekt dargestellt sei, antwortete Rubenstein:

Nur teilweise. Die bedeutende Rolle der westlichen Hilfe für die Sowjetunion wird zugegeben. Aber wir sehen zum Beispiel im Film als Botschafter der Sowjetunion in den USA, bei einer Massenversammlung im New Yorker Madison Square Garden, Andrej Gromiko, obwohl während der Höhepunkte des Krieges zwischen 1942 und 1944 Maxim Litvinow Botschafter war. Er und sein Kollege Iwan Maissky, damals sowjetischer Botschafter in England, drängten Stalin, bessere Beziehungen mit England und Frankreich zu pflegen – gegen Hitler-Deutschland. Die Filmserie erwähnt Litvinow überhaupt nicht. Sie nimmt keine Kenntnis davon, daß Litvinow zwischen 1930 und 1939 Außenminister war, daß er entlassen wurde, weil es nicht opportun war, einen Außenminister mit Deutschland verhandeln zu lassen, der Jude war.

Wir kommen noch einmal auf die Zweite Front zu sprechen, die der Westen den Sowjets, Stalin, versprochen hatte, und die dann zu spät kam.

Die Film-Serie konzentriert sich auf die Ostfront. Sie berücksichtigt nicht die enormen Kriegsanstrengungen der Amerikaner im Pazifik, die Tausende von Meilen von ihrem Land entfernt die Japaner bekämpften.

Die Potsdamer Konferenz nach der Niederlage Deutschlands vom 17. Juli bis 2. August 1945. Die siegreichen Alliierten Churchill, Truman und Stalin.

Die Filmserie erinnert auch nicht an die alliierten Bombardierungen deutscher Städte?

Dazu hat nach dem Krieg John Kenneth Galbraith ein Forschungsprojekt durchgeführt. Dabei kam heraus, daß der strategische Wert dieser Bombardierungen – der militärische Wert also – nicht sehr groß gewesen ist. Es ist also wahr, es ist fair, wenn die Sowjets sagen: Warum kam die Zweite Front nicht früher. Denn sie hatten die Hauptlast des Krieges gegen die Deutschen zu tragen.

Rubenstein schrieb in einer Besprechung der Fernseh-Serie: Es gab nur einen, dem Stalin vertraute, und das war Hitler.

Die Sowjets gewannen den Krieg trotz, nicht wegen der Führungseigenschaften Stalins. Stalin war ein harter Arbeiter, und er stand an der Spitze des Staates. Aber es gibt Gerüchte, daß er strategische Planungen mit Hilfe seines Globus auf dem Schreibtisch anstellte – und das konnten ihm seine Generäle nicht abnehmen. Bei Kriegsende degradierte Stalin viele der sowjetischen Generäle – unter ihnen Schukow –, um den Mythos zu erhalten, er sei der Große Führer während des Krieges gewesen . . .

Heute wissen die Sowjets nicht, was sie mit Stalin machen sollen. Sie sind Gefangene ihrer eigenen Geschichte, oder – anders – ihrer eigenen Entstellungen der Geschichte.

Stalin ist auf der anderen Seite – ich habe mich mit den Menschenrechten in der Sowjetunion beschäftigt – eine Art Druckmesser für die Verhältnisse dort. Wenn es möglich ist, Stalin zu kritisieren, gibt es in Rußland mehr Freiheit. Wenn Stalin als Großer Führer, als Großer Marxist herausgestellt wird, bedeutet das, daß das Regime die Zügel fester hält.

Die Schlacht um Berlin

Von Wilhelm Pagels

4. Februar 1945	Beginn der Konferenz von Jalta, auf der über das Schicksal Nachkriegsdeutschlands entschieden wird. Stalin, Roosevelt und Churchill sprechen auch die militärischen Operationen zur endgültigen Niederwerfung Deutschlands ab.
19. März 1945	Hitler erläßt den sogenannten *Nero-Befehl,* der die Zerstörung sämtlicher Industrie- und Versorgungsanlagen innerhalb des Reichsgebietes vorsieht, die dem Feind von Nutzen sein könnten.
16. April 1945	Beginn der sowjetischen Offensive an der Oder.
21. April 1945	Die Rote Armee dringt in die Vorstädte Berlins ein. Sowjetische Artillerie beschießt das Zentrum der Stadt.
25. April 1945	Berlin wird von den sowjetischen Armeen eingeschlossen. Amerikanische und sowjetische Truppen treffen sich bei Torgau an der Elbe.
30. April 1945	Die Sowjets stürmen das Reichstagsgebäude. Die Hoffnung auf die *Armee Wenck,* Goebbels letzte Propagandalüge, erweist sich als Hirngespinst. Hitler begeht Selbstmord.
2. Mai 1945	Berlin kapituliert.
5. Mai 1945	Aufstand in Prag gegen die immer noch intakte deutsche Besatzung.
6. Mai 1945	Sowjetischer Angriff auf die in der Tschechoslowakei stehende Heeresgruppe Mitte.
9. Mai 1945	Generalfeldmarschall Keitel unterzeichnet die Gesamtkapitulation der Wehrmacht. Der Krieg in Europa ist beendet.

Der Krieg, den Hitler und all jene, die ihn an die Macht gebracht hatten und an der Macht hielten, gegen die Sowjetunion führten, war auch ein Krieg gegen das eigene Volk. Dies wurde besonders deutlich in der wohl unsinnigsten Schlacht dieses Krieges, der Schlacht um Berlin.

Im Frühjahr 1945 bot die deutsche Führung alles auf, um die Sowjets an der Ostfront endlich zum Stehen zu bringen. Bis zum letzten Tag seiner Herrschaft klammerte sich Hitler an die fixe Idee, die Alliierten spalten zu können. Er hoffte, daß ein Aufhalten der vordringenden Roten Armee den alten Antikommunismus bestimmter anglo-amerikanischer Kreise mobilisieren und einen Separatfrieden im Westen bringen könnte. Doch dazu hätte es einer anderen deutschen Regierung und vor allem einer ganz anderen militärisch-politischen Lage bedurft.

Roosevelt und Churchill hielten sich an die Abmachungen von Jalta. Sie schlossen keinen Separatfrieden.

Der Krieg war für Deutschland verloren. Es war nur noch eine Frage der Zeit, wie lange er noch dauern würde. In seiner Endphase zeigten die Führer des Dritten Reiches keine Skrupel, die Zukunft Deutschlands zu opfern. Kinder und Greise sollten als »Volkssturm« den Vormarsch der Roten Armee aufhalten. Industriebetriebe sollten vollständig zerstört werden, bevor sie in die Hände der »Feinde Deutschlands« fielen. Hitler hatte erklärt, es sei ». . . nicht notwendig, auf die Grundlagen, die das Volk zu seinem primitivsten Weiterleben braucht, Rücksicht zu nehmen«.

Die schlimmsten »Feinde Deutschlands« saßen in diesen letzten Wochen des Krieges im Bunker unter der Reichskanzlei.

Am 4. Februar 1945 erreichten die Sowjets die Oder. An diesem Fluß, 100 km vor Berlin, wollte man sie endgültig aufhalten. Während die Wehrmacht nach der Ardennenoffensive im Westen nur noch Rückzugsgefechte führte, sollte nun – wie schon so häufig in diesem Krieg – im Osten die entscheidende Schlacht geschlagen werden. Mindestens eine Million Soldaten, gut 1.000 Panzer und über 4.000 Flugzeuge wurden dafür aufgeboten. Den Deutschen stand am Ostufer der Oder eine fast dreifache Übermacht gegenüber. 20 bis 40 km tief gestaffelt war die deutsche Abwehrfront. Was die Wehrmacht nicht aufhalten konnte, sollte nach dem Willen Hitlers vom »Volkssturm« aufgehalten werden. Diese schlecht ausgerüsteten älteren Männer und Kinder waren nichts als »Kanonenfutter«. An die Parole vom Endsieg glaubten in Deutschland nur noch die wenigsten. Die Kampfmoral wurde mit Terrormaßnahmen aufrechterhalten. Mobile Standgerichte erhängten jeden Soldaten, der ohne triftigen Grund hinter der Front angetroffen wurde. Wer Zweifel am »Endsieg« äußerte, mußte für seine Familie mit »Sippenhaft«, für sich selbst mit Schlimmerem rechnen. Tausende wurden Opfer dieses Terrors.

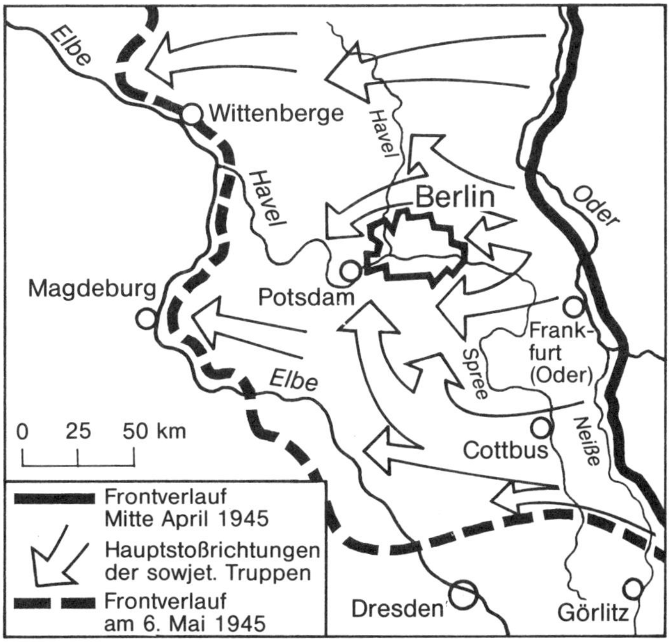

Die Schlacht um Berlin.

Am 15. April hatte Hitler in seinem »Führerbefehl« verkündet:

Der Bolschewist wird dieses Mal das alte Schicksal Asiens erleben, er muß und wird vor der Hauptstadt des Deutschen Reiches verbluten.

Am frühen Morgen des folgenden Tages eröffnete die Rote Armee im Lichte aufflammender Scheinwerfer die Schlacht an der Oder. Der Angriff richtete sich vor allem gegen die stark befestigten *Seelower Höhen.* Zwei Tage lang wurde um dieses »Schloß am Tor von Berlin«, wie die Goebbelssche Propaganda die deutschen Stellungen bezeichnete, erbittert gekämpft. Als das »Schloß« endlich aufgebrochen war, blieben Zehntausende deutscher und sowjetischer Soldaten tot zurück.

Die sowjetischen Panzer stießen jetzt schnell auf die Reichshauptstadt vor. Von Süden her erreichten sie den Spreekanal und standen bald in den Vorstädten Berlins. Während draußen gestorben wurde, hatte man im Bunker unter der Reichskanzlei Grund zum Feiern. Hitler beging seinen 56. Geburtstag.
Gut eine Woche früher war der amerikanische Präsident Roosevelt gestorben. Hitler redete von einem »Wunder der Vorsehung«. Die Anti-Hitler-Koalition würde nun zerfallen – wenn man nur die Sowjets lange genug aufhalten konnte. Begründung genug, um Zehntausende deutscher Soldaten und Zivilisten im Kampf um Berlin in einen sinnlosen Tod zu schicken.

Am 23. April eroberten sowjetische Soldaten Frohnau im Norden Berlins. Gekämpft wurde jetzt in Pankow. Im Süden der Stadt fiel Köpenik. Geschossen und gestorben wurde in den Straßen und Häusern Zehlendorfs, Tempelhofs und Neuköllns. Immer noch wurde um jeden Meter gekämpft. Vor allem die Einheiten der Waffen-SS leisteten erbitterten Widerstand. Das Leben der Zivilbevölkerung zählte dabei nicht viel in diesen letzten Tagen des Krieges. Wer eine weiße Fahne zeigte, riskierte, wegen »Feigheit« erschossen zu werden. Himmler hatte schon am 3. April befohlen: »Aus einem Haus, aus dem eine weiße Fahne erscheint, sind alle männlichen Personen zu erschießen.« U-Bahn-Schächte, in die sich Tausende geflüchtet hatten, wurden kurzerhand überflutet, um den »Vormarsch« der sowjetischen Soldaten zu behindern.

Am 25. April trafen sich zwei sowjetische Armeen westlich von Berlin. Die Stadt war eingeschlossen. Am gleichen Tag reichten sich an der Elbe amerikanische und sowjetische Soldaten die Hände.

Doch im Führerbunker wurde der Krieg, der eigentlich schon zu Ende war, weitergeführt. Auf seinen Lagekarten ließ Hitler Armeen, die es nicht mehr gab, zur Befreiung Berlins antreten. »Halten, bis die Armee Wenck heran ist«, war die letzte Propagandaparole Goebbels, die noch einmal letzte Reserven mobilisieren sollte. Doch die »Armee Wenck« bestand nur noch aus drei Divisionen, die kaum noch kampffähig am 30. April ihren Angriff in Richtung Berlin einstellten. Am gleichen Tag eroberten sowjetische Soldaten das Reichstagsgebäude und hißten auf seiner Kuppel die rote Fahne.

Im Führerbunker zogen sich Hitler und seine ihm noch kurz zuvor angetraute Ehefrau Eva Braun in ihre Privaträume zurück, um sich das Leben zu nehmen. Augenzeugen der makabren Sterbeszene gab es nicht. So ist bis heute nicht restlos geklärt, ob Hitler Zyankali nahm und sich gleichzeitig eine Kugel durch den Kopf jagte (zu dieser Version neigt der amerikanische Publizist James P. O'Donnell in seinem Buch *Die Katakombe*), oder ob ein SS-Mann aus dem engsten Kreis um den »Führer« der Leiche nachträglich einen Kopfschuß gab, um einen ehrenvolleren Tod als den Selbstmord durch Gift

Der Kampf um den Reichstag in Berlin.

vorzutäuschen (so stellen es die Sowjets dar). Der von Hitler als Nachfolger eingesetzte Großadmiral Dönitz ließ am 2. Mai 1945 verkünden:

Unser Führer Adolf Hitler ist gefallen. (. . .) Am Ende dieses seines Kampfes und seines unbeirrbaren geraden Lebensweges steht sein Heldentod in der Hauptstadt des deutschen Reiches. Sein Leben war ein einziger Dienst für Deutschland. Sein Einsatz, ein Kampf gegen die bolschewistische Sturmflut, galt darüber hinaus Europa und der gesamten Kulturwelt.

Am selben Tag unterzeichnete der letzte »Kampfkommandant von Berlin«, General Weitling, die Kapitulation der Stadt. In seinem Befehl an die Einheiten der Wehrmacht in Berlin bewies er mehr Einsicht als Dönitz, indem er feststellte:

Am 30.4.1945 hat sich der Führer selbst entleibt und damit uns, die ihm die Treue geschworen haben, im Stich gelassen. (. . .) Jede Stunde, die ihr weiterkämpft, verlängert die entsetzlichen Leiden der Zivilbevölkerung Berlins und unserer Verwundeten. Jeder, der jetzt noch im Kampf um Berlin fällt, bringt sein Opfer umsonst.

Eine späte – für Hunderttausende von Toten zu späte – Einsicht! Das Schießen hörte langsam auf. Die Überlebenden kamen aus den Häusern, krochen aus den Kellern.

Doch der Krieg war noch immer nicht zu Ende. In der Tschechoslowakei hielt sich eine starke deutsche Gruppierung unter Feldmarschall Schörner. Als in Prag am 5. Mai 1945 der Aufstand gegen die Deutschen losbrach, eilten die schnellen sowjetischen Panzerverbände Marschall Konjews von Berlin nach Prag und verhinderten das letzte Blutbad des Krieges.

Am 9. Mai unterzeichnete Keitel als Chef des Oberkommandos der Wehrmacht die Gesamtkapitulation der Wehrmacht im sowjetischen Hauptquartier in Karlshorst bei

Berlin. Diese Kapitulation in Gegenwart der Vertreter des sowjetischen, amerikanischen, englischen und französischen Oberkommandos beendete den Krieg.

Deutsche hatten zum zweiten Mal in diesem Jahrhundert nach der Weltmacht gegriffen und vorsätzlich einen Angriffskrieg entfesselt. Der Preis dafür war das Leben von 20 Millionen Sowjetbürgern, 8 Millionen Deutschen, 6 Millionen Polen, 1,5 Millionen Jugoslawen und unzähligen Menschen anderer Nationalitäten.

Historisches Stichwort: Michael Eickhoff befragt William Borm über die Einnahme von Berlin

William Borm, liberaler Politiker, ist trotz seiner 86 Jahre noch ein Mann, der Öffentlichkeit sucht. Warum, das wird im Verlauf des Gesprächs klar. William Borm, gebürtiger Hamburger, hat das Kriegsende in Berlin erlebt. Ich traf mich mit ihm im wiederaufgebauten Reichstagsgebäude in Berlin, in Sichtnähe des anderen Deutschland. Vor 36 Jahren war dieses Gebäude ein Trümmerhaufen – und auch das Reich. Für die Sowjets, die hier im April 1945 die rote Fahne hißten, war das die Stunde des Triumphes. Welche Eindrücke hat ein deutscher Zeitzeuge noch heute? Borm:

Eindrücke, an die man sich teilweise nicht sehr gern erinnert, gute und schlechte. Das Schlechte darf ich vorwegnehmen. Ich wohnte draußen in Zehlendorf; das ist ein Villenvorort. Acht Tage, nachdem die sowjetische Besatzungsarmee eingerückt war, waren es 11 Menschen aus meinem Bekanntenkreis, die sich entweder selbst das Leben genommen oder das Leben hatten lassen müssen – Opfer dieses Einmarsches. Es war eine schwere Zeit, man sah nur das Negative und gedachte derer, die nicht mehr da waren – auch der Häuser, die mutwillig angezündet wurden. Aber es kommt, nach so langer Zeit, eine gewisse Überlegung dazu. Da glaube ich dann, daß es verständlich ist, wenn die Soldaten eines überfallenen Staates, der dann siegreich ist, zunächst einmal ein Gefühl der Rache haben, wenn sie in die Hauptstadt des Staates kommen, der ihr Land überfallen hat (vgl. dazu Heinrich Böll auf Seite 188).

Weshalb war William Borm damals eigentlich in Berlin, und nicht an der Front gewesen?

William Borm:

Ich hatte eine ziemlich bedeutende Elektro-Fabrik mit ungefähr 4.000 Mitarbeitern, und die war zuletzt im wesentlichen in Kriegslieferungen eingespannt. Ohne daß ich in der NSDAP gewesen wäre, war ich als »Wehrwirtschaftsführer« in meiner eigenen Firma freigestellt. Ich war natürlich infolgedessen ein beliebtes Objekt der Besatzer, weil die dachten, nun wäre jemand da, den sie zur Verantwortung ziehen müßten.

Jetzt beginnen zwei Dinge, die ich im Gedächtnis behalten habe: Es ist mir gelungen, meine Frau und meine Schwägerin, die bei mir zu Hause waren, in den ersten Nächten vor den Russen zu verstecken. Trotzdem kam einige Tage später ein junger Russe, belästigte meine Frau und stahl bei uns ein Stück Brot. Ich hätte nicht viel machen können; aber es kam zufällig ein russischer Offizier vorbei, und den rief ich an. Ob er mich verstand, weiß ich nicht, jedenfalls ging er auf den anderen zu, und der Soldat lief fort und schmiß das Brot weg. Der Offizier lief hinterher, holte ihn aber nicht mehr ein. Und dann kam er zurück, ich merkte, daß er Deutsch konnte. Er entschuldigte sich bei mir. Auch solche Dinge hat es gegeben.

Das andere: Etwa 8 Tage nach der Besetzung Berlins kam auf einmal ein Oberleutnant zu mir und sagte, ich möchte zum Verhör mitkommen. Das Verhör entpuppte sich als Verhaftung. Ich wurde nach Karlshorst gebracht, in das Hauptquartier der Armee, und zunächst erst einmal in einen überfüllten Keller gesperrt. Da waren vielleicht 40 Menschen drin. Zwei Tage lang passierte gar nichts. Am dritten Tag wurde ich nach oben geholt, und das Verhör begann. Was ich wohl sei, ich sei doch Wehrwirtschaftsführer gewesen und ein furchtbar böser Mensch. Ich wurde wieder heruntergesperrt. Am nächsten Tag wurde ich erneut aus dem Keller geholt und in eine Dreizimmerwohnung im selben Haus gebracht. Den Grund wußte ich nicht. Die Verhöre gingen weiter. Etwa nach 8 Tagen kamen der gleiche Oberleutnant und ein Major, der mich schon zweimal zum Essen eingeladen hatte, und sie sagten mir, ich könne nach Hause gehen. Ich wußte natürlich überhaupt nicht, weshalb. Später kam heraus, daß einige »Gastarbeiter«, wie man heute sagen würde, zwei Zwangsarbeiter aus Frankreich und ein freiwilliger Arbeiter aus Spanien, von den Russen verhört worden waren. Die Russen erfuhren von diesen Leuten, daß in den letzten Kriegsmonaten, in denen an meiner Firma viele Bombenschäden eingetreten waren, 12 sowjetische Kriegsgefangene zum Aufräumen der Trümmer eingesetzt wurden. Sie wurden morgens gebracht und abends wieder abgeholt. Jeden Tag waren ein bis zwei Luftangriffe. Ich hielt es damals wie heute für selbstverständlich, Menschen in solch gefährdeten Zeiten nicht draußen stehen zu lassen, wie es Vorschrift war. Ich habe also diese 12 Russen gegen den Widerstand meines – wie er damals hieß – Vertrauensmannes und vieler meiner Mitarbeiter, die sich noch sehr als Nazis gebärdeten, jedesmal mit heruntergenommen. Ich durfte ihnen kein Essen geben – wir hatten Fernverpflegung –, und sie bekamen es doch. Für gute Arbeiten gab ich ihnen Zigaretten. Die Russen haben die Tatsache, daß ich sie immer mit heruntergenommen habe, damit vergolten, daß sie taten, was sie konnten, um im Rahmen ihrer Möglichkeiten zu helfen. Das haben die Sowjets erfahren, und deswegen hat man mich laufenlassen.

Ich habe also einmal Glück gehabt, daß meine Frau und meine Schwägerin nicht belästigt wurden. Zum anderen zeigt es sich, daß, wenn man einmal etwas tut, was einem sein Gewissen vorschreibt, das auch manchmal gute Folgen haben kann. Und die hat es bei mir gehabt.

Sie haben also nie die feindseligen Gefühle gegenüber den Einmarschierenden gehabt, wie sie andere Menschen aufgrund eines noch härteren Schicksals zeigten?

Feindselig bestimmt nicht. Das liegt mir überhaupt nicht. Aber daß ich nicht gerade sehr freundlich war, daß ich sehr erzürnt war über das, was alles passiert ist, das darf ich ja wohl sagen. So etwas klingt natürlich mit der Zeit ab. Vergessen wird man es nie. Aber damals war ich noch nicht soweit, daß ich nach der Motivation hätte suchen können. Da sah ich nur die Folgen.

Unser Gespräch wendet sich von William Borms Einzelschicksal ab zu den Folgen bis heute. Denn die Folgen des Einmarsches der Roten Armee in Berlin und der Niederlage des Dritten Reiches sind ja auch heute noch nicht nur in Berlin, sondern weltweit spürbar.

Das Ende.

Ja, das ist die Tatsache, daß sich nach dem Zweiten Weltkrieg die Welt grundlegend geändert hat. Was früher recht und schlecht nebeneinander gelebt hatte, war von Hitler in eine tödliche Feindschaft gebracht worden: Nationalsozialismus, unser Lebensstil, und sowjetischer, kommunistischer Lebensstil. Das hat dazu geführt, daß heute jene Bipolarität der Welt eingetreten ist, in der sich der eine Teil, angeführt von den Vereinigten Staaten, und der andere Teil, angeführt von der Sowjetunion, in zunächst ständig wachsender Rivalität, jetzt aber anscheinend in wachsender Feindschaft gegenüberstehen. Das ist meine Sorge für die Zukunft, der ich ja erlebt habe, was daraus werden kann, gerade hier in Berlin. Die Gefahr eines bewaffneten Zusammenstoßes ist nicht mehr auszuschließen.

Wenn ich mit 86 Jahren noch voll politisch tätig bin, so deshalb, weil ich mit versuche, diese Feindschaft abzubauen, und versuche, aus dem Vergangenen zu lernen. Ich habe ja auch — was Ihnen vielleicht unbekannt ist — 9 Jahre, von 1950 bis 1959, in der DDR im Zuchthaus zugebracht; es ist heute uninteressant, warum. Aber ich habe aus beiden Dingen zu lernen versucht. Und die Lehre, die ich ziehe, ist, daß man sein eigenes kleines Schicksal nicht zur Maxime seines politischen Handelns machen darf, sondern daß man alles daran setzen muß, dem Frieden zu dienen.*

* Ab 1947 wirkte Borm als Schatzmeister des Berliner Landesverbandes der F.D.P. (früher LDP), von 1948—50 als stellvertretender Vorsitzender des Landesverbandes Berlin. Am 23. September 1950 verhaftete ihn die Volkspolizei der DDR auf der Autobahn am amtlichen Übergang Wartha, als er sich auf einer Fahrt zu einer Sitzung in Kassel befand. Nach mehrjähriger Haft bei den Staatssicherheitsbehörden der DDR wurde er 1952 nach Kontrollratsdirektive 36 III A 3 (Kriegs- und Boykotthetze) zur Höchststrafe von 10 Jahren verurteilt. Er wurde in den Strafanstalten Bützow-Dreibergen, Luckau und Cottbus festgehalten und erst am 28. August 1959 nach 9jähriger Strafhaft mit dreijähriger Bewährungsfrist entlassen.

Teil 4

Die Menschenseite in einem unmenschlichen Krieg: Heinrich Böll, Lew Kopelew und Klaus Bednarz im Gespräch

Im Januar 1980 führte Klaus Bednarz, Korrespondent der ARD in Moskau, ein Gespräch mit Heinrich Böll und Lew Kopelew*. Zum damaligen Zeitpunkt war Lew Kopelew noch nicht aus der Sowjetunion ausgebürgert.

Interessant für den Zusammenhang dieses Buches ist das Gespräch vor allem deshalb, weil sich hier zwei inzwischen eng miteinander befreundete Männer über einen Krieg unterhalten, in dem sie sich als Feinde direkt hätten gegenüberstehen können. Besondere Akzente erhält das Gespräch dadurch, daß Lew Kopelew durch Erziehung, Ausbildung und Neigung eine große Liebe zu den Deutschen, ihrer Kultur und Literatur entwickelt hat, die auch die Haß-Phase des Krieges überstanden hat. Böll andererseits ist gegenüber der Sowjetunion immer positiv eingestellt gewesen, was es ihm gestattet, die Menschen der Sowjetunion, den Soldaten auch, immer als Menschen und nicht als Objekt der Propaganda zu sehen. Und schließlich ist dieses Gespräch deshalb bedeutsam, weil darin zwei Männer zu Wort kommen, die den Krieg in verschiedensten Phasen und Funktionen mitgemacht haben, und die aufgrund ihrer Persönlichkeit und Ausbildung sensibel genug sind, Zusammenhänge aufzudecken, die vielleicht nicht jedem Soldaten klar gewesen sind.

Dieses Gespräch ist darüber hinaus ein sehr privates Dokument zweier Männer, die zur Meinungsbildung in den beiden Ländern viel beigetragen haben.

Heinrich Böll als Soldat (etwa 1941)

Lew Kopelew als sowjetischer Propaganda-Major im Juni 1944.

* Das Interview ist am 5. Januar 1980 vom Westdeutschen Fernsehen ausgestrahlt worden. Es wird hier gekürzt wiedergegeben. Die vollständige Fassung liegt vor in: Heinrich Böll/Lew Kopelew: Warum haben wir aufeinander geschossen? Lamuv Verlag, Bornheim-Merten 1981.

Klaus Bednarz: *Herr Böll, Sie sagten, Sie haben angefangen, sich mit Rußland, mit den Russen zu beschäftigen, als Sie sechzehn, siebzehn Jahre alt waren, also just in dem Moment, als Hitler an die Macht kam, ab 1933. Welchen Eindruck hat denn auf Sie das Nazi-Propaganda-Bild von den Russen als Untermenschen, von den slawischen Untermenschen auf Sie gemacht. Das muß doch irgendeine Wirkung gehabt haben! Oder ist das seinerzeit bei Ihnen wirkungslos geblieben?*

Heinrich Böll: Das ist ganz wirkungslos geblieben. Ich kann mir das nicht als Verdienst anrechnen, ich bin so erzogen und auch, sagen wir, durch meine viele Lektüre und möglicherweise durch ein gewisses Nachdenken dazu gekommen, daß es gar keine Untermenschen gibt, es gibt nur Menschen, Menschen in verschiedenen Verhältnissen ... Es gab natürlich auch damals schon vor Hitler ein Bild der Sowjetunion als eines atheistischen Schreckenstaates. Vereinfachte Propaganda. Und wie ich das miteinander verbunden habe, mein Bild von Rußland, dem alten aus der Literatur mit dem damals existierenden, schon lange existierenden Sowjetstaat, das weiß ich heute nicht mehr. Jedenfalls habe ich nie das Gefühl gehabt, daß dort keine Menschen leben. [...]

Klaus Bednarz: *Herr Kopelew, wie war das bei Ihnen, Sie hatten ja ein durchaus positives Deutschenbild aus der Kindheit, sonst hätten Sie die Sprache nicht gelernt, nicht Umgang mit Deutschen gepflegt, sich für deutsche Kultur interessiert und den »Alten Fritz« nicht geliebt. Änderte sich das Deutschenbild, als in Deutschland die Nazis an die Macht kamen? Die damalige bolschewistische Propaganda hat das doch schon sehr hochgespielt. Wie hat die Hitlersche Machtergreifung auf Sie und in Ihrem Verhältnis zu den Deutschen gewirkt?*

Lew Kopelew: Da muß etwas richtiggestellt werden: Unsere Propaganda nach '33 bis dicht vor '41 war nicht deutschfeindlich. Sie war anti-nazistisch. Wir hatten hier in Moskau eine große deutsche Kolonie, und ich hatte damals schon viele deutsche Freunde, deutsche Schriftsteller, die hier in Moskau als Emigranten lebten, Erich Weinert und Willi Bredel zum Beispiel, mit denen ich persönlich befreundet war. Also das kam überhaupt nicht in Frage, daß das Deutschlandbild sich irgendwie dadurch geändert hätte. Im Gegenteil – Menschen meiner Generation –, wir waren vielleicht etwas voreingenommen, wir glaubten, daß der Nazismus in Deutschland nicht so stark sei, wie er tatsächlich war.

Klaus Bednarz: *Im Volk?*

Lew Kopelew: Im Volk, ja, das ist ein Problem, das ist nicht so leicht zu schildern.

Heinrich Böll: Also eine idealistische Vorstellung?

Lew Kopelew: Als am 22. Juni 1941 die ersten Meldungen vom Krieg kamen, war ich so dumm, daß ich mich freute. Da ist der heilige Krieg, da wird jetzt das deutsche Proletariat uns entgegenkommen, und nun wird Hitler sofort gestürzt.

Klaus Bednarz: *Das verstehe ich nicht. Also noch mal: Deutschland marschiert ein ...*

Lew Kopelew: Ja, das war nicht Deutschland für mich damals.

Klaus Bednarz: *Das waren die Nazis?*

Lew Kopelew: Ja, das waren die Nazis.

Klaus Bednarz: *Und Sie haben geglaubt, daß nun eine Erhebung in Deutschland gegen diesen Krieg und gegen die Nazis kommt. Habe ich das richtig verstanden?*

Lew Kopelew: Ja, ja, sehr richtig.

Heinrich Böll: Durch die Arbeiter.

Lew Kopelew: Und, wissen Sie, während des Krieges habe ich einige Freunde getroffen, die mir sagten: »Erinnerst du dich noch, du Idiot, was du am 22. Juni gesagt hast? Wie du so mit strahlenden Augen durch die Straßen gelaufen bist und hast gesagt: Na, endlich ist der große heilige Krieg da, der auch zur Befreiung Deutschlands führen wird und zur Befreiung Europas. Beides, beides.« Ich war fest davon überzeugt. Es dauert nur wenige Wochen, dann kommen die Berliner Proleten und dann kommen die von der Ruhr. So wie wir uns das vorgestellt hatten, nach der deutschen antifaschistischen Literatur, nach den Berichten, die wir von den deutschen Genossen in Moskau bekommen hatten.
[. . .]

Heinrich Böll: Ja, und ich glaube, das darf man nicht vergessen, wie groß die deutsche KP war vor '33. Es war die größte Kommunistische Partei der Welt, wo man noch freiwillig Kommunist war.

Lew Kopelew: Das ist richtig.

Heinrich Böll: Die größte KP der Welt. Die Hoffnung aller Kommunisten, Sozialisten, Revolutionäre war auf Deutschland gerichtet, das haben wir vergessen . . .

Heinrich Böll: Die Entwicklung der deutschen Arbeiterbewegung, die wir auch immer vergessen. Das hängt ja alles zusammen. Seit einem Jahrhundert lief das auf die Revolution zu, und da kann ich mir Kopelews verrückte, idealistische Vorstellung erklären, obwohl ich sie nicht geteilt hätte.
[. . .]

Lew Kopelew: Ja, und meine deutschen Freunde haben mich noch zu belehren versucht. Ich kann mich sehr gut daran erinnern.
[. . .]

Klaus Bednarz: *Was war das denn für eine Situation für Sie, Herr Kopelew, daß nach dem Einmarsch der Deutschen in Deutschland selbst keineswegs die Revolution losgeht, daß sich die Proletarier beider Länder in Uniform keineswegs verbrüdern, sondern aufeinander schießen. Was war das für Sie für eine Situation?*

Lew Kopelew: Das war eine sehr bittere Enttäuschung, das muß ich gestehen. Und gleichzeitig war es auch eine neue Erkenntnis für mich, also für einen, der Marxist zu sein glaubte, daß gerade viele Arbeiter unter den Soldaten der Wehrmacht Nazis waren, richtige Nazis, richtig nazistisch, besonders die jüngeren Arbeiter. Und Anti-Nazis, Antifaschisten unter den ersten deutschen Kriegsgefangenen, das waren meistens Intellektuelle, die ersten, die ich kennengelernt habe. Das war auch eine sehr bittere Enttäuschung. Ich muß gestehen, eine Zeitlang im Krieg, war ich auch russisch-nationalistisch gestimmt. Als wir uns im November 1941 aus Nowgorod zurückziehen mußten, da war etwas seltsam Gräßliches geschehen. Nowgorod zum erstenmal in seiner tausendjährigen Geschichte in Feindeshand! Da dachte man wenig an Klassenkampf und Weltrevolution, das schmerzte einen. Dort, wo wir unsere Frontlautsprecher hat-

ten, lagen auch Artillerie-Beobachtungsoffiziere, und sie mußten das Feuer auf Nowgorod richten, das war auch schmerzlich. Die Deutschen saßen in Nowgorod. Das konnten wir von der Beobachtungsstelle aus deutlich sehen. Wie wir nun mit eigenen Granaten die schönen Kirchen von Nowgorod beschießen, den Nowgoroder Kreml, da kamen einem die nationalistischen Gefühle hoch. Aber daß es zu einem Deutschenhaß bei mir jemals kam, nein, dagegen war ich nicht nur durch die Erziehung in der Kindheit immun geworden, dazu gehörte die allgemeine humanistische Erziehung und dann die internationalistische. Ja, man fühlte sich eben international.
[. . .]

Klaus Bednarz: *Herr Böll, für Sie verband sich mit Rußland eine positive Vorstellung? Sie waren nicht der Meinung: Dieses sind nun in ihrer jetzigen neuen Staatsform, Sowjetunion, unsere gottgegebenen Erzfeinde, Naturfeinde? Was war es für Sie für eine Situation, als Sie dann doch gen Rußland marschierten? Mit der Wehrmacht.*

Heinrich Böll: Ich bin sogar sozusagen freiwillig hier hergekommen. Ich kann das nicht anders ausdrücken. Ich hab's auch mal erklärt. Wir sind erzogen worden in der Schule von ehemaligen Frontsoldaten des Ersten Weltkrieges. Und das Fronterlebnis war das Erlebnis unserer Vätergeneration, nicht das Erlebnis meines Vaters persönlich, er war ein Anti-Frontkämpfer, aber das ist uninteressant. Das Allgemeine ist interessant. Ich hatte bis 1941 nichts Ernsthaftes mit dem Krieg zu tun, nennen wir es so. Nach Frankreich kam ich erst, nachdem die Kriegshandlungen vorüber waren, als Besatzungssoldat. Es war eine wirklich törichte und auch unverantwortliche Neugierde, ich wollte wissen, wie das an der sogenannten Front ist. Dieses Erlebnis wollte ich selber auch haben, es war nicht psychologisch, sondern, ich kann es nicht erklären . . .

Klaus Bednarz: *Mehr emotionell?*

Heinrich Böll: Ich hätte das verhindern können. Wenn man so den ganzen bürokratischen Apparat der Wehrmacht kannte und die Möglichkeit, sich zu drücken, Atteste usw., hätte ich in Frankreich bleiben können. Ich dachte, ne, da fährste mal hin. Das hört sich jetzt sehr salopp an. Nicht weil's Rußland war, sondern um das sogenannte Fronterlebnis auch mal zu erfahren.

Klaus Bednarz: *Aber die Tatsache, daß es Rußland war, hat Sie auch davon nicht abhalten können?*

Heinrich Böll: Nein, nein. Mich interessierte das auch als Kampferlebnis gar nicht. Ich wollte nur einfach wissen, wie ist das, und bin dann auf die Krim gekommen, sehr spät, die war schon eingeschlossen; ich hab' meinen Leichtsinn und meine Torheit sofort bereut. Es war ja auch unverantwortlich gegenüber meiner Frau und meiner Familie, ich war ja schon verheiratet. Ich hab's dann also mitgekriegt, nennen wir das so. Merkwürdigerweise habe ich kein schlechtes Gewissen dabei gehabt. Und bin nun mal in dieser Armee mitgetrottet, ich kann das nicht anders nennen, ich war ein Mitläufer im wörtlichen Sinne, Sie haben's so genannt. Ich bin dann reumütig zurückgekehrt, mußte nochmal zurück, also nochmal das sogenannte Front-Erlebnis, da war die deutsche Armee schon in Rumänien und Ungarn, da habe ich das dann nochmal mitgemacht, aber dann war Schluß damit. Ja, dann war Schluß.
[. . .]

Klaus Bednarz: *Herr Böll, Sie haben unmittelbar an der Front gegen die Russen gekämpft. Hat das irgendeine Wirkung auf Ihr Rußland-Bild, auf Ihr Bild von diesen Men-*

schen gehabt, hat sich da irgend etwas geändert, wie hat sich das ausgewirkt? Als Sie mit einem Mal diesen Leuten im Grunde ja von Schützengraben zu Schützengraben gegenüberstehen und mit ihnen kämpften?

Heinrich Böll: Ich war dort im Schützengraben. Es hat sich eher meine Sympathie für die Russen, wenn ich das so nennen darf, verstärkt. Es kommt noch etwas hinzu, das ist interessant, Lew sprach von den ihn enttäuschenden jungen Arbeitern. Die waren damals zwanzig, zweiundzwanzig, die hatten schon acht Jahre Nazi-Propaganda hinter sich. Die Arbeiter, die noch Kommunisten gewesen waren ...

Klaus Bednarz: *... die waren nicht an der Front?*

Heinrich Böll: ... die waren auch an der Front.

Klaus Bednarz: *Im Strafbataillon?*

Heinrich Böll: Nein, nicht alle. Das war eine sehr merkwürdige Sache. Ich hab' welche kennengelernt, die wurden entlassen aus Lagern oder ihre »Wehrunwürdigkeit« wurde aufgehoben. So '44 tauchten auch die Kommunisten in der deutschen Armee als vollwertige Soldaten auf. Sie durften nicht avancieren; Obergefreiter war das höchste. Sie durften nicht Unteroffizier werden, waren gut militärisch ausgebildet, noch aus ihrer Kampfzeit. Aber diese Jungens da, von denen Lew sprach, die zwanzig, ein-, zwei-, dreiundzwanzigjährigen waren ja schon acht Jahre mit Nazi-Propaganda erzogen worden. Es waren Zehn-, Zwölfjährige, als sie in die Hände der Nazis fielen. Und was ich bei manchen Arbeitern erlebt habe – ich hab' ja den ganzen Krieg unter Arbeitern gelebt, als nichtchargierter Soldat sind sie im Status des Arbeiters – ich bereue das nicht. Für viele, für die meisten, war der Anblick der Sowjetunion, sagen wir, die wirtschaftlichen, sozialen Zustände – soweit man die im Kriege überhaupt einigermaßen mitkriegt – aber du siehst ja ein Dorf ...

Klaus Bednarz: *... die schlechten Wohnungen, die schlechten Straßen ...?*

Heinrich Böll: ... die schlechten Wohnungen – eine ungeheure Enttäuschung, verstehen Sie, das muß man auch wissen. Man muß es wissen, um den Anti-Kommunismus zu verstehen, der nach dem Krieg sehr stark war, der nicht nur Propaganda des Kalten Krieges war. Das Erlebnis der Sowjetunion, auch als Angehöriger der Armee, egal ob Nazi oder nicht, war nicht sehr ermutigend, kein gutes Beispiel für den Sozialismus oder Kommunismus. Es waren ja nicht alles Idioten, diese deutschen Soldaten, sehen konnten sie ja, und sie konnten auch Schlüsse ziehen. Das ist, glaube ich, ein wichtiges Moment, über das man zu wenig nachdenkt. Und dann kam natürlich die Eroberung durch die Rote Armee, die auch nicht sehr ermutigend war, diese Befreiung mit und ohne Anführungsstriche. Ich will das nur jetzt einfügen als Erklärung für die Haltung dieser Generation, zu der ich auch zähle, und für den Anti-Kommunismus der fünfziger und vierziger Jahre. Dieses Erlebnis ist ein Moment gewesen. Mein persönliches Bild von Rußland hat sich eigentlich nicht geändert, ich sagte schon, es hat eher meine Sympathie verstärkt. Nicht Mitleid, sondern Sympathie, darauf lege ich Wert.

Klaus Bednarz: *Die sich worauf gründet?*

Heinrich Böll: Ich kann es nicht erklären, wahrscheinlich war der Grund gelegt durch die Lektüre. Und daß da Menschen waren, ich will das gar nicht anders ausdrücken, war so selbstverständlich und so sichtbar, auch im ärmsten Dorf. Sehr viel Menschlichkeit, verstehen Sie, sehr viel Menschlichkeit. Ich hab' dann monatelang im Lazarett gelegen

und dort mit russischen oder sowjetischen Menschen zu tun gehabt, die brachten uns Brot und anderes. Diese Menschlichkeit, die strahlte so deutlich, Deutschenhaß habe ich nie gespürt. Meine Sympathie für Rußland ist noch gewachsen durch dieses sogenannte Fronterlebnis, und ich habe den Männlichkeitsmythos in seiner Lächerlichkeit erkannt.
[. . .]

Klaus Bednarz: *Es hätte sich ja nun während des Krieges durchaus ergeben können, daß Sie sich beide unmittelbar gegenüber gelegen hätten. Der eine auf der einen Seite der Front, der andere auf der anderen Seite der Front. Herr Kopelew, Sie waren damals Major in einer Propaganda-Kompanie, Herr Böll, Sie waren Obergefreiter. Herr Kopelew, können Sie sich in der Phantasie vorstellen, wie die Szene gewesen wäre, wenn dem sowjetischen Major Kopelew der deutsche Obergefreite Böll in die Hände gefallen wäre? Wie hätte diese Szene ausgesehen? Können Sie sich das ausmalen?*

Lew Kopelew: Ja, ich brauche nicht viel zu phantasieren. Denn es gab ja sehr viele Fälle solcher Art. Und ich habe auch heute noch Freunde, nicht nur in der DDR, sondern auch in der Bundesrepublik, die ich als Kriegsgefangene kennengelernt habe.
[. . .]

Klaus Bednarz: *Ihre Aufgabe aber war, die Leute umzuerziehen oder, wie würden Sie's formulieren?*
[. . .]

Lew Kopelew: Man wollte sie zu Antifaschisten umerziehen.

Klaus Bednarz: *Oder wollten Sie sie auch zu Kommunisten machen?*

Lew Kopelew: In absehbarer Zeit hoffte man, daß mancher von denen zum Kommunisten wird. Aber solche, die sich über Nacht zum Kommunismus bekannten, die waren mir immer verdächtig. Es gab auch solche. Ich möchte jetzt keine Namen nennen, weil manche auch ziemlich hoch gerutscht sind im anderen Teil Deutschlands. Aber die erste Aufgabe war eben antifaschistische Solidarität. Es gab sogar einen Witz bei uns. Also, es gab richtige Antifaschisten, und es gab »Kaschisten«, vom Wort »Kascha«, also die sich wegen der Kascha, der Grütze, umerziehen lassen. Es hat sich ja vieles geändert während der vier Jahre, wo wir gegeneinander Krieg führten. Auch die Einstellung gegenüber dem Gegner. '41 und '42, als wir zurückgingen, als wir eine Stadt nach der anderen verloren haben, da war man mehr verbittert als nach den ersten großen Siegen, nach Stalingrad, nach Orel und Kursk. Aber immer galt es: Wir wollen nicht die Menschen zu Kommunisten in wenigen Tagen oder sogar Wochen umschmieden. Wir wollen denen nur die Wahrheit über den Nazi-Staat erzählen.

Klaus Bednarz: *Herr Kopelew, das sagen Sie für sich. Und Sie sagen für sich, daß Sie eigentlich zu all denen, die Ihnen in die Hände fielen, ein gutes Verhältnis gehabt haben. Würden Sie das verallgemeinern für die ganze Rote Armee?*

Lew Kopelew: Für die meisten von meinen Freunden, ja.

Klaus Bednarz: *Also für diejenigen, die in Ihrer Funktion in der Roten Armee waren als Propagandaoffiziere?*

Lew Kopelew: Für die meisten davon. Es gab auch Menschen, die chauvinistisch dachten, die alle »Fritzen« haßten, es gab solche.

Klaus Bednarz: *»Fritz« – das Schimpfwort für die Deutschen?*

Lew Kopelew: Der Spitzname für die Deutschen*. Es gab auch bei uns komische Idealisten, die glaubten, man kann aus den Menschen in einer Woche einen Kommunisten machen.

Klaus Bednarz: *Aber Sie waren ja damals in Ihrer Funktion so etwas wie Herr über Leben und Tod. Sie konnten die Leute auch in die Lager weiterschicken, und je nachdem in welche Lager sie kamen, gab's eine Chance zum Überleben oder nicht zum Überleben?*

Lew Kopelew: Sie schätzen meine Funktion zu hoch ein. Ich war einer der Propaganda-Offiziere. Über Leben und Tod entschieden wir nicht, und in welche Lager die Kriegsgefangenen kamen, darüber entschieden die Menschen von der NKWD** vom Innenministerium. Die Gefangenenlager gehörten dem Innenministerium. Und sobald die Gefangenen aus dem Frontgebiet wegkamen, gehörten sie nicht mehr zu uns. Da hatten wir nichts zu entscheiden.

Klaus Bednarz: *Aber Sie konnten sich ungefähr das Schicksal der Kriegsgefangenen vorstellen, was sie erwartet, wenn sie erstmal weitergeschickt werden?*

Lew Kopelew: Ja. Wissen Sie, manchmal haben wir uns das viel besser vorgestellt, als es in der Wirklichkeit war. Erst '43 kamen zu uns an die Front deutsche Soldaten, die tief im Hinterland in der Kriegsgefangenschaft gewesen waren, die durch das Nationalkomitee »Freies Deutschland« wieder zurück an die Front kamen. Und da haben wir zuerst zu hören bekommen, daß die auch dort Kohldampf schieben mußten und daß sie hart arbeiteten. Aber so schlecht, wie es in vielen Lagern nachher war, das wußten wir damals nicht.

Klaus Bednarz: *Das heißt, Sie als Frontoffiziere wußten nicht, wie schlimm die Situation in Ihren eigenen Lagern ist?*

Lew Kopelew: Ja. Also, da mußte ich erst selber ins Lager kommen, um das wirklich zu erfahren. Wenn ich den deutschen Soldaten da vorne mit dem Lautsprecher sagte: Gefangen, gerettet, glaubte ich es selbst, absolut. Bis zuletzt.

Klaus Bednarz: *Aber daran angeschlossen die Frage, Herr Böll: Wie wäre die Situation umgekehrt gewesen? Können Sie sich die Szene vorstellen, wenn der sowjetische Propaganda-Major Kopelew in die Hände des deutschen Obergefreiten Böll gefallen wäre? Wie hätte da die Szene ausgesehen?*

Lew Kopelew: Du mußtest mich umlegen, sofort.

Heinrich Böll: Nein. Ich hätte ihn ohne jede Einschränkung laufen lassen. Zurück, wenn er wollte. Ich kannte ja aus Anschauung die Behandlung sowjetischer Gefangener in Deutschland. Und da gab's Anschauung genug. Ich glaube, daß kaum jemand sagen kann, er hat das nicht gesehen. Sie arbeiteten in der Schwerindustrie, immer, wenn Bombenangriffe waren, wo Blindgänger noch in den Trümmern waren, da mußten immer sowjetische Gefangene ran. Und diese Behandlung, die ich von '41 bis '43, wenn

* »Fritz«, »Iwand«, »Tommy« und »Ami« sind mehr Spitznamen als Schimpfworte.

** Volkskommissariat des Inneren. Bezeichnung für die diesem Ministerium unterstellte politische Geheimpolizei (1934—1944).

Links: Ein Flugblatt von Lew Kopelew, das deutsche Soldaten auffordert, sich in Gefangenschaft zu begeben.

Unten: Doppelseitiges sowjetisches Flugblatt vom Herbst 1942.

An die deutschen Flieger

Das Schicksal der Brüder von Malapert

Am 11. September 1941 wurde im Frontabschnitt südlich des Ilmensees eine Me-109 im Luftkampf abgeschossen. Der 20-jährige Flieger-Leutnant ***Peter von Malapert*** geriet in die Gefangenschaft. Zunächst bebte er an allen Gliedern, sobald sich ein russischer Offizier ihm näherte. Er wartete auf die berüchtigten Folterungen und glaubte sich des Todes... Aber Tag um Tag vergingen, und der frühere Hitlerjunge und „fanatische National-Sozialist"—so hat er sich uns vorgestellt—begann manches zu begreifen. Er sah, dass alle ihm früher eingetrichterten Vorurteile und Nazi-„Ideen" zu den Tatsachen, zur Wirklichkeit im krassen Widerspruch stehen; der ehrliche junge Mann musste einsehen, dass er von seinen verlogenen Führern betrogen worden war...

Sein übersprudelndes Temperament, sein soldatisches Ehrgefühl schlossen jegliche Halbheiten aus. Peter von Malapert schrieb einen offenen Brief an seine Kameraden, an seinen Bruder, der auch bei der Luftwaffe war. Er forderte sie auf, den ungerechten und sinnlosen Kampf aufzugeben und ihm in die Gefangenschaft zu folgen.

Leutnant ***Peter von Malapert*** warnte seinen Bruder.. Aber die Warnung blieb nicht erhört...

Wie Leutnant Joachim Sagasser (5./LNReg. 34) in der Zeitung der deutschen Kriegsgefangenen „Das Freie Wort" v. 12.10 42 schreibt,

wurde durch die Goebbelssche Lügenpropaganda ein Gerücht verbreitet, ***Peter v. Malapert*** „gesteinigt und... als standhafter Märtyrer gestorben" sei.

Wir wissen nicht, ob die Eltern und die Geschwister des jungen Leutnants dieser gemeinen, typischen Goebbelsschen Lüge glaubten. Wenn ja, dann sind sie besonders zu bedauern.

Anfang Juni fiel an der Ostfront ihr ältester Sohn, Hauptmann ***Georg von Malapert,*** Ritterkreuzträger und Jagdflieger.

Ein hoffnungsvoller, lebensfroher junger Mensch wurde seinen Lieben geraubt. Trostlos ist deren Kummer.

Doch mag sie die Gewissheit trösten, dass ihr zweiter Sohn und Bruder, der dunkeläugige lustige Peter ihnen erhalten bleibt.

Peter von Malapert lebt, ist gesund und munter und hat in den 14 Monaten Gefangenschaft manches gelernt.

Nach Kriegsende kommt er als treuer Sohn seiner Eltern, seiner Heimat zurück.

Das zweierlei Schicksal der Brüder von Malapert ist ein prägnates Sinnbild des Schicksals aller ihrer Kameraden:

Entweder — ***der Tod im sinnlosen verlorenen Kampf,***

Tod für die Betrüger ihres Volkes, für die sowieso bankrotten politischen Abenteurer,

oder — ***das Leben in ehrenvoller russischer Gefangenschaft,***

Leben, das für das [illegible] Glück, für die Lieben erhalten, dem zukünftigen freien Deutschland dienen wird.

DEUTSCHE FLIEGER!

Startet mit Euren Maschinen und landet auf irgendeinem dazu geeigneten Platz in unserem rückwärtigen Gebiet, wie dies bereits die Flieger Leutnant ***Bodo Helms,*** Uffz. ***Kurt Philipp,*** Uffz. ***Werner Schuhmacher*** (7. Staffel des 5. Kampfgeschwaders) u. a. m. getan haben.

PASSIERSCHEIN

Gilt für unbeschränkte Zahl deutscher Fliegeroffiziere und Mannschaften. Ist bei der Landung auf russischen Flugplätzen oder bei Begegnung mit russischen Soldaten und Zivilisten vorzuweisen.

D—256

ПРОПУСК

Годен для неограниченного числа немецких летчиков-офицеров и солдат. Должен быть предъявлен при посадке на русских аэродромах или при встрече с русскими солдатами и гражданами.

ich zuhause war, studieren konnte, auch in Frankreich, hätte mich veranlaßt, jeden laufen zu lassen.
[. . .]

Klaus Bednarz: *Das gilt für den Obergefreiten namens Böll. Wenn wir den Namen weglassen und nur noch den Rang und den Dienstgrad belassen, wie hätte dann die Situation ausgesehen: In die Hände der deutschen Wehrmacht fällt ein sowjetischer Propagandaoffizier?*

Heinrich Böll: Furchtbar. Ein furchtbares Schicksal. Wahrscheinlich hätten sie ihn sofort erschossen. Das habe ich auch gesehen, daß man Gefangene, die sich wirklich ergaben, umlegte. Und das schon hätte mir, wenn ich die Gelegenheit gehabt hätte, gereicht, um jeden laufen zu lassen. Und, wenn er nicht sofort erschossen worden wäre, wäre er in ein Lager gekommen, das wäre furchtbar gewesen. Das weiß man ja genau, was mit diesen, gerade mit ihm, passiert wäre als deutschsprechender Propaganda-Offizier. Ich habe die russische Propaganda auch gehört. Nicht von ihm, sondern von seinen Kollegen. Wir haben ja die Lautsprecher gehört, wir waren ja nahe genug dran. Da hieß es, »Deutsche Soldaten, gebt auf, kommt rüber«, usw. Da waren wir natürlich mißtrauisch. Die deutsche Propaganda über das Schicksal, das uns erwartete, wenn wir überliefen, saß natürlich drin. Und der Blick auf die Landkarte, das muß ich nochmal wiederholen. Die Sowjetunion ist riesig, da konnte man leicht verlorengehen.

Klaus Bednarz: *Wenn nun aber der Obergefreite Böll dabei beobachtet worden wäre, daß er den sowjetischen Propaganda-Major Kopelew laufenläßt, was wäre denn dann dem Obergefreiten Böll passiert?*

Lew Kopelew: Der wäre an die Wand gestellt worden.
[. . .]

Klaus Bednarz: *Herr Böll, Sie sagten, alles in allem hat Ihr Rußland-Bild durch die Kriegserfahrungen eigentlich eher noch sympathischere Züge angenommen?*

Heinrich Böll: Ja.

Klaus Bednarz: *Sie waren aber nicht beim Einmarsch der Roten Armee in Ostpreußen dabei . . .*

Heinrich Böll: Nein . . . Ich habe die Dinge, die man da erfahren hat, Details, sehr viele, nie generalisiert. Die psychologische Situation der Roten Armee war mir vollkommen klar. Der Vormarsch durch das eigene, total zerstörte Land, nach jahrelangem Krieg, der fast eine Totalvernichtung der sowjetischen Struktur und Landschaft war, da kommt man also plötzlich in das Land dieses Feindes. Ich kann mir das psychologisch sehr gut vorstellen, wie die Soldaten der Roten Armee, und nicht nur Kriminelle, empfunden haben. Das muß vorausgesetzt sein. Es muß vorausgesetzt sein, wenn man über diese wirklichen Greuel spricht. Welche historische Reihenfolge sie haben. Was ich schlimm daran finde, was auch eines der Hauptargumente des propagandistischen Antikommunismus war, daß dort eine sozialistische Armee kam, die auf diese Weise befreite.
[. . .]

Klaus Bednarz: *Dieses für die Deutschen doch traumatische Erlebnis: Einmarsch der Roten Armee in Ostpreußen, Herr Kopelew, Sie waren dabei, Sie waren Augenzeuge: Haben Sie eine Erklärung, Entschuldigung, eine Einordnung dessen, was da passiert ist?*

Lew Kopelew: Erklärung wohl, Entschuldigung nicht. Ich möchte das auseinanderhalten. Was eben Herr Böll gesagt hat, das stimmt. Ich habe auch Verständnis für Soldaten gehabt, deren Familien umgekommen waren, umgebracht waren, die die zerstörten, abgebrannten Dörfer gesehen hatten, das habe ich auch selbst erlebt. Und manche Greueltaten auch. Aber sehen Sie, was da geschehen ist, das war für mich absolut unerwartet. Ich glaubte, wir sind doch die sozialistische, die internationalistische Armee. Ich muß sagen, ich kenne nicht die Statistiken. Wieviel Lumpen und Marodeure und Gewalttäter wir gehabt haben, weiß ich nicht. Ich glaube, daß es doch eher eine kleine Minderheit war, nur daß sie viel mehr Aufsehen erregte. Ich habe es erlebt bei Soldaten und bei höheren Offizieren, die strikt dagegen waren. Ich weiß noch, ich kenne noch den Namen, der war damals Oberst oder Generalmajor Smirnow von der Kavallerie-Division, der ohne weiteres seinen Leutnant an Ort und Stelle füsilieren ließ, der an einer Notzucht beteiligt war. In Ostpreußen war das, in Allenstein.
[. . .]

Heinrich Böll: Es gibt auch einen Rausch des erobernden Soldaten . . . Und der ist irrational, unpolitisch, hat nichts unbedingt mit Feind und Freund zu tun, sondern ist auch physisch bedingt. Ein Mensch, der ungeheuer angestrengt ist, der 60 Kilometer gelaufen ist, kommt dann in ein Kaff rein, der ist in einem nicht mehr berechenbaren Zustand, das gibt's auch.

Lew Kopelew: Ja, das stimmt.

Heinrich Böll: Und da können auch Vergewaltigungen vorkommen.

Lew Kopelew: Und es gab oft auch bei den jüngeren Soldaten welche, die von der Schulbank zur Armee kamen, überhaupt nichts gelernt haben, außer Töten und Schießen.

Heinrich Böll: Dieser Rausch, den hat jede Armee, den haben die Franzosen, den haben die Amerikaner auch gehabt.

Klaus Bednarz: *Herr Kopelew, Sie sagten, das wäre eine kleine Minderheit gewesen. Sie haben versucht, den Ausschreitungen entgegenzuwirken?*

Lew Kopelew: Ja.

Klaus Bednarz: *Sie sind dafür aber in ein sowjetisches Lager gekommen?*

Lew Kopelew: Ich bin nicht der einzige, der es versucht hat. Das möchte ich betonen. Und ins Lager bin ich gekommen nicht deswegen, sondern weil meine Vorgesetzten, die eben für Plünderungen waren, nach diesen eindeutigen Befehlen, daß es strafbar ist, nun Furcht hatten, ich werde sie denunzieren. Das ist schon die Psychologie der Apparatschiks gewesen.

Klaus Bednarz: *Aber Ihre offizielle Anklage war Mitleid mit dem Feind?*

Lew Kopelew: Ja, ja, Mitleid mit dem Feind. Und das klang, fürchte ich, sogar ganz schlimm. Weil ich nicht nur gegen die einzelnen Erscheinungen protestiert habe. Meine unmittelbaren Vorgesetzten fühlten sich dadurch gefährdet.

Klaus Bednarz: *Und dafür haben Sie dann aber immerhin zehn Jahre in einem sowjetischen Lager gesessen.*

Lew Kopelew: Zunächst wurde ich freigesprochen. '46 wurde ich dafür freigesprochen. Dann bekam ich drei Jahre, und dann bekam ich meine zehn Jahre. Aber das hat schon seine Ursachen nicht in dem Ostpreußen-Erlebnis, das ist schon was anderes.

Klaus Bednarz: *Das hat schon mit Stalin zu tun?*

Lew Kopelew: Ja, das hat mit Stalin zu tun, also mit dem Automatismus dieses ganzen Strafapparats.

Klaus Bednarz: *Warum haben Sie dann sehr viel später doch dieses Buch darüber geschrieben, nicht nur darüber, aber ein wichtiges Kapitel Ihres Buches darüber?*

Lew Kopelew: Ja, weil für mich das ein schweres Erlebnis war, es war eine bittere Enttäuschung über die eigene Armee, über die eigene Ideologie . . .

Klaus Bednarz: *Herr Kopelew, Herr Böll, mehrere Jahrhunderte lang war die deutsch-russische Geschichte eigentlich gar nicht so eine unglückliche. Die dunkelste Epoche unserer gemeinsamen Geschichte war der Zweite Weltkrieg. Für Sie beide ist der Zweite Weltkrieg eigentlich das Schlüsselerlebnis Ihrer Existenz, Ihrer Biografie. Sie haben sich beide nach dem Zweiten Weltkrieg der Aufarbeitung dieser Problematik vorrangig gewidmet. Sie, Herr Kopelew, über Ostpreußen, Sie, Herr Böll, über die Sicht eines Deutschen, der am Kriege teilgenommen hat. Sie sind beide in Ihren Ländern in gewisser Weise in den Ruf eines Nestbeschmutzers gekommen. Herr Kopelew ist zu einer öffentlichen Unperson geworden, Sie, Herr Böll, haben sich den Zorn vieler vermeintlicher Patrioten und anderer zugezogen. Wie sehen Sie denn, Herr Kopelew, heute das Verhältnis der Sowjetbürger zum Begriff »Deutsche«, »Deutschland«, vielleicht Deutschland in einem großen Sinne, von dem man immer noch denkt und manch einer träumt bei uns im Sinne eines wiedervereinigten Deutschland. Wie sieht das heute für den Sowjetbürger aus?*

Lew Kopelew: Pauschal urteilen darf man ja nicht. Ich glaube mit einer gewissen Sicherheit behaupten zu dürfen, daß Nachklänge von dem Krieg und von dem durch den Krieg erzeugten Haß so gut wie weg sind. Bei der Jugend keine Spur davon. Keine Spur. Und das gilt nicht nur für die Beziehungen zur DDR, sondern auch ebenso für Westdeutschland, für die Bundesrepublik. Und trotz einer bestimmten Propaganda, die in den vierziger und in den fünfziger Jahren noch ziemlich laut war, wo Westdeutschland das »revanchistische Westdeutschland« war, wo man – wie man bei uns sagt – Fliegen zu Elefanten aufbauschte und alles, was die NPD machte oder die deutsche »National-Zeitung«, propagierte, in der Sowjetunion als eine allgemeine Erscheinung von manchen Journalisten oder Propagandisten hingestellt wurde. Trotzdem, es gibt keinen Deutschenhaß heute bei uns. Das glaube ich sicher sagen zu können. Jetzt die Beziehung zu dieser Teilung. Was mich anbetrifft, ich finde, es ist ein tragisches Paradox, das einmal aufhören muß. Ich hab' die Mauer erlebt, ich war in der DDR '64 und '65 und hab' die Mauer vom Osten aus gesehen. Das war eines der schrecklichen Erlebnisse, muß ich sagen. Und wenn ich mit Freunden hier in Moskau spreche, manche kümmern sich nicht darum, das ist eine Tatsache. Aber wenn man ihnen ein Beispiel gibt, stell' dir vor, daß der Moskwa-Fluß zu einer Staatsgrenze würde, daß du hier bist und deine Freunde, deine Verwandten auf der anderen Seite, in einem anderen Staat, das wird sofort verständlich . . .

Klaus Bednarz: *Würden Sie so weit gehen zu erklären, daß das psychologische Verhältnis zwischen Deutschen und Russen als »wieder normal« zu bezeichnen ist?*

Lew Kopelew: Ja, nun, menschlich, das bestimmt. Ich glaube, dieses Mißtrauen, diese Furcht vor Revanchisten, die es noch vor zwanzig Jahren in bestimmten Bevölkerungsschichten gab, besonders in den westlichen Gebieten, die die Okkupation erlebt haben, oder in Leningrad, die die Belagerung erlebt haben, die gibt es nicht mehr. Ich weiß von Menschen, nicht nur von Russen und von Polen, die noch '50, '51 sagten: »Nein, nach Deutschland gehe ich nie, ein deutsches Buch nehme ich nie mehr in die Hand, mit einem Deutschen werde ich nie Freund sein«, daß gerade die nach der Böll-Lektüre umgelernt haben.

[. . .]

Klaus Bednarz: *Herr Böll, umgekehrt, das Bild der Russen, der Sowjetunion in Deutschland. Würden Sie das so positiv sehen, wie's Herr Kopelew sieht?*

Heinrich Böll: Es ist schwer zu sagen. Wo ich das persönlich erlebe, sagen wir beim Tankwart oder wenn ich irgendwo einkaufen gehe und jemand weiß, ich war in der Sowjetunion oder so, ist die Reaktion positiv. Es herrscht aber auch gleichzeitig sehr viel Verdrängung. Man sieht die zeitliche Reihenfolge nicht und ist sich nicht darüber klar, daß ja Hitler eigentlich die Rote Armee provoziert hat, nach Deutschland zu kommen. Wenn ich ein Land angreife, und das wehrt sich und seine Armee rückt vor, darf ich mich nicht wundern, wenn die plötzlich in Berlin ist. Dieser Denkprozeß wird nicht vollzogen. Man denkt an die schrecklichen Dinge, die in Ostpreußen geschehen sind usw., aber wie die Rote Armee eigentlich nach Deutschland gekommen ist, das wird einfach nicht wahrgenommen, obwohl es auf der Hand liegt.

Ich habe eigentlich noch nie, weder bei Intellektuellen noch bei den Leuten, die man so alltäglich kennenlernt, irgendeinen Haß auf die Russen erlebt. Aber er existiert ja noch in den gedruckten Medien, hauptsächlich in bestimmten Zeitungen, in bestimmten politischen Kreisen, weil dieser Denkprozeß niemals vollzogen wird. Daß Deutschland die Sowjetunion angegriffen hat, sogar bei Existenz eines Vertrages.

Man wird sich nicht darüber klar, daß Papen und Hindenburg – ich halte Papen für den Hauptschuldigen an unserer Geschichte – diesen Prozeß eingeleitet haben. Sie mußten wissen, daß Hitler Krieg anfängt. Also kommen wir auf die Reihenfolge zurück: Die Deutschen haben die Sowjetunion angegriffen, die hat sich gewehrt, sie hat zurückgeschlagen. Diese simple Tatsache, daß die Rote Armee eigentlich durch Hitler »eingeladen« worden ist, Deutschland zu erobern, und daß sie selbstverständlich in dem Teil, den sie beherrschte, den Sozialismus, Kommunismus mit all seiner Bürokratie installierte. Wenn man sich darüber klar würde, dann könnte auch dieser letzte existierende propagandistische, sagen wir Sowjet- und Russenhaß verschwinden. Ich glaube, daß die Stimmung, reden wir von so einem vagen Ding, nicht antisowjetisch und schon gar nicht anti-russisch ist. Da hat natürlich auch zum großen Teil die russische und sowjetische Literatur mitgewirkt. Es gibt ein Hindernis gegen die völlige Klärung der Sache, das ist eben die Existenz der DDR. Was dort passiert, sagt man, daran sind die Russen, sind die Sowjets schuld. Ich glaube, daß die Schuld der dort installierten deutschen Bürokratie viel größer ist, als wir meinen. Es gibt inzwischen schon ein Einwirken der wirtschaftlich relativ und damit auch politisch starken DDR auf die sowjetischen Maßnahmen, bestimmt kulturpolitisch, ich möchte das betonen, zum Beispiel was da mit den Schriftstellern jetzt passiert. Ein wiedervereinigtes Deutschland, oder sagen wir, ein geeintes, würde die letzten Reste der Vorurteile gegen die Russen möglicherweise völlig aus dem Weg räumen. Und es müßte im Interesse der Sowjetunion liegen, diesen Zustand herbeizuführen.

Literatur

Aleff, E. u. a.: Das Dritte Reich. 10. Aufl., Hannover 1979.
Bei diesem Buch handelt es sich um eine sehr brauchbare Gesamtdarstellung der Jahre 1933–1945. Der gut lesbare Text wird durch zahlreiche Quellen und Abbildungen angereichert. Register und eine übersichtliche Zeittafel ergänzen das Buch.

Churchill, W. S.: Der Zweite Weltkrieg. Bern 1954.
Wie alle Memoirenschreiber hat sicher auch Churchill das Geschehen aus einer ganz persönlichen Perspektive dargestellt. Der Quellenwert sollte daher nicht überschätzt werden. Durch die Tatsache, daß er für praktisch die ganze Dauer des Krieges an der Spitze des Empire stand, kann er eine solche Fülle an interessanten Informationen bringen, die dieses Buch in jedem Falle als lesenswert erscheinen lassen.

Erdmann, K. D.: Der Zweite Weltkrieg. In: *Gebhardt:* Handbuch der deutschen Geschichte. Bd. 21. München 1980 (dtv 4221).
Das Werk enthält eine umfangreiche Bibliographie, in der praktisch alle relevanten Titel aus Ost und West zu diesem Thema enthalten sind.

Dallin, A.: Deutsche Herrschaft in Rußland 1941–1945. Eine Studie über Besatzungspolitik. Düsseldorf 1958.
Dallins Werk ist zwar schon 25 Jahre alt, aber nicht veraltet. Obwohl inzwischen eine Reihe von Spezialstudien ausgesuchter Probleme vorliegen, ist Dallins Buch als Gesamtdarstellung immer noch ein Standardwerk.

Das Deutsche Reich und der Zweite Weltkrieg. 10 Bände, hrsg. vom Militärgeschichtlichen Forschungsamt Freiburg, Stuttgart 1979 ff.
Bis 1981 sind 2 Bände erschienen. Zwar wehren sich die Hrsg. gegen die Bezeichnung »amtliche Geschichtsschreibung«; trotzdem wird diese umfassendste Darstellung in der Bundesrepublik Deutschland immer wieder an diesem Anspruch gemessen werden. Für den Fachhistoriker scheint dieses Werk kaum entbehrlich.

Deutschland im Zweiten Weltkrieg. 6 Bände, hrsg. von Walter Bartel u. a., Köln 1974 ff.
1981 liegen 4 der 6 Bände vor. Im Gegensatz zur Freiburger Arbeit (s. o.) kann man in diesem Fall davon ausgehen, daß es sich hier um die »amtliche Geschichtsschreibung« der DDR handelt. Umfangreiches Quellenmaterial wird verarbeitet. Das gilt besonders für die ökonomischen Aspekte des Krieges und den Widerstand. Das Werk ist nicht militärwissenschaftlich im engen Sinne.

Eichholtz, D.: Anatomie des Krieges, Berlin (DDR) 1969.
E. berücksichtigt besonders die Rolle der Großindustrie vor und während des Krieges. Ein Quellenbuch.

Forstmeier, F./Volkmann, H.-E. (Hrsg.): Wirtschaft und Rüstung am Vorabend des Zweiten Weltkrieges. Düsseldorf 1975.
Das Werk enthält eine Reihe von Aufsätzen zu unterschiedlichen Aspekten der deutschen Kriegsvorbereitungen.

Halder, F.: Kriegstagebuch – Tägliche Aufzeichnungen des Chefs des Generalstabes des Heeres 1939–1942. Bearb. von H.-A. Jacobsen, Stuttgart 1962–1964.
Halders KTB ist eine wichtige Quelle für die Diskussionen im Generalstab und als Korrektiv der Wehrmachtsberichte geeignet. Sie sind in erster Linie für den Fachhistoriker interessant.

Hillgruber, Andreas/Hümmelchen, Gerhard: Chronik des Zweiten Weltkrieges. Frankfurt/Main 1966.
Wichtig als Sammlung von Daten und Fakten – ein hervorragendes Nachschlagewerk.

Höhne, H.: Der Orden unter dem Totenkopf – Die Geschichte der SS. Gütersloh, o. J.
Die Darstellung des »Spiegel«-Journalisten Höhne ist zu einem Standardwerk der Geschichte der SS geworden. Es ist sehr gut lesbar, ohne dabei oberflächlich zu werden.

Hubatsch, W.: Hitlers Weisungen für die Kriegsführung 1939–1945 – Dokumente des Oberkommandos der Wehrmacht. Frankfurt/M. 1962
Dieser Quellen-Band wendet sich in erster Linie an den Fachhistoriker.

Kehrig, Manfred: Stalingrad – Analyse einer Schlacht. Stuttgart 1974.
Ein militärhistorisches Standardwerk. Eher etwas für Fachleute oder an umfassender Darstellung und Analyse Interessierte.

Krausnick, H./Wilhelm, H.: Die Truppe des Weltanschauungskrieges – Einsatzgruppen der Sicherheitspolizei und des SD 1938–1942. Stuttgart 1980.
Die beiden Autoren weisen überzeugend die Zusammenarbeit von Wehrmacht und Einsatzgruppen bei der Planung und Durchführung von Kriegsverbrechen nach.

Streit, Ch.: Keine Kameraden – Die Wehrmacht und die sowjetischen Kriegsgefangenen 1941–1945, Stuttgart 1978.
Streit weist die Beteiligung der Wehrmacht an Kriegsverbrechen nach. Dies gilt sowohl für eine Reihe von verbrecherischen Befehlen (Kommissarbefehl etc.) als auch für den millionenfachen Tod sowjetischer Kriegsgefangener im Gewahrsam der Wehrmacht.

Werth, A.: Rußland im Kriege. München und Zürich 1965.
Werth war während des Krieges BBC-Korrespondent in der Sowjetunion. Seine Darstellung der Ereignisse wirkt ungewöhnlich plastisch und ist sehr gut lesbar. Die Ereignisse werden nicht nur chronologisch abgehandelt, sondern durch »Nahaufnahmen« oft vertieft, so daß der Leser sich sehr gut in die Ereignisse an der deutsch-sowjetischen Front hineinversetzen kann.

Sachregister

Namensregister